◎杜七一　著

跆拳道实用教程

教学与训练

TAIQUANDAO SHIYONG JIAOCHENG

長江出版傳媒
Changjiang Publishing & Media
湖北科学技术出版社
HUBEI SCIENCE & TECHNOLOGY PRESS

目　录

第一章　概　　述

第一节　朝鲜半岛概况

跆拳道运动起源于朝鲜半岛，经历千余年的演变、发展，深受人们的喜爱，成为当今风靡世界的现代体育项目。任何一个事物的产生、发展与演变，无不烙上所属地的民族、文化、地理、民俗的印记，并伴随社会的发展而发展，与时俱进，不断完善。因此我们只有认识孕育了跆拳道运动的这块神奇的土地——朝鲜半岛，才能使我们真正认识到蕴藏在跆拳道技术层面下跆拳道的精神文化内涵，追本溯源。

一、朝鲜民族

又称高丽族，是东亚主要民族之一。朝鲜族主要分布在朝鲜半岛的朝鲜、中国、俄罗斯远东地区及其他原属苏联的加盟共和国。其余散居美国、日本等世界各地。朝鲜族是中国的一个少数民族。

二、朝鲜半岛地理

朝鲜半岛，位于亚洲东部，东北与俄罗斯相连，西北及北部与中国相接，东南隔朝鲜海峡与日本相望。西、南、东分别为黄海、朝鲜海峡、日本海（朝鲜、韩国称东朝鲜海或东海）环绕。朝鲜半岛自北向南延伸，全长 1 100km，面积为 222 154km^2。朝鲜半岛由朝鲜和韩国及 3 300 个大小岛屿组成，陆地部分占半岛总面积的 97%。

朝鲜半岛有许多风景优美的山川，因此朝鲜半岛人民自豪地将其称作“锦绣江山”。最高的山峰是位于与中国接壤的白头山（长白山），海拔 2 744m。白头山是一座死火山，山口形成了一个名叫“天池”的巨大火山湖。白头山是朝鲜民族精神特别重要的象征，被写入韩国国歌之中。

朝鲜半岛拥有相对多的河流，这些河流在形成朝鲜半岛人民的生活方式和实现工业化方面都起了重要作用。著名的江河有：鸭绿江和豆满江是朝鲜半岛北部两条最长的河流，均发源于白头山，一条向西流，一条向东流，形成朝鲜半岛的北部边界；洛东江和汉江是朝鲜半岛南部地区两条主要河流。流经首尔的汉江是古代王国发展生息与沿江人民的生命线，如今则是现代朝鲜半岛南部人口密集的中部地区的生命线。由于朝鲜半岛三面环海，自古以来海洋就在朝鲜半岛人民的生活中起着重要作用，为其早期造船业和航海术的发展做出了贡献。

朝鲜半岛境内多山，山地和高原占半岛总面积的80%，属温带季风气候，南部海洋性气候特点明显，北部向大陆性气候过渡。夏季高温多雨，冬季寒冷干燥。年平均气温8～12℃，年平均降水量1 120mm。朝鲜半岛四季分明，春、秋两季较短；夏季炎热、潮湿；冬季寒冷、干燥，多雪。

三、起源和发展

朝鲜民族是由多个民族不断融合的产物。从原始社会时期通古斯部落南下朝鲜半岛开始，到西周初年中国历史上的商族遗民箕子率部东迁，秦朝时期山东半岛的中国移民建立的辰韩、弁韩，与半岛南部的马韩融合，再加上高句丽、契丹、女真等民族的不断加入，才形成今天的朝鲜民族。

檀君神话，是朝鲜半岛开国的写照。《三国遗事》中《古记》称："帝释庶子桓雄，贪求人世，得天符印三枚，率三千徒，降于太白山顶神檀树下，称桓雄天王。命风、伯、雨师、云师掌人间农事、生老病死、善恶刑罚等三百六十余件大事。桓雄与熊变人身的熊女婚配，生子，号桓君王俭，于唐尧在位之五十年，定都平壤城，始称朝鲜。后，移都白岳山阿斯达，有国1500年。周武王即位，封箕子于朝鲜，檀君乃移于藏唐京，后还隐阿斯达"。这一神话表达了朝鲜民族人民的精神寄托。

朝鲜半岛的历史沿革：先史时代—上古时代—三国时代（其中高句丽公元前37—668年；百济公元前18—660年；新罗公元前57—676年）—统一新罗（公元前676—935年）—高丽（918年—1280年—1392年）—李氏朝鲜（1392—1910年）—日占时期（1910—1945年）—现代朝鲜半岛（朝鲜1948年9月；韩国1948年8月）。

四、朝鲜民族的民俗特点

朝鲜族服饰就叫朝鲜服，韩国人称为"韩服"。朝鲜族服装比较独特，呈出现素净、淡雅、轻盈的特点。白色是朝鲜族的服装最喜欢的颜色，象征着纯洁、善良、高尚、神圣的意义，故朝鲜族自古有"白衣民族"之称，自称"白衣同胞"。古代朝鲜民族服饰可分为官服、民服等，这些服装的结构自成一格，上衣自肩至袖头的笔直线条同领子、下摆、袖肚的曲线，构成曲线与直线的组合，没有多余的装饰，体现了"白衣民族"的古老袍服的特点。朝鲜男子爱穿"灯笼裤"，而且白色居多，"巴基"和"古克"就是其中的两种，（"巴基"和"古克"是指传统的朝鲜族服饰"裤子"和"坎肩"）。朝鲜女装一般都是白色，分"则高利"和长裙，它们都是朝鲜族服饰中最具传统的服装。裙长过膝盖的短裙，便于劳动。短衣长裙这一传统民族风格久久不变，它符合朝鲜族妇女的审美心理，充分反映了她们温顺、善良和勤劳淳朴的美德。朝鲜族儿童多穿七彩上衣，色彩斑斓，好像彩虹在身，使孩子们显得更加聪慧可爱。朝鲜族一向认为彩虹是光明和美丽的象征，因此，喜用七色绸缎给儿童做衣服，意在让儿童美丽幸福。关于七彩衣的起源，说法很多。有的认为是出于审美心理；有的认为是出于辟邪的目的；还有的认为是过去朝鲜妇女善于保存各种颜色的布块，用来给孩子做衣服等等。朝鲜族早期穿木屐、革屐，后来出现草鞋、麻鞋、胶鞋，现在普遍穿胶鞋或皮鞋。船形鞋是朝鲜族独有的鞋。鞋样像小船，鞋尖向上微翘，用人造革或橡胶制成，柔软舒适。此外朝鲜族服饰中还有一种七彩上衣，用七彩缎做成，象征幸福和光明，一般是在集会和喜庆活动时穿戴。

朝鲜族的主要节日：朝鲜民族最重视中国的节日：春节和中秋节。其他节日与汉族大致相同，过春节、清明节、端午节、中秋节等。有三个带有民族特色的家庭节日，即婴儿诞生满一周年、“回甲节”（六十大寿），“回婚节”（结婚六十周年纪念日）。

朝鲜民族传统饮食：朝鲜族以为米饭为主，多为大米饭、二米饭。汤每餐必备，尤喜喝大酱汤。韩国人是一天三顿离不开泡菜的民族（吃辣泡菜历史是从引进了辣椒之后开始的）。

五、朝鲜民族的文化

朝鲜半岛文化属东亚文化，其根源于中国，既是灿烂的中华文明的衍生分支，又是中国文化的“拷贝”。在朝鲜的文化发展史上，一般公认儒学占了外来因素极重要的地位，不仅如此，儒学思想几乎支配了朝鲜半岛（特别是韩国）近代整个的思想领域，成为全世界最汉化的国家，也是中国以外儒学思想与社会最密切结合的国家。

从朝鲜民族五千年的精神脉络来看，其民族精神起源于檀君，以其为背景发展到新罗的统一：三国精神及近代的“三·一运动”精神。檀君精神为上古时代的产物；新罗的三国统一精神就其特征而言，实在是集东方之大成，并富有创新的性格；而“三·一精神”，则是处在西风东渐之际，综合时代背景与传统思想而成的自由之魂。

1. 朝鲜文字

朝鲜语字母表包括 14 个辅音和 10 个元音，是 15 世纪由朝鲜王朝世宗大王创立的。朝鲜语字母以一个辅音和一个元音组合为一个音节，由此可以创造数以千计的单字和表达各种语音。朝鲜字母由于简明，字母相对较少，易于学习。由于朝鲜语字母容易掌握，韩国基本上不存在文盲。

2. 国旗

朝鲜半岛由于众所周知的历史原因，1945 年，朝鲜半岛光复不久，国土便被分割，朝鲜半岛南部成立了大韩民国，朝鲜半岛北部成立了朝鲜民主主义人民共和国。

（1）韩国国旗

1949年3月25日，韩国文教部审议委员会在确定它为大韩民国国旗时作了明确解释：太极旗的横竖比例为3∶2，白底代表神圣的国土，中间为太极两仪，四角有黑色四卦。太极的圆代表人民，圆内上下弯鱼形两仪，上红下蓝，分别代表阳和阴，象征宇宙。四卦中，左上角的乾即三条阳爻代表天、春、东、仁；右下角的坤即六条阴爻代表地、夏、西、义；右上角的坎即四条阴爻夹一条阳爻代表水、秋、南、礼；左下角的离即两条阳爻夹两条阴爻代表火、冬、北、智。整体图案意味着一切都在一个无限的范围内。

韩国于1970年7月3日公布了国徽。国徽中央为一朵盛开着的木槿花。木槿花的底色白色象征着和平与纯洁，黄色象征着繁荣与昌盛。花朵的中央被一幅红蓝阴阳图代替，它不仅是韩国乃至全朝鲜族文化的一个传统象征，而且在此代表着国家行政与大自然规律的和谐。一条白色饰带环绕着木槿花，饰带上缝着国名大韩民国四字。此特点与朝鲜的国徽设计相同。

（2）朝鲜国旗：朝鲜国旗有一红色五角星，红色宽条象征崇高的爱国主义精神和顽强斗争的精神，蓝窄条象征团结、和平，红五角星象征革命传统。白条象征着单一的朝鲜民族。

朝鲜国徽：朝鲜国徽呈椭圆形。由红色绶带束扎的稻穗构成椭圆形图案，顶间一颗光芒四射的红五角星，其下有朝鲜革命圣地白头山（长白山）。国徽中间为水坝、水电站、高压输电线铁塔等图案，底部的红色饰带上用朝鲜语写着“朝鲜民主主义人民共和国”。红五星象征革命，水电站和稻穗分别象征工人、农民。

3. 朝鲜民族文学

朝鲜文学的成文作品，约出现在公元前1世纪左右。在此之前，已经流传着古代神话传说和口头歌谣。其原始艺术活动，见于中国的《史记》《汉书》《三国志》和朝鲜的《三国史记》《三国遗事》等史书中，内容大抵同祭祀和农耕事毕的欢庆活动相结合，反映了古代人们的生产活动和原始宗教信仰。现存最古老的四言诗《箜篌引》和《迎神歌》，可能是使用文字后记录的口头歌谣。《箜篌引》出自中国汉乐府，据西晋人崔豹《古今注》的记述，被认为是古朝鲜人所作。朝鲜最古老的神话传说，以《檀君神话》为代表，叙述神人檀君建立古朝鲜国的故事。朝鲜传入汉文后，始有书写文学。近两千年来，他们借用汉字书写官方文书，著书立说，进行文学创作。1444年，李朝世宗时创制了朝鲜文字，朝鲜文学日渐普及，至李朝末期，汉文文学始趋衰微，终于为朝鲜文学所代替。朝鲜文学分三国时期的文学、高丽时期的文学、李朝时期的文学、现代文学4个时期。

4. 宗庙祭礼

宗庙祭礼仪式最早是公元9世纪的新罗时代从中国传入朝鲜半岛。在新罗之后的高丽王朝和朝鲜王朝得以延续。宗庙祭礼是朝鲜半岛礼仪最高的祭祀仪式。宗庙祭礼是韩国宗庙祭祀朝鲜王朝君主和王妃的儒教仪式。宗庙祭礼每年在5月份的第一个星期天举行。宗庙祭礼的音乐是朝鲜宫廷音乐的一种，被称为宗庙祭礼乐。

5. 韩国书法

在韩国如同在中国和日本一样，书法久已被认为是一种艺术形式。韩国书法源出于汉字的书写形式，每一个字都是在一个想象的方块中由一些形状不同的线组合而成，都是为了表达一个特有的意义。韩国人从大约公元 2 世纪或 3 世纪开始使用汉字书写，虽然他们自己的语言属于一种完全不同的体系。即使在 1446 年韩国字母韩字创造出来以后，汉字仍然作为官方文字使用，直到 19 世纪末。传统的韩国书法用字是汉字，不用韩字。与在韩国古代已经大放异彩的其他所有艺术一样，书法的基本灵感来自自然。一个字的每一笔到每一点都象征一个自然物体的形式。韩国书法家同中国古代书法大师们一样认识到，正如一棵有生命的树的每一根树枝都有生命一样，一幅好字的每一笔、每一划在写的时候也必须使之具有生命。韩国的书法有悠久的传统，可以追溯到三国时代初期。据了解，从那个时候开始，王室的书院和国家办的高等学堂里讲授中国文学。书法的历史如此悠久，无数贵族阶层的人和艺术家又在很长一段时间里促进书法艺术作了显著努力，可惜在经过多次外国入侵和内部纷争之后古代书法作品保存到今的极少。

六、朝鲜民族的民族精神

历史之河绵延数千年的朝鲜民族，在内外交患之中克服万难，创造了独具特色的民族文化。直至今日，该民族独创的伦理精神和思想体系还是民族生存的基石。

朝鲜民族注重礼节，崇尚尊重长辈；素有尊师重教的传统；团结互助，这个长期以来逐渐形成的群体互助的精神，已经沉淀成为朝鲜民族优良的群体意识。

朝鲜民族具有强烈的民族意识，即便是当代，由于意识形态的不同，韩国和朝鲜已经成为不同的国家，但朝鲜民族运用象征着民族团结的“阳光”政策，致力于朝鲜南北的统一。国事即家事，爱国精神并不仅仅停留在口头表态上，而是落实在每个人的日常生活中。成熟的国民意识，与现代化相适应的较高的国民素质，形成了强大的民族凝聚力并发展了团结协作、自律爱国的国民精神，使之成为朝鲜民族屹立于世界之林的强大精神支柱。

第二节　跆拳道释义

跆拳道起源于 2000 多年前的朝鲜半岛，其前身是朝鲜半岛民间的各种技击术，可以说是伴随人类发展历史一路走来。在其漫长的历史发展演变过程中，跆拳道糅合了中国武术、日本空手道等东亚武术的精华，特别是深受中国古典哲学思想和阴阳五行学说的影响，经过几代人的艰辛努力与探索，逐步形成了今日风靡世界的跆拳道运动。

在古代朝鲜所有的典籍中，并无跆拳道一词。追溯其源，只是在古代朝鲜的各种技击术如：手搏、跆根、跆肩、角抵、托肩、摔跤、手臂打、拳白、唐手、打击等中，可以看到现代跆拳道运动的雏形。“跆拳道”这一名称，是在20世纪50年代经由现代跆拳道运动的前辈们整合了朝鲜半岛的各种技击术而统一命名的。

跆拳道（Taekwondo），是一项以手脚技术为进攻武器；以技击格斗为核心；以修身养性为基础；以磨炼人的意志、振奋人的精神为目的的格斗对抗性的现代竞技体育运动。通过跆拳道的训练，可以使练习者在行为规范、道德修养、完善人格和强身健体等诸方面得到提高和发展。因此，它和中国武术一样，已经超越了一般意义上的竞技体育运动。

跆拳道的本意由三个方面组成：“跆”是表示以脚踢，以身体摔撞（现代竞技跆拳道已取消这类动作）；“拳”是以拳头或上肢击打；“道”是一种精巧的艺术方法与练习技巧，同时也是对练习者在道德修养方面的要求。它是以脚法为主的功夫，其脚法占70%，甚至更多。传统的跆拳道包括有套路、兵器、擒拿、摔锁、对练自卫术和其他基本功夫。现代竞技跆拳道只是传统跆拳道的一部分，它技术动作简单、实用、易学，寓搏击、规范、教育于一身。练习跆拳道不需要特别专门的场地，也不需要复杂的机械器材，男女老少不受年龄限制，且不必花费太长的时间，无论何时何地都能够学习和训练，以达到健身、防身、修身的目的。

跆拳道比赛分为男女各8个体重级别，运动员上场须身着专用的白色跆拳道服；腰系代表不同段位的腰带；同时还必须穿戴专用的头盔、护胸、护腿、护肘等保护用具；赤脚在8m×8m的八角形垫子上进行比赛。比赛采用电子记分，比赛分为3局，每局2分钟，局间休息1分钟。

跆拳道实行段位制，其段位分为初级的十级至一级和高级的一段至九段，九段最高。跆拳道的升段考试非常严格，其考试内容除了技术水平和从事跆拳道学习训练的年限外，还有跆拳道理论、历史、道德修养和文化知识方面的内容。

第三节　跆拳道运动的起源与发展

跆拳道起源于原始社会人类的生产活动中，并受部落战争、宗教祭祀、教育娱乐等影响，同时与古代军事技术相关。

在原始时代，社会生产力极其低下，人类生存环境极其恶劣，人们为了生存的需要和出于保存自己、延续种族的本能，必须与自然环境和飞禽猛兽搏斗，这就迫使人类既要依靠集体的力量来抵御猛兽的袭击，又要发挥个人的顽强斗志和强悍的体魄来积极自卫。同时，原始部落之间的战争也促进了生产技能向军事技能的转化。因此，在这种历史背景下，人人都是战士与猎手。在人与人、人与兽的搏斗过程中，徒手的搏斗和器械的击刺活动便自然地产生了。原始人不断积累的攻防格斗技能，经过一定的选择和提炼，逐渐发展形成了搏斗的技巧和比较规范的动作，具有一定层次、一定节奏、结构相对稳定的徒手与器械的动作组合，并在实际操作过程中，逐渐产生了自觉地合理运用这些技巧的组合，具备了武艺的某些特征，为跆拳道的发展奠定了物质基础。

一、原始社会的跆拳道雏形

在古代朝鲜的原始社会后期，随着社会生产力的发展，私有制的萌发，剩余生产物质的出现，在氏族部落中产生了族长或首领占有和继承剩余物质的制度，造成氏族内部的贫富差距过大，将原始氏族公社制度引向崩溃，阶级产生了。随之，爆发了为争夺奴隶和领土的氏族部落之间的战争。由于战争的需要，大量的生产工具转化为相互厮杀的武器；生产技能也随之转化为军事技能。同时也渐渐使军事格斗技能更为专门化，形成了独立的技术领域，对后来跆拳道的形成、发展、完善带来了深刻地影响。

此外，朝鲜半岛跆拳道的渊源也与宗教祭祀、教育娱乐紧密相关。原始宗教的主要形式——巫术与图腾崇拜常常凭借原始的武舞来体现。在古代朝鲜半岛进入农耕时代后，崇拜祖先，崇拜天神、太阳、山岳、树木、江河、动物等原始信仰逐渐形成。每年五月下种，十月秋收之后，广大民众群聚起来祭祀天地神灵也形成定制。各部族的祭礼相似而名称各异，如扶余的“东盟”、马韩的“十月祭”、高句丽的“舞天”、新罗的“伽俳”等都是祭祀天地神灵大会的称谓。与古希腊奥林匹亚祭礼相似，在祭礼之后都要进行各种技艺的表演和竞技，向天地神灵表示敬意；欢庆丰收并祈求来年风调雨顺、平安吉祥；同时此类活动还兼有教育的作用，主要体现在向年轻一代传授各种生产与军事技能；通过这类活动来选拔武士和氏族部落新的领导人。作为萌芽状态中的武艺，自然是角逐的主要项目之一。在这种环境下，原始的武艺逐步发展完善，形成了一种融知识、技能、身体训练和习惯培养等为一体的多功能活动。

二、早期朝鲜半岛的跆拳道运动（前1世纪—668年）

约在前1世纪左右，在我国东北地区及朝鲜半岛出现了所谓“高句丽、百济、新罗三个王国”相互对抗的时代，这就是朝鲜半岛历史上所谓的“三国时期”。它是朝鲜半岛从奴隶制向封建制过渡和封建社会上升的重要时期。在七百余年的时间里，“三国”之间相互为争夺领土，以致战乱不断，纷争四起，社会基本处于动荡不安的状态，因而“三国”都极为注重武艺的军事价值。在朝鲜古代文献《三国史记》87人的传记中，具有武士身份的就有60人，占总人数的69%，这种社会环境极大地促进了军事武艺技能的发展和武士团体的出现，以适应战争的需要。同时也为跆拳道的发展、丰富提供和创造了极为有利的条件。

（一）高句丽的跆拳道运动：（前 37—668 年）

高句丽，史书中记作“高句骊”，简称“句丽”或“句骊”，是公元前 1 世纪至 7 世纪时期生活在中国东北地区的一个古代民族。汉元帝建昭二年（前 37 年）夫余人朱蒙在西汉玄菟郡高句丽县（今辽宁省新宾县境内）建国，故称高句丽。高句丽是中国东北古代民族建立的王国，与位于现在朝鲜半岛上的王氏高丽（建立于公元 918 年）是两个除了名称，在主体民族等各方面都有着重大区别的国家。

高句丽建国于公元前 37 年，公元 668 年被新罗以武力征服，存国 705 年。其国土位于朝鲜半岛北部和辽河以东、长白山地区以及鸭绿江流域。西、北部与中国接壤，南与百济、新罗相连。建国初期定都于国内城（今中国吉林集安市境内），427 年迁都于平壤。

高句丽是三国中建国最早的，国力最为强盛。它北拒中国，南进攻击百济、新罗，扩张领土。在这个过程中，没有强大的军事力量是无法办到的。因此，高句丽历代统治者都很重视武士的选拔和强化军事训练。据《三国史记》记载：“高句丽每年在春天三月会猎于乐浪之丘”进行军事训练和通过狩猎及各种武艺竞技来选拔武士；在高句丽，著名的“先辈”（或称仙人，是一种对武士的尊称）就是在“臣苏涂”祭坛前选拔出来的勇敢而优秀的武士。除此之外，还有专门为培养武士和文职人员特设的“扃堂”（庶民子弟专用）和“太学”（贵族子弟专用）。作为一种制度，这些武士们组成团体，享受国家俸禄，平时聚集在一起读书习武，农耕渔猎，筑城修路；战时奉诏入伍，征战沙场，为国家献身。跆拳（手搏）与射箭、摔跤（角抵）等技艺是他们必备的训练和考核、选拔的主要项目。目前对高句丽王朝的考古发掘显示：跆拳道（雏形）在高句丽时代已相当普及，成为广大民众茶余饭后、喜庆节日休闲娱乐的主要活动内容，与日常生活密不可分。从中国吉林省集安市发掘出土的高句丽古墓中（约 4 世纪左右），发现在其中的三室冢第三室西壁上绘有武士徒手练武图，舞俑冢玄室和主室的顶部均绘有武士徒手对抗的练武图，还有角抵冢中的角抵壁画，既有个人的单练，也有两人的对练。从绘画中我们可以想象：在蓝天白云、阳光灿烂的天气下，一对对选手正在众多围观者的簇拥下，进行各种武艺的较量，两人之间还站着一个类似裁判员的人，在众人的喝彩声中充分体现出他们雄赳赳的气势，展现了高句丽人民奋发图强、勇敢拼搏的精神和高超的技艺。从这些壁画的初步分析中，我们可以看出：（1）在当时，高句丽的手搏 、摔跤活动像狩猎一样普及，在军队及上层社会相当流行，已成为人们日常生活的组成部分。（2）手搏与摔跤不同，虽然都是徒手较技，但方式方法各异，说明徒手搏击技术已发展到相当高的水平，技击术的分类也越来越细和专门化。（3）从壁画中的手搏图与中国东汉时期（河南打虎亭出土的东汉壁画）的手搏相比较，无论是名称、动作还是人物图像几乎相同，虽然在时间上相隔数百年，但仍然可以看到古代朝鲜半岛的手搏（跆拳）与中国的古代手搏有着密切的联系。一个拥有强大军事力量的高句丽王国，赋予跆拳道勃勃生机，为丰富、完善、普及跆拳道提供了良好的社会环境和扎实的基础，对后世朝鲜半岛的跆拳道运动影响巨大而深远。

（二）百济的跆拳道运动：（前 13—660 年）

百济兴起于公元前 13 年，建国约在公元 18 年左右。国土位于朝鲜半岛西南部（汉江以南地区）。至公元 400 年左右，百济壮大成为拥有今天的黄海道至全罗道南海的广阔肥沃土地的王国。建国初期定都于汉江南岸的广州（京畿道），公元 475 年迁都于熊津（忠清南道公州），公元 538 年再迁都于泗比（忠清南道扶余）。公元 660 年被新罗灭亡。

百济是当时三国中实力最弱的国家（从其三迁首都中可以看出），出于保卫国家不受外来势力侵略的目的，同时也从吞并邻近小国的需要出发，必须拥有强大的常备武力。因此，百济历代国王都很推崇武艺，重视培养、训练武士，并且百济民间百姓大众也深爱骑马、射箭和“便战戏”等具有武艺内容的娱乐活动。据《三国史记》中记载：每年九月在都城“西台”这个地方都要举行弓射大会，进行骑马、射箭、跆跟（原始跆拳道）等武艺的比赛，特别是“便战戏”这种集竞技、观赏、娱乐于一体的比赛形式，深受百济民众的喜爱，可以认定是现代跆拳道的一种雏形。另据《海东韵记》中记载：类似手搏的“手癖（臂）打”这种技法，在当时百济的军队与民间都很盛行，用于训练和娱乐。

（三）新罗的跆拳道运动：（前 57—公元 918 年）

新罗，原名沙罗（或称徐罗伐），后更名为新罗。它是由辰韩的封建势力于公元前 57 年在朝鲜半岛的东南部兴起，在公元二世纪前后建国。其领土在庆尚道东部和江原道的一部分地区，定国都于庆州。

建国之初，由于国力弱小，新罗一向避开与高句丽和百济的冲突，采取与高句丽联合的国策，有时甚至派王族成员到高句丽作人质，以换取高句丽的支持与援助。在四面强敌的包围下，新罗的统治者励精图治，为了富国强兵，在大力发展社会生产力的同时，对军事也特别重视，加强了军队的建设和对民众的武艺训练。新罗的武士们崇尚武艺，经常举行射箭、鞠蹴、角抵、骑马、狩猎、秋千等活动，在每年的 7 月 16 日至 8 月 15 日这一个月的时间内，举行全国性的类似于现代狂欢节日的大型体育娱乐活动，这种将军事技能和歌舞转化为体育化的活动，统称为“嘉俳”。在真兴王 37 年（公元 576 年），新罗效仿高句丽的“仙人”制度，组织了“花郎道”。花郎道又称国仙道、风月道、源花道、风流道，是由当时封建贵族子弟中品貌端庄者组成的准武士团体。其主要宗旨是对青少年进行道德伦理、忠君爱国的教育，培养能够为封建统治阶级服务的文武兼备的官吏。据申采诰《朝鲜上古史》记载：国仙花郎的选拔，要在“臣苏涂”祭坛前进行手搏、击剑、射箭、骑马等武艺以及典籍、学识的考试，优秀者方能入选。平时

“相磨以道义，相悦以歌乐，游娱山川而无远不至”；战时以身殉国、杀身成仁，正是他们生活的真实写照。他们经常利用各种聚会相互切磋、磨炼武艺，弘扬武士精神。圆光法师为花郎道制定的“事君以忠、事亲以孝、交友以信、临战无退、杀生有择”的“世俗五戒”为其宗旨，同时也是“花郎道”武士的精神所在。从此中可以看到中国的儒、佛思想对朝鲜半岛文化的深刻影响，直至今天，跆拳道的精神也是与之一脉相承的。

佛教，是新罗的国教，许多僧侣都是花郎出身，这可从善德女王 3 年（公元 634 年）建造的芬皇寺砖塔遗迹的守门佛像中金刚力士的原始跆拳道姿势造型中窥见一斑（与现代跆拳道极其相似）。在古籍《帝王韵记》中曾记载一个新罗的跆拳道活动实例：两人面相站立，踢击对方。此方法有三种，第一种是踢对方的腿；第二种是技术稍熟练的人踢对方的肩膀；第三种是高水平的人踢对方的发髻。此外，还有手搬打、拳白、打击等活动的记载。由此可知，类似现代跆拳道的武艺或技击术在新罗早已盛行的事实。

国力渐渐强大的新罗，联合中国唐朝统治集团，于公元 660 年和 668 年先后征服了百济与高句丽，统一了朝鲜半岛，建立了与新罗王国一脉相承的新罗王朝（676—935 年）。

三、高丽时代的跆拳道运动（918—1392 年）

918 年，开京的一个大封建势力泰封国的大臣王建，发动政变，颠覆泰封国，建立了新的王朝。从继承强国高句丽的意思出发，定国号为高丽，建都于开京（现在的开城）。使之成为朝鲜半岛历史上第一个统一了的国家。世界历史发展过程中极其罕见的单一民族的国家就此诞生了，它上承三国、统一新罗、下启李朝，达到了朝鲜历史上封建社会的巅峰，经济和文化都得到了空前的发展和繁荣。

高丽建国后，由于长期受到来自北方蒙古、女真、契丹等外来民族的侵扰和出于对其邻近小国进行武力征伐的需要，高丽历代国王都十分重视军队的建设，特别注重士兵与民众的武艺训练，“手搏”得到了很大发展。根据《高丽史》中关于“手搏”的记载，这一时期手博的发展呈现出以下几个特点：

一是手搏作为军事武艺，文臣武将都要经常习练，善手搏者都会得到赏赐或加官晋爵；不善手搏者往往会遭到歧视和同僚的讥讽、污辱。如“义旼善手搏，毅宗爱之，以队正升别将”；权臣崔忠献“尝会客设宴，使重房有力者手搏，胜者即授校尉、队正以赏之”。如此情景之下，使得手搏在官员中普遍开展，得以盛行。上行下效，作为进身之阶，极大地鼓励了广大兵士和民众踊跃参与手搏的训练与竞技，使之成为高丽人民十分喜爱的竞技运动形式之一。

二是历代国王均重视手搏的训练。如肃宗创建了一个号称“别武班”的军事组织，包括有神骑军、神步军和所谓的降魔军，其中大多数都是手搏（跆拳道）的高手。再如：忠惠王本人十分喜爱手搏，便要求他的军队特别是“禁卫军”，必须进行具有跆拳道特点的“手搏”竞技运动练习，士兵们常用拳、掌、脚等身体部位击打墙壁、木块和砖瓦，以磨炼、提高上下肢及其他身体部位的攻击能力。同时，历代国王都经常观看手搏表演，对获胜者赏赐财物，对手搏运动起到了极大的推动作用。在此期间还出现了“五兵手搏戏”的集体对练的表演形式，使手搏具备了一定的娱乐观赏内容和价值。如忠惠王邀请武艺超群的士兵金振郗到宫中表演手搏技艺，在朝野上下极力推崇手搏技艺，使之声望大振，受到广大民众的喜爱和追捧。

三是在此期间，手搏的威力大为提高，达到能够置人于死地的程度。《高丽史》中就有明确的记载：如：“李义民击椽，椽动”“杜景升击壁，壁穿”和“李义民击人脊柱，人死”等，展现了手搏技艺的威武刚猛和高超技巧。

纵观高丽历史，可以说是手搏（跆拳道）发展的鼎盛时期，使其得到进一步的完善，并逐渐走向成熟。

四、李氏朝鲜王朝的跆拳道运动（1392—1910年）

1392年，高丽军队的右军指挥李成桂在鸭绿江江心的威化岛发动政变，带领军队打进首都，驱逐国王，取代高丽，建立了朝鲜李氏王朝，将首都由开京迁到汉阳（原汉城，现称为首尔）。从此朝鲜进入了一个封建统治制度更臻完善、经济和文化显著发展的历史时期。

李氏王朝由于崇儒排佛，重文轻武。这一时期跆拳道没有得到官方的重视，军事武艺及跆拳道的发展失去了高丽时期的良好条件。但在民间却始终没有停止过“手搏”“跆跟”这些跆拳道的初始技艺的活动。从《朝鲜王朝实录》和《东国兴地胜览》等文献的记载中可知：一方面“手搏”与“跆跟”这类活动在民间开展的非常广泛、普及；另一方面官方对跆拳道活动的各类文字记载却极少（特别是对历代皇帝观赏此类活动的记载与描述）。即使有记载，如：“鹊旨在郡（俪山）北十二里忠清道恩津县里，在每年的7月15日，附近的广大民众都聚集在一起进行‘手搏戏’的活动，以争胜负”，也只是作为民俗活动形式的描述而已。实际上，在整个李氏王朝的中、后期，手搏已经成为娱乐游戏性的民俗活动形式之一，具备了一定的观赏价值。特别是火药在军事领域中的广泛运用，标志着冷兵器时代的结束。作为徒手技击术的手搏、跆跟等，自然在时代面前转变了其自身原有的价值取向，健身、娱乐、自卫等功能是其必然的选择。

然而，跆拳道作为一种武艺，又是广大民众深爱的民族传统竞技体育活动，它既具有明显的提高体能与战斗技能的作用，同时也是培养勇猛顽强作风及爱国主义精神的有效手段与途径。因此，在那样一个时代，无论统治者重视与否，广大民众和武士们仍然把手搏、跆跟作为自卫术和基本武艺，从事严格的训练，并在抗击日本倭寇、保家卫国的战斗中充分展现出来。同时国家在选取武士时仍把它作为重要的测试项目之一。据文献记载：一个人如果想做武官，就必须在晋升考试中使用手搏或跆跟技艺打倒三人以上。纵观李氏王朝的整个历史过程，我们不难发现，像手搏、跆跟这类搏击自卫术，虽然得不到官方的重视与推崇，但它依然受到军队士兵和广大民众的热爱，技艺也得到了进一步的发展与完善。在李氏王朝的后期，有关搏击自卫术的文字理论整理工作有了较大进展，1790 年，李德懋、朴齐家、白东修三人奉正祖之命，汇编了《御定武艺图谱通志》。这是后世所公认的跆拳道代表作。此书主要参考了中国明朝抗倭名将戚继光的《纪效新书》，辑录了当时朝鲜半岛的 24 种武艺。它不仅收录了“手搏”，“跆跟”等徒手格斗技击术的一些技法、动作图解和关于这些徒手格斗技击术的源流、发展，而且还收录了多种器械的使用方法，并将很多其他域族的、技击性很强的武术技艺汇融于中，使跆拳道的源流与发展在文字记录和理论上有了较科学的记载和论述。因此，可以说李氏王朝是跆拳道集大成的发展时期，并在此期间逐渐形成了早期跆拳道的初步体系。

五、近代跆拳道运动（1895—1945 年）

朝鲜李氏王朝末期，国内阶级矛盾不断激化，农民起义风起云涌，代表先进官僚阶层的开化派也在朝鲜半岛进行了资产阶级革命的尝试。与此同时，外来势力特别是日本帝国主义对朝鲜半岛虎视眈眈，处于内外交困的李氏王朝面临巨大的危机。1894 年 7 月，日本帝国主义侵略军袭击并占领了朝鲜王宫，紧接着在朝鲜发动了对中国清王朝的战争，其结果是中国清王朝战败并退出朝鲜半岛。从此朝鲜半岛沦为日本帝国主义的殖民地。1905 年，日本帝国主义强迫李氏王朝缔结了所谓的《乙巳保护条约》，进一步夺取了朝鲜的行政、司法、财政、警察权和解散了为数不多的朝鲜军队。1910 年 8 月，日本帝国主义完全占领了朝鲜半岛，所谓“韩日合邦”的殖民傀儡政权取代了李氏王朝，立国 518 年的李氏王朝就此结束了其历史使命。

殖民时期，日本在朝鲜实行“武断政治”，为推行殖民政策，一度下令禁止所有的朝鲜文化活动，特别是对广大民众习练军事武艺和进行某些民俗活动又恨又怕，跆拳道的发展也因此受挫而转入民间秘密发展。其传承只能在父子、师徒中隐蔽地传播与相授。《梅泉野录》石战禁止条的记载：“京师旧俗，以正月上旬聚南门外及五江上下，分队投石搏击赌胜，其死伤者设之为常，谓之便战，十数日不散，至是倭恶其习武，派兵严禁，而终不戢，至发炮射击，仅以散之”便是例证。跆拳道曾一度与日本空手道（Karate）同名，日本帝国主义的殖民政策可见一斑。在此期间，大量的朝鲜人被迫背井离乡，流浪到中国、日本及世界各地，其中不乏一些身怀绝技的跆拳道高手。他们将中国的武术、日本的空手道等各国的各种武艺与跆拳道技艺糅合在一起，使之得以保存下来，从而使跆拳道技法、技巧、技能得到了充实与发展，逐渐形成了跆拳道新的技术体系。跆拳道被认为是经过东亚文化熏陶的韩国“国技”的原因正是如此。

1945 年 8 月 15 日，日本宣布投降，朝鲜独立。大量流浪在国外的朝鲜人返回家园，他们将国外新的武艺带回了朝鲜，与当地拳师一起，在继承和发扬原则的指导下，将各种武艺与跆拳道技法融为一体，逐渐形成了现代跆拳道的基础体系。

六、现代跆拳道运动（1945—至今）

历史进入 20 世纪 50 年代，摆脱了日本帝国主义殖民统治的韩国跆拳道也进入了新的发展时期，各式道馆（场）如雨后春笋般地在韩国各地诞生，如“青涛”“彰武”“正道”“武道”“韩武”“智道”“松武”“吾道”等吸引了许多青少年习武健身。可是，由于派系林立，内部矛盾重重，对跆拳道的解读各执一词；对跆拳道的名称认定众说纷纭：“托肩”“退骞”“手搏”“跆肩”“唐手”“空手”等莫衷一词，十分混乱，在此情形之下，崔泓熙、李锺佑、蔡叔命三人基于以下原因：（1）彻底清除日本殖民主义教育的毒害与影响；（2）对民族传统文化的重新认识；（3）重塑国民形象，振奋民族精神；（4）整合、统一、规范朝鲜武艺。开始了对朝鲜半岛现有武艺的整理。在继承、弘扬、革新、发展的原则指导下，确立了以技击、品势、竞赛为特点的现代跆拳道运动，标志着跆拳道迈向科学化、体系化、民族化、国际化发展的新里程。1950 年组建跆拳道协会；1954 年统一跆拳道名称；1972 年 11 月 30 日，大韩跆拳道中央道场“国技院”成立，跆拳道进入了一个空前繁荣、迅速发展的新时期。

自 20 世纪 50 年代开始，韩国政府为了重塑国民形象，振奋民族精神，在全国大力推广、开展跆拳道运动。进入 20 世纪 60 年代以来，韩国经济复苏，国力增强，政府及有识之士受日本向国外推广柔道运动并最终成为奥运会项目的启发，开始有计划、有步骤地向海外推广跆拳道运动。经过 20 多年的努力，这个被称为韩国“国技”的运动项目在世界各国遍地开花，蓬勃发展。目前全世界有 190 多个国家和地区约 7000 万人从事跆拳道的学习和训练。

1973 年 5 月，世界跆拳道联盟（World Taekwondo Federation 简称：WTF）成立，现有会员国近 190 余个。现任主席为韩国人赵正源。跆拳道目前已相继进入包括奥运会在内的几乎所有重大国际比赛和体育组织：1975 年世界跆拳道联盟加入国际体育单项联合会；1980 年世界跆拳道联盟获得国际奥委会的承认，跆拳道运动进入国际奥委会大家庭，开始为成为奥运会正式比赛项目而努力。跆拳道于 1986 年被列为亚运会正式比赛项目；1987 年成为泛美运动会、全非洲运动会及东亚运动会的正式比赛项目；1988 年、1992 年、1996 年 3 次被列为奥运会表演项目；1994 年在法国巴黎召开的国际奥林匹克大会决议，跆拳道列入 2000 年悉尼奥运会正式比赛项目，设 8 枚金牌（男、女各 4 枚）。此外，跆拳道也是世界大学生运动会、友好运动会、南美运动会、南太平洋运动会、世界军人运动会等一系列国际体育赛会的正式比赛项目。每两年举办一次跆拳道世界锦标赛和世界杯比赛已形成定制，同时，世界各国每年还举办各种类型的公开赛、邀请赛及城市杯赛。丰富的赛事，为普及跆拳道运动和提高跆拳道运动技术水平提供了广阔的平台。

目前，世界上拥有两大跆拳道组织，一个是世界跆拳道联盟，一个是国际跆拳道联盟。世界跆拳道联盟倡导以竞技为主、品势为辅的符合现代奥林匹克精神的现代竞技跆拳道技术体系。而国际跆拳道联盟是一个非官方的民间组织，它恪守传统跆拳道的宗旨，倡导以品势修炼为主、竞技实战为辅的技术体系。这两大组织为跆拳道在世界各国的推广、普及并使之国际化做出了不可磨灭的贡献。

七、我国的跆拳道运动

20 世纪 80 年代末，韩国跆拳道组织及从事中韩文化体育交流的友好人士，从不同渠道将跆拳道介绍到中国，我国部分省、市和体育院校相继尝试开展跆拳道运动。1992 年 10 月，中国跆拳道协会筹备小组在北京成立，标志着中国跆拳道运动已从民间行为走向有组织、有计划地纳入到国家“奥运争光计划”和“全民健身计划”的序列。1994 年 5 月在河北正定举办了首届全国跆拳道教练员和裁判员学习班，同年 9 月，在云南昆明举行了第一届全国跆拳道比赛，150 余位运动员代表 15 个单位参加了比赛。此次比赛从严格意义上来说，只能算是一次“摸底考试”。它让我们真正了解了我国目前跆拳道运动开展的现状：包括普及程度、参赛队伍的地域分布、师资力量、运动技术水平、裁判员的执裁能力及组织竞赛管理等等，为今后的教学、训练、竞赛工作提供了依据。被正式列入国家体育竞赛体系的第一届全国跆拳道锦标赛于 1995 年 5 月在北京体育大学举行，有 22 支队伍、250 余名运动员参赛，从此，跆拳道运动在中国迅速发展起来并不断壮大，呈现出蓬勃生机。1995 年 8 月，中国跆拳道协会正式成立，同年 11 月，中国跆拳道协会被世界跆拳道联盟接纳为正式会员。

目前，跆拳道比赛已成为全国运动会、青运会、全国大学生运动会等全国综合性运动会正式比赛项目。每年除举办全国跆拳道锦标赛、冠军赛、青年赛、少年赛以外，还有一系列的精英赛、公开赛、邀请赛、分区赛、友谊对抗赛及国际性大赛。全国各大体育院校（系）相继开设了跆拳道本科教育专业课程，有的院校还设置了跆拳道硕士研究生教育课程，已形成了教学、训练、科研、竞赛的完整体系。

第四节　跆拳道的特点与作用

一、跆拳道的特点

跆拳道是朝鲜民族的传统竞技体育项目，具有其鲜明的特点：

（一）手脚并用，以腿为主

跆拳道是以腿法为主的搏击对抗性项目，腿法所占的比例高达 70% 以上。

跆拳道理论认为，在人体四肢中，腿的力量远大于手及上臂的力量，而且腿法攻击路线长、威力大，还能使自己易遭受攻击的部位如头、躯干远离对手的攻击范围；同时跆拳道的竞赛规则也对腿法的使用有着积极的倡导和鼓励作用（如限制拳法的使用种类和攻击部位），腿法是最主要的得分手段与方法。因此，跆拳道以其灵活多变、丰富精妙的腿法著称于世。

（二）直来直往，以刚制刚

在跆拳道比赛中，极少采用闪躲的防守方法，而多以拳、掌、臂格挡防守，以刚制刚，直接接触，方法简练硬朗。进攻或反击时，多采用直线的连续攻击，以快速连贯的腿法组合击打对手，注重击打的实效性，令人防不胜防。

（三）功力测试，方法独特

跆拳道理论认为，经过训练，人体四肢所发挥的威力是巨大的，令人生威，因此，不能直接运用到竞技比赛中或以人体为测试对象，只能用那些没有生命的物体，如木板、砖瓦、石块来作目标，以检验修炼者的功力程度。功力测试已是跆拳道训练、晋级考试、表演、比赛的一个重要内容，成为其固有的特点之一。

（四）发声扬威，以气催力

在跆拳道运动中，无论是品势练习，还是训练比赛，都要求修炼者具有威武磅礴的气势。洪亮且具有威慑力的发声，正是显示自身能力的表现形式。发声，可以提高自己的兴奋性，增强注意力，使自己全身心地投入到训练比赛中；发声，增强身体的爆发力，达到以气催力、提高攻击杀伤力的目的；发声，提高自身斗志，从气势上压倒对手，给对手造成巨大的心理压力；发声，可以配合进攻动作来提高击打效果，赢得裁判员的认可，达到得分的目的。

（五）内外兼修，身心合一

跆拳道运动既重身体的外在训练，更重心智的内在修炼，它要求内外同修，身心合一。无论是品势练习还是实战比赛，动作只是一种形式，它承载的是跆拳道所蕴含的文化、精神与意念，反映了自己对跆拳道的认知、理解程度。同时，在练习中，强调内力与外力的协调统一，以意引力，以气催力，才能使动作发出无坚不摧的威力。

（六）礼始礼终，谦和恭让

“礼”，是跆拳道重要的训练内容，贯穿于整个训练过程。它强调一切训练都是以礼开始、以礼结束，通过行礼，表现出自己内心对师长、队友的尊敬、感激之情；同时，时时刻刻培养自己谦虚、谨慎、和蔼、忍让等良好的行为规范和礼仪习惯。

二、跆拳道的作用

（一）修身养性，完善人格

跆拳道推崇“以礼始、以礼终”的尚武精神，其宗旨是“礼仪廉耻，忍耐克己，百折不屈”。通过跆拳道的修炼，可以培养人的顽强、果断、坚毅的精神，锤炼人摒弃软弱、怯懦而敢于积极向上、坚韧不拔的意志品质。同时，养成礼让、谦逊、宽容、仁爱的美德和高尚的爱国主义情操。因此跆拳道对培养健康的人格、品行具有很大的作用。

（二）健体防身，磨炼意志

跆拳道运动紧张激烈，对抗性强，它对提高人体的速度、力量、灵敏、耐力、柔韧等身体素质、提高内脏器官的机能、特别是提高神经系统的灵活性有明显的作用。通过跆拳道的攻防训练，可以学习、掌握一定的格斗技术，提高应变能力，达到防身自卫的目的。在训练过程中，大强度的训练除需要良好的体能外，还应具备顽强拼搏的精神和坚韧不拔的意志。因此，跆拳道的修炼过程，就是一个意志品质培养的过程。

（三）娱乐欣赏，陶冶情操

跆拳道是一项对抗性很强的运动，比赛中双方选手不仅较力斗勇，而且更讲究较技斗智，尤其是跆拳道高超精妙的腿法，具有极高的欣赏价值。人们在观看跆拳道比赛时，可以欣赏到一种击打艺术的美；同时，它可以激发人们的斗志，鼓励人们奋发向上的精神，在欢声笑语中陶冶了人们的高尚情操。

第五节　跆拳道精神

“跆拳道是正人之道”，这是现代跆拳道创始人之一李锺佑先生对跆拳道运动区别于其他运动项目的高度概括和赞许！正是通过跆拳道的练习，使修炼者在身健心悦中懂得守规矩、循秩序、重道义、知廉耻、有担当。“忠则尽命、孝当竭力”正是古代朝鲜半岛武士们对“忠孝”、对“知恩、感恩、报恩”思想的最好诠释！

“礼仪廉耻、忍耐克己、百折不屈”是跆拳道精神在修炼过程中的具体要求。它蕴含着人的两方面即身体的强健和精神的升华。

通过每一次的实践修炼（即每一堂训练课），透过身体训练的载体和跆拳道具体的技术动作、礼仪程序，来对应跆拳道精神所蕴含的具体指向。修炼者透过跆拳道技术动作的表现形式来展示跆拳道的精神，在长期的修炼中规范其行为、提升其修养、完善其人格，让灵魂安放于一个强健的体魄之中，进而身心合一。因此跆拳道是身体和精神合为一体的教育活动。

礼仪，贯穿于跆拳道教学训练全过程。无处不在且严格的礼仪程序，规范着人们的行为方式和处事原则，通过鞠躬礼来表达祖国的崇敬、对跆拳道的热爱、对师者的尊敬、对同仁关爱的感恩。

知廉耻，意味着对自身不断提出更高的道德修养，常怀忏悔之心，勇于认错，在持续不断的修炼中完善人格。

跆拳道人格修行是通过身体的载体来实现的，落实到具体的跆拳道技战术和品势动作之中，以及与之相关的身体运动。身体的训练是一个长期而艰辛的过程，在健身、防身、修身的漫漫征途上，无论是身体上的艰苦付出还是内在精神的升华，坚韧不拔的忍耐精神是我们拥有坚强意志的保证。

跆拳道精神的教育价值在于它能通过身心的锻炼最终养成修身养性的习惯。在获得身体健康的同时，培养我们的意志力、创造力、克己能力；能够克服生理和心理的极限并战胜它们；让我们摒弃人性的弱点，懂礼仪、守规矩，最终形成积极进取的人格，使我们更加积极乐观地面对人生。

我们身处的社会，竞争伴随我们的成长，充满挫折和彷徨。只有拥有一颗坚强的心和百折不屈的意志，才能使我们立足于社会，在奋斗中创造、在磨炼中成熟、在付出中收获。而这一切通过跆拳道的修炼平台与载体，使之身健心悦、意志顽强，进而升华人格而尽善尽美。

构成跆拳道精神的核心是和谐精神与和平精神。它来自于朝鲜半岛融合了中华儒家学说的性理学。它是由周易发扬光大而成的本土化的朝鲜理学，基本上遵从朱子学说。性理学的易学思想贯穿了朝鲜半岛，数百年来成为传统思想的主流理学。这种精神体现在跆拳道动作（技术与品势）、道服及一切与之相关的事物中。我们可以在跆拳道动作和道服上发现圆、方、角的三才思想（天、地、人），而这种思想正是反映出东方传统思想非常重视的人与自然和谐相处的特性。跆拳道的所有品势的第一个动作都是从防守动作开始，意味着跆拳道是非暴力性的，跆拳道的搏击技术适用于维护和平和伸张正义，而并非适用于破坏和暴力上。跆拳道的和谐精神与和平精神向世界传达爱与和平的普世价值。

跆拳道精神体现在跆拳道修炼过程的技术、战术、礼仪秩序、规则、道服特征、跆拳道未来的发展方向和内容上。综上所述，跆拳道所代表的精神就是克己精神、礼仪精神、和平精神、和谐精神和奉献精神。

第六节　跆拳道的礼仪礼节及段位

一、跆拳道的礼仪礼节

进行严格的礼仪、精神和行为规范的教育，是跆拳道运动重要而必修的内容；是跆拳道精神的基本体现；是所有跆拳道修炼者发自内心地对跆拳道的尊崇与敬意。作为一个以对抗为表现形式的运动项目，在训练比赛中，无论对抗程度如何激烈，它始终是一个载体，承载的是跆拳道博大精深的文化内涵；它始终是一种形式，是修身养性和完善人格的过程。通过这种形式来达到提高运动技术水平、磨炼意志品质的目的。

“以礼始、以礼终”贯穿于跆拳道的整个训练过程。通过跆拳道训练，培养练习者勇猛善战、敢打敢拼的意志品质；坚忍向上的作风；讲究礼仪、修养以及健康完善的人格。练习前，先向国旗敬礼，心中装着时刻为祖国争夺荣誉的信念，充分体现出爱国主义的精神；教练与队员之间相互敬礼，体现出尊师爱生的崇高品德；队员之间相互行礼，体现了集体主义、团结一致、互助友爱的高尚情操。一颗忠于祖国的爱国心，是修炼跆拳道的最高境界。

跆拳道的礼仪表现在人的一切行为规范中。在平时遇到老师和长辈要行礼问候；在训练场，从坐姿到站姿都有一定的规范要求；对老师的指导、教诲，要敬礼并立正聆听；在训练中，特别是在踢靶练习和自由对抗中，要向对方行礼，感谢对方为自己的训练付出的辛勤劳动。在尊重前辈、恪守诚信的前提下磨炼技艺是对我们修炼的要求，也是我们必须遵循的原则。

（一）跆拳道的站姿、坐姿及敬礼

1. 站姿

两脚并立，两脚尖正对前方，抬头、挺胸、收腹，双手五指并拢成自然状贴于大腿两侧中间，两眼平视前方，神态自然（图 1-1）。

2. 跨立

两脚开立略同肩宽，两脚尖外转约 30 度，抬头、挺胸、收腹，右手握拳，左手五指握住右手腕部置于身后腰部，两眼平视前方，神态自然（图 1-2）。

3. 坐姿

两脚交叉，右脚在前，盘坐于地上，抬头、挺胸、收腹，双手成自然掌形置于双膝上，两肘内收自然下垂，两眼平视前方，神态自然（图 1-3）。

4. 敬礼

跆拳道的敬礼分为向国旗敬礼和个人间相互敬礼两种。

（1）向国旗敬礼：身体成立正姿势，右手成掌形置于左胸前，目视国旗约 3 秒钟，神态恭敬、庄严，然后放下（图 1-4）。

图 1-1

图 1-2

图 1-3

（2）个人敬礼：身体成立正姿势，身体前倾弯腰成 30 度～45 度，头部前屈 45 度鞠躬敬礼，双手自然下垂置于体侧或右手置于胸腹间，停顿 1～2 秒钟，然后还原成立正姿势，神态祥和。（图 1-5、图 1-6）

（3）相互敬礼：身体成立正姿势，身体前倾弯腰约成 30 度，头部前屈 45 度鞠躬敬礼，双手自然下垂置于体侧，停顿约 1 秒钟，然后还原成立正姿势，神态祥和（图 1-7）。

图 1-4

图 1-5

图 1-6

图 1-7

在相互行礼时，双方要注意保持一定的距离，以防发生碰撞。

（二）各种场合的礼节程序

在不同的场合，跆拳道的礼节有着不同的要求和形式。

1．进入道馆训练时的礼节

（1）跆拳道练习者进入道馆（场）训练，必须身着道服，衣着整洁，神态恭敬，服从指挥，要抱着相互学习、共同提高的心态去学习、训练。

（2）进入道馆（场）后，首先要向国旗敬礼，然后向老师敬礼。

（3）两人一组进行练习时，首先相互行礼，练习结束后，再次相互行礼，以表谢意。

（4）训练中如果有事，需先向老师敬礼，说明理由，经老师同意后方可离开。

（5）训练中服装或护具脱落时，应背对国旗和老师，整理好后再进行训练。

（6）训练结束后，整队集合，首先向国旗敬礼，然后向老师敬礼，离开道馆（场）时，再次向国旗和老师敬礼、道别。

特别注意：向国旗敬礼时，一定要庄严、肃穆、神态恭敬！对国旗有发自内心的热爱和崇敬。

2. 比赛时的礼节

比赛开始前：当运动员进入场地时，应向裁判员和教练员敬礼，待主裁判发出“立正”“敬礼”的口令后，双方运动员要相互敬礼；当主裁判发出“准备”“开始”的口令后方能开始比赛。

比赛结束时：双方运动员在各自的位置站好，当主裁判发出“立正”“敬礼”的口令后，相互敬礼，然后面向裁判长等待宣布比赛结果；宣布比赛结果后，向裁判长席、主裁判、副裁判（边裁）及对方的教练员、观众敬礼，本场比赛结束。

某些友谊赛、对抗赛或进行跆拳道品势、功力、特技表演时，在开始前和结束后，多以集体形式出场向嘉宾、裁判员、观众及对方的教练员、运动员敬礼。

二、跆拳道的段位

跆拳道的段位分为初级的九级至一级和高级的一段至九段，九段最高。它代表着跆拳道练习者的学识造诣、技术水平和功力高下。初学者一般由九级开始，随着修炼年限的增加和技术水平的提高，逐步晋级直至升段。段位越高，标志着水平越高。九级至一级，是初学者的等级；一段至三段是升入黑带不久的新手，称之为“副师范”（Assistant instructor）；四段至六段是高水平的段位，称之为“师范”（Instructor）；七段至九段是授予具有很高学识造诣的杰出人物和对跆拳道运动做出突出贡献的知名人士，七段和八段称之为“师贤”（Master）；九段则称之为“师圣”（Grand master）。

跆拳道初级的一至九级，分别腰系不同颜色的腰带以示区别，其颜色以白、黄、蓝、红、黑搭配组成，其中白色在古代代表无色，是为开始，黄蓝红表示色彩的三原色，呈现出变化而具多样性。黑色是各种颜色的综合体，进入段位后，一律系黑带，代表着尽善尽美的境界，其区别方法由黑带上的个人信息所决定。

第二章　跆拳道技术

第一节　概　述

一、技术的概念

跆拳道技术是指进行跆拳道运动时能充分发挥运动员的身体能力，合理有效地完成跆拳道动作的方法。即进行进攻与防守动作方法的总称。

“合理”是指必须遵循人体运动规律、符合人体生物力学的原理与方法；“有效”是指能充分发挥人体潜能，在实战或比赛中能进行有效地进攻与防守，并最终击中对手得分而取胜。合理有效的动作方法是以一种理想的动作模式为衡量标准的，通过对训练、实战、比赛等经验的不断总结归纳和科学地计算、分析、设计而形成的。它反映了一般规律，具有共性的特点。但是，由于每个人都有着各自的个性、不同的身体条件、使用动作的不同习惯和与不同对手有不同对抗形式的特点等原因，技术还具有个性特点。基于此特点，就必须寻求个性与共性的统一。随着技术在训练、比赛实践中的逐渐发展，技术也在不断地丰富与完善，并非固定不变的，所以“合理”“有效”是相对的。尽管如此，具有共性的跆拳道技术在一定阶段内还是科学合理的。因此跆拳道运动员在训练、实战和比赛中，完成的技术越接近标准模式的要求，就说明运动员所掌握的技术越科学、越合理，技术水平就越高。掌握基本的技术，对提高竞技能力、在比赛中创造优异成绩具有重大意义。它是跆拳道运动的根本，也是发展高、难、新技术，形成个人特长和绝招的基础。

二、跆拳道技术分类与体系

（一）跆拳道技术分类

跆拳道运动的技术种类繁多，其分类的方法很多，可根据动作的结构分类，也可根据动作的功能分类或根据人体的解剖结构分类。

1. 按技术动作的结构分类

跆拳道在基本技术的基础上，衍生出为数众多的各种技术，这些技术的总和构成了跆拳道的技术体系。将这些技术按其动作结构分类可分为：

跆拳道技术
- 基本技术
- 组合技术
- 综合技术

2. 按技术动作的功能分类

跆拳道的技术就其本质来讲，其目的和作用就是为了攻击对手而不被对方攻击，或是为了化解对方的进攻并对其进行反击。运动员为了取得比赛的胜利，围绕这一目的对技术进行选择、运用，不同的选手根据自身条件的不同选择不同的技术，并对技术进行各自不同的变形，由此产生了不同的技术风格。无论技术简单复杂与否，就其功能来说，可归纳分类如下：

跆拳道技术
- 进攻技术
- 防守技术
- 反击技术
- 反反击技术
- 连接技术
- 假动作技术
- 攻防组合技术
- 攻防综合技术

（二）跆拳道技术体系

跆拳道运动的技术体系由基本技术、组合技术、综合技术构成跆拳道的一级技术体系，由进攻技术、防守技术、反击技术、反反击技术、连接技术等构成跆拳道的二级技术体系，由拳法技术、腿法技术、步法技术等构成跆拳道的三级技术体系。各个技术在整个体系中具有各自相应的位置，既是相对独立的技术，又是整个体系中的组成部分。各级技术体系有机地相互紧密联系构成一个完整的跆拳道运动的技术体系。

（一级体系）　（二级体系）　（三级体系）

- 竞技跆拳道技术体系
  - 礼仪
    - 礼法
      - 敬礼、坐姿、站姿
  - 基本技术
    - 实战姿势
    - 进攻技术
      - 拳法进攻技术
      - 踢法进攻技术
    - 防守技术
      - 手法防守技术
      - 腿法防守技术
      - 步法防守技术
    - 反击进攻技术
      - 拳法反击进攻技术
      - 踢法反击进攻技术
    - 反反击技术
      - 拳法反反击技术
      - 踢法反反击技术
    - 连接技术
      - 步法技术
    - 假动作技术
      - 步法假动作
      - 身体假动作
      - 表情假动作
  - 组合技术
    - 进攻与进攻的组合技术
    - 进攻与防守的组合技术
    - 进攻与反反击的组合技术
    - 进攻与步法的组合技术
    - 防守与防守的组合技术
    - 防守与反击进攻的组合技术
    - 步法与防守的组合技术
    - 步法与反击进攻的组合技术
    - 假动作与反击进攻的组合技术
  - 综合技术
    - 进攻、防守、反击进攻、反反击、假动作
    - 连接技术、组合技术等各种技术综合运用

第二节　跆拳道技术的特点

跆拳道技术属于开放性、多元变异组合结构。运动员掌握跆拳道技术是在对抗格斗形式下进行的，而在实战比赛中，运动员的任何行动都会不断地受到对手的干扰和激烈的对抗，始终贯穿着制约与反制约、发挥与反发挥的抗争，攻防的转换瞬息万变，时机稍纵即逝，情势变化莫测，不可预测的因素时刻围绕着比赛双方，技术动作很难按平时练就的模式实施，必须根据临场的情势变化不断调整

自己的技术动作，随机应变地采取与之相适应的对策及动作方法。这将要求运动员必须掌握多样的、全面的技术和特长、绝招技术，“储备”更多、更丰富的技术动作，才能随时组合成新的动作，真正做到随机应变。

我们应看到：动作是受意识支配的，要随机应变地做出动作，必须要有意识地支配，否则，想要实施的任何动作都是无法实现的。有了动作，还需要有一套应变的动作方法（技法与技能），不然动作就会变成“花架子”而“中看不中用”，达不到攻防的目的，更谈不上得分取胜了。因此，意识先导就成为技术动作的内涵与核心。它包含了观察、判断、预见性和跆拳道的专项感、知觉（脚感、距离感、时机感、空间感、节奏感等）。

一、实效性

在跆拳道比赛中，使用任何动作的目的就是击中对手得分和阻止被对手击中而使对手不得分，从而取得比赛的胜利。在规则允许的范围内，无论使用何种动作能击中对手的有效部位得分，而不被对手击中失分，这就是跆拳道技术的实效性。如何保证动作的实效性可以从以下几个方面入手：

（一）动作的隐蔽性

动作的隐蔽性是指使用动作前或动作间转换时不暴露动作的意图。它要求动作启动前没有预兆，在保证动作结构不被破坏的前提下，尽可能地压缩动作环节的时间和减少与攻击动作无关的多余动作。比如后拉动作、预摆动作、较长距离的攻击动作、动作转换间的停滞现象等。

（二）动作的突然性

动作的突然性是指以最快的初速度来完成攻防动作的启动，使之带有突然性；同时使动作在运行过程中的加速度得到加强与提高，保证动作在击打时能以最快的速度完成，增加击打力量，在对手没有反应时已被击中。动态中的启动、快速的步法移动、身体整体的发力、善于利用前一个动作的惯性都是提高动作初速度的有效方法。

（三）动作的简捷性

动作的简捷性是指在比赛中选择的动作具有合理、简单、快速、实用的特点，它包括最佳击打的路线、距离、部位及攻击的角度、方向等。也就是说，应以最简单直接的动作、最快的速度、最短的路线、最佳的角度来攻击对手最薄弱的部位或防守上暴露的破绽。

二、快速性和准确性

在跆拳道比赛中，双方的攻防转换迅速，任何一方为了达到攻击的目的，获得动作的实效性，无论进攻或防守，比分领先对手是第一要务，双方总是保证动作以最短的时间来完成，同时使动作的运用恰到好处，具有高度的准确性，因而快是跆拳道技战术永恒的主题！只有这样，才能实现击中对手而不被对手击中的目的。快速性表现在反应快、步法快、出腿快、转换快；准确性表现在判断准、位移准、击打准。

三、应变性

在跆拳道比赛中，运动员各类技术的运用，在很大程度上受到对手的制约，难以按照赛前制定的预想模式来实施，他必须根据临场情势的变化而及时采取相应的变化，才能在瞬息万变的情势中做出相应的动作：进攻或防守；或由进攻迅速转入防守；或由防守迅速转入反击。可以说，比赛中大多数情况下，跆拳道的动作是在变化中完成的。因此，随机应变的能力在跆拳道比赛中有着十分重要的地位，起着十分重要的作用。

四、预见性

跆拳道比赛中始终贯穿发挥与反发挥、制约与反制约的激烈对抗与争夺。复杂、快速、多变、斗智、较勇，正是跆拳道比赛的魅力所在。在这种情势下，运动员几乎没有可能在极短的时间内改变已经启动的动作的方向、路线，可又要使自己的技术动作获得实际效果，这就要求运动员的技术动作必须要有预见性。所谓预见性就是能够从两个方面来判断、预测对手的行动：一是当自己主动进攻时，对手会采用何种方式方法来防守或反击？对手完成防守或反击后身体姿势所呈现的状态是怎样的？我应该如何应对？二是对手进攻后，他的身体姿势状态是怎样的？与我形成开式站位还是闭式站位？距离远近如何？是单击还是组合进攻？是否有利于他的再进攻？总之，预见性就是要准确地判断出对手的第一步、第二步、第三步……的行动意图。掌握了他的这个意图，自己才能有超前反应，做出的技术动作才符合临场的客观实际需要，才会有实效性。预见性是通过赛前对对手的充分了解和临场的敏锐观察，经过综合分析、判断而形成的。而超前反应则是建立在距离感、时机感等专项感、知觉和对对手的充分了解、熟悉以及丰富的比赛经验的基础上。

第三节　跆拳道技术动作的结构与要素

一、跆拳道技术的结构

完成一个跆拳道动作是人体各方面相互作用，并使身体各部分之间发生相对位置变化的结果。它是以骨骼为杠杆、关节为枢纽、肌肉为动力的运动过程。在跆拳道技术动作中，每一个动作都是由启动、击打、收回三个环节构成。在连续组合动作中，前一个动作的结束又是后一个动作的开始（高水平运动员会将后一个动作的启动准备环节在前一个动作的收回环节中完成，以缩短动作时间）。跆拳道技术是由技术基础、技术环节和技术细节组成。

（一）技术基础

技术基础是按一定顺序、路线、节奏等要素组成，是一个完整动作的主体。如横踢动作是由实战格斗姿势开始，提膝、转髋、支撑腿旋转、小腿由屈到伸向侧击打、小腿收回、落地、还原成实战格斗姿势等几个部分组成。无论是单个技术动作还是组合技术动作、进攻还是反击，要完成一个击打动作，离开这些，就不是一个完整的动作，也无法达到技术动作的要求，更无从谈起击打的效果来。

（二）技术环节

技术环节是指组成技术基础的各个部分，是组成技术基础的“二级单位”。如前所述，横踢动作是由提膝、转髋、弹击等几个部分组成，这每一个部分就是技术环节。任何一个动作都必须包含启动、击打、收回这三个过程，虽然表现出不同的形式，其内涵是不变的。

（三）技术细节

技术细节是指在不影响技术结构的情况下表现出来的动作的细微技术。其本质是技术动作在动态状态下表现出来的、关乎技术动作质量和实效性的因素。如：击打力量的大小；击打速度的快慢；动作运行的方向、路线的偏差；距离的远近；上步、撤步以及左躲右闪过程中时间的早晚配合等细微要求。

技术动作的细节技术越合理，技术动作的击打效果就越好。跆拳道技术由于是在对抗中运用，与对手的身体接触很多，运用时的条件复杂，需要根据个人和对手的身体特点、动作特点、技战术特点及临场情势的变化，不断对技术细节加以调整，才能取得理想的效果。因此，跆拳道技术细节应该是在不影响技术结构的情况下，充分体现个人特点和技术风格。不同类型运动员的技术细节也不尽相同，它完全取决于运动员本人的身体形态结构、运动素质、对技术掌握的熟练程度以及比赛经验是否丰富等方面。这表明了在学习跆拳道技术过程中，既要按照统一的技术规范去要求，同时也要强调个人技术细节特点的个性发展与张扬。

跆拳道技术终归是要在比赛实战中来实施的，在其实施过程中，它的思维、方法、要领及运动员对技术动作实施的能力，能够全面反映运动员对跆拳道运动技术的认知程度和理解深度。从技术基础、技术环节、技术细节这三方面来讲，技术基础与技术环节比较容易掌握，而技术细节的掌握相对困难。跆拳道是一项以“快”制胜、以“智”取胜的运动项目，比赛中不确定因素时常出现，因而对技术细节提出了很高的要求。加强对技术动态因素的研究，有助于提高运动员对技术细节的认识与掌握，并且能够在比赛中适时运用，取得良好的实效性。可以说，一个优秀的跆拳道运动员，不仅要正确掌握好技术基础和技术环节，更为重要的是对技术细节的把握与变化，只有对技术细节悉心钻研和精雕细刻，才能真正地提高技术动作的水平与技能，同时赋予技术动作实效性。

二、跆拳道技术动作的要素

技术动作的构成主要表现在一个动作的方法、要领、用力顺序、准确程度及形式等方面。而构成一个完美的运动技术，需要诸方面要素及其之间的相互配合。跆拳道技术动作的要素有身体姿势、动作轨迹、动作时间、动作速度、动作速率、动作力量、动作节奏等。这些要素有的表现出运动学特征，有的表现出动力学特征，而在多数情况下则表现出综合特征。

（一）身体姿势

身体姿势是在完成动作的过程中，身体或身体部位所处的状态。即身体部位在空间所处的位置关系。在跆拳道比赛中，无论做何种进攻与防守，都是从准备姿势开始的，这个准备姿势有时是从相对静止的实战姿势开始的（如对峙中的主动进攻）；有时也可以是从前一个动作的结束开始的（如防守反击）。一般来说，跆拳道比赛中，双方总是处于动态之中，因此我们对运动员在技术层面上的要求就是使自己在任何身体姿势下都能够及时、准确、完整地完成所要做出的进攻与防守动作，并产生强烈、明显的击打效果。这就需要我们的运动员把动作过程中身体各部位在空间的位置关系搞清楚，找出不同位置的不同方法，规范技术动作要求，才能在比赛中区别对待，使技战术得以充分发挥。

（二）动作轨迹

动作轨迹是指完成动作时身体及身体各部分所移动（经过）的路线。对跆拳道技术动作而言，就是在我们进行攻防动作的过程中，身体或手、脚的运动路线，它包含有动作轨迹形式、动作轨迹方向、动作轨迹幅度。如横踢动作：提膝向前，然后利用转髋扣膝的动作来形成横向踢击。击打腿的动作轨迹是先直线后横向（向左或右）击打；动作轨迹的方向与击打目标有关，左、右、高（头部）、低（躯干）；动作轨迹的幅度与距离、角度有关；由此产生横踢动作。无论是进攻动作，还是防守动作，身体、手、脚的运动都有一定的路线和一定的方向、形式、幅度，有的是直线运动，如前踢、侧踢；有的是弧线运动，如摆踢；有的是圆形，如旋风踢、后旋踢；而有的则是复合型的，如横踢（直线＋折线）、后踢（圆＋直线）等。技术动作在运行中，根据不同的目的，对其方向、幅度等有着不同的要求，在一定程度上直接影响击打的速度与力量。

（三）动作时间

动作时间是指完成动作所需要的时间。它包括完成动作总的时间和完成各个部分（或某个环节）所需要的时间。在跆拳道比赛中，单一的运用技战术动作较少，大多是以一连串的步法、腿法及防守动作的组合形式进行。不同的动作与组合，所需的时间不同，如原地进攻、反击和抢攻所需时间较短，而结合步法的技战术动作组合所需时间相对较长，因而对动作的要求也不尽相同。

（四）动作速度

动作速度是指在单位时间里，身体或身体某部位移动的距离，是人体快速运动的一种能力。对跆拳道运动而言，我们所说的动作速度主要是指完成进攻、防守、反击、抢攻等动作过程的快与慢。主要表现在进攻速度、防守速度、反击速度、抢攻速度、移动速度等，其形式有单个动作速度、组合动作速度。跆拳道是一项以快制胜的搏斗对抗项目，动作速度的快与慢，在很大程度上决定了动作的实效性，可以认为：速度是跆拳道比赛取胜的根本所在和制胜法宝。

（五）动作速率

动作速率是指在单位时间内完成动作的数量。在比赛中，动作速率主要体现出组合动作连续击打的能力，它可以是双腿不同腿法的组合击打；可以是单腿连击；也可以是步法加腿法等各种不同类型的技术动作有机结合体。其目的在于使对手来不及组织有效的防守时已被击中。在训练中，动作速率往往是检测运动员快速击打能力的一种方法，是提高运动员专项技术动作快速能力的有效训练手段。

（六）动作力量

动作力量是指完成动作时，身体或身体某部分克服阻力所用力的大小。它是人体内力和外力相互作用的结果。人体内力主要有肌肉收缩的力、关节的牢固力、肌肉黏滞性产生的力以及对抗肌的阻力等。人体的外力主要有人体的重力、支撑反作用力、摩擦力、惯性力、离心力以及外界环境的阻力等。内力是人体运动主动力的来源，直接决定人体各环节的运动。外力则使整个身体产生运动。如横踢动作是依靠身体拧髋和大腿收缩产生的力来完成的，而步法的移动则需要克服身体重力和依靠脚后蹬产生的反作用力。在跆拳道训练、比赛中，除了提高本身的力量外，还要善于利用外力来加强和增加动作击打的力量（如惯性力、离心力、反作用力等），提高技术动作攻击的威慑力，给对手造成较大的心理压力。

（七）动作节奏

动作节奏是指完成动作时，用力的大小、时间间隔的长短、运动幅度的大小、动作的快慢等因素的有机配合，是一个综合性的要素。它普遍存在于跆拳道的训练、比赛中，且占有十分重要的地位。我们通常所说的节奏，主要表现在进攻节奏、反击节奏以及这二者变化的节奏。进攻的节奏在于快速而密集，似狂风暴雨般横扫而去；反击的节奏在于伺机而动，"静若处子，动若脱兔"，打出个措手不及。在比赛中掌握动作节奏的要求是：要善于寻找时机，一旦抓住时机，应迅速、果断地进行连续不断地攻击，不予对手以喘息的机会，也就是说有进攻决不等待；当时机不成熟或需观察、调整时，可放慢节奏，不断地变化动作与节奏，利用步法、假动作来调动对手，创造条件，制造机会。总之，要使进攻节奏与反击节奏二者有机结合，虚虚实实，真真假假，准确地把握好二者的变化节奏。

各个动作要素之间是互相紧密关联的，共同寓于某一个动作中，任何一个要素的改变都会引起其他要素的改变而影响动作的结果。因此，我们在分析动作技术时，要全面考虑，抓住重要因素，确定动作的技术规范与要求，不放过任何一个细小环节，根据不同对象和不同问题，因材施教，改进训练的方法与手段，才能使运动员的技术动作做到规范、合理，达到娴熟、准确，形成运动动力定型（动作自动化）。

第四节 跆拳道基本技术

竞技跆拳道的基本技术简单实用，是所有其他技术的精髓和灵魂。任何技术的变化、运用都是在基本技术的基础上发展、衍生而来的。但是，基本技术只是跆拳道技术规范化和理想化的单个技术动作，在比赛实践中，基本技术需要根据时机、距离、战术和运动员的自身条件加以变化才能有效地使用并取得预期效果。

一、实战姿势

实战姿势是使自己身体处于最有利于进攻和防守的一种姿势。其作用是使身体随时处于攻防的最佳状态，保护自己，快速进行进攻、防守与反击活动的身体形态。在实战姿势中，左脚在前称为左势，右脚在前称为右势。本书均以左势为例。

（一）标准实战姿势

1. 动作要领：两脚前后开立略同肩宽，前脚脚尖内扣约 45 度斜向右前方，后脚脚跟提起，双膝关节微屈，重心落在两腿之间，上体自然直立呈 45 度角斜向右前方，双手握拳，拳心相对，两臂弯曲，左拳略前伸与鼻同高，右拳置于胸前，两肘自然下垂，头部直立向前，目视前方（图 2-1、图 2-2）。

图 2-1

图 2-2

2. 身体形态

头部：头正颈直，目视前方（对手）。

上体：右转约 45 度角成侧向面对手，两肩略内扣，胸腹略内收呈自然形态。

上肢：两臂弯曲（左臂大小臂夹角大于 90 度角，约为 135 度左右，右臂大小臂夹角小于 90 度，约为 45 度），双手握拳，拳心向内，拳面向前。左拳前伸高度略同鼻高，右拳置于下颌右下方，略同肩高。

下肢：两脚前后开立（立正姿势开始，右脚向后右斜方向后撤一步，40～50cm）；左脚脚尖内扣约45度朝向右前方，前脚掌用力支撑（脚后跟轻触地面）；右脚脚跟提起，前脚掌用力支撑于地，脚尖略朝向右前方；双腿微屈略内扣，髋部右转朝向右前方；重心落于两腿之间，不偏不倚。

3. 易犯错误及纠正方法：重心偏前或后移；双脚全脚掌着地；双脚间距过大；双膝僵直无弹性。纠正时，强调身体自然放松，重心保持在两腿之间，富有弹性。

标准实战姿势只不过是一种理想化的最佳攻、防、反姿势状态。其目的在于：首先保持良好的身体形态，呈现给人以潇洒、飘逸、健美的身姿而赏心悦目；表现出自信、坚毅、顽强的品质而启迪于人。其次使身体形成最有利于攻、防、反的最佳状态，随时进可攻、退可守、反击自如。三是以标准实战姿势为基础而变化出符合个人特点、特长和临场比赛需要的实战姿势，以适应临场比赛情势的变化。这是标准实战姿势最根本的目的和意义所在。这是因为标准实战姿势的考虑是全面的、综合的，对攻、防、反三种形式是兼顾的通盘考量，彼此无所侧重，表现出一种全局观。而在实战比赛中表现出个性特点和特长的实战姿势，则是在攻、防、反三种形式中有所侧重，是对比赛情势的预判和自己将要采取的技术动作、战术策略的需要而表现出的一种准备姿势。它是与临场比赛情势的需要相适应的。因此，我们才会看到在实战比赛乃至于训练中，每个人都有自己的习惯姿势（技战术的需要），可谓万紫千红、百花齐放，无一雷同。而在众多表现出个人特点、特长的实战姿势中，无不看到标准实战姿势的如影随形，无处不在。

（二）侧向实战姿势

此姿势的动作要领及要求同标准实战姿势一样，唯身体完全转向右侧，两脚前后开立在同一条直线上。这种姿势有利于完成反击动作、转体进攻或由后攻击（图2-3）。

图 2-3

（三）低姿实战姿势

此姿势的动作要领及要求同标准实战姿势一样，唯加大双膝弯曲度，重心降低。其特点是有利于防守、反击和跳起攻击（图 2-4）。

图 2-4

（四）与对手的相关站位

1. 开式站位：所谓开式站位就是与对手的站位呈开放型，即左势对右势，右势对左势（图 2-5）。

图 2-5

2. 闭式站位：即左势对左势，右势对右势（图 2-6）。

图 2-6

与对手相关的站位原则应是有利于自己的技战术特长的发挥，同时尽可能地限制对手的长处。采用何种站位，应酌情而定，灵活多变。既可将之视为一种战术（如调动对手）而善加利用，也可将之视为一种防守策略（如限制对手）而趋利避害。无规律地变换站位如同使用假动作，可使对手对自己的技战术捉摸不定，犹豫不决，这时突然启动，抓住对手稍纵即逝的犹豫迅速攻击，亦可获得意想不到的收获。但同时要注意变换站位要快速、敏捷，不要形成规律和习惯动作，以免给对手可乘之机。

二、跆拳道步法

步法是维持身体重心平衡、配合拳法、腿法等攻防动作快速击打、衔接转换和防守时移动身体、调整距离的一种技术。其主要作用是保持进攻与防守的最佳距离位置。

（一）前滑步：

在实战姿势基础上，后脚前掌支地，前脚先向前方滑进 20～30cm，后脚迅速跟上一步（图 3-1）。

（二）前进步

要求同前滑步，唯滑进的距离 30～50cm（图 3-2）。

（三）后滑步

在实战姿势的基础上，前脚脚前掌支地，后脚先向后方滑撤 20～30cm，前脚迅速后撤一步（图 3-3）。

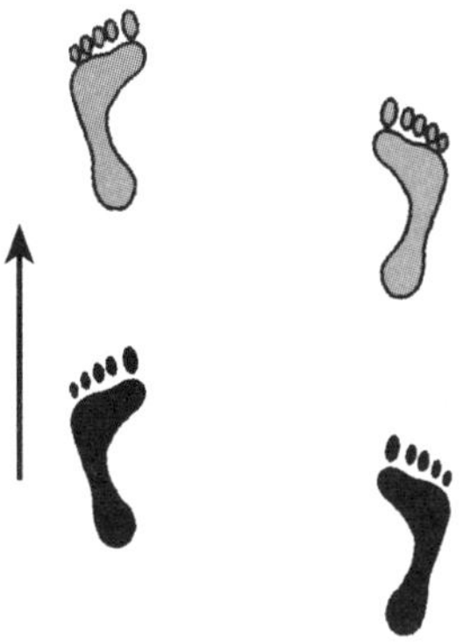

图 3-1

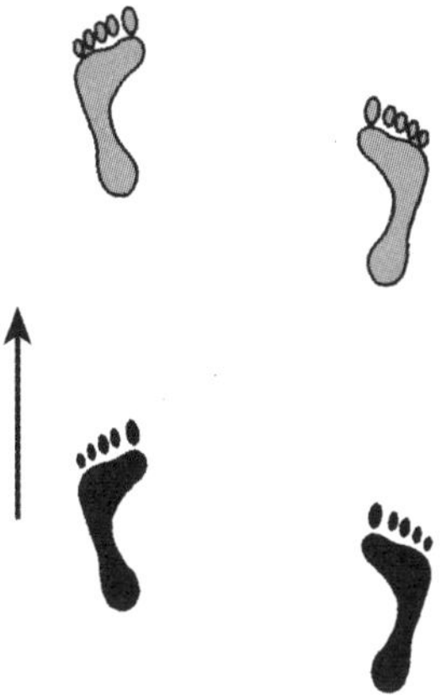

图 3-2

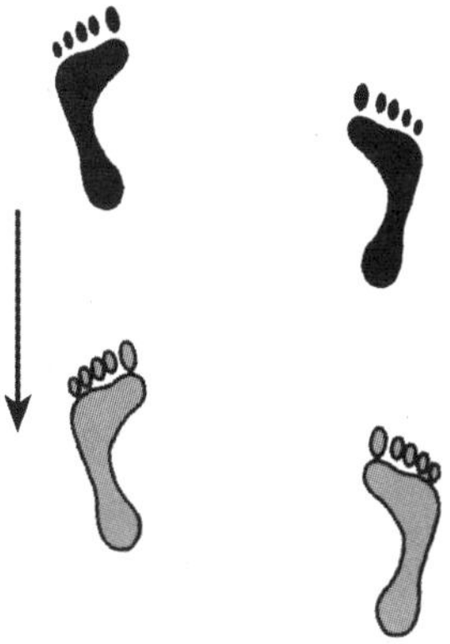

图 3-3

(四)后退步

要求同后滑步，唯向后滑撤的距离为 30～50cm（图 3-4）。

(五)左滑步

在实战姿势的基础上，前脚先向左方平行滑进 20～30cm，后脚迅速向左平行跟进一步（图 3-5）。

(六)右滑步

在实战姿势的基础上，后脚先向右方平行滑进 20～30cm，前脚迅速向右平行跟进一步（图 3-6）。

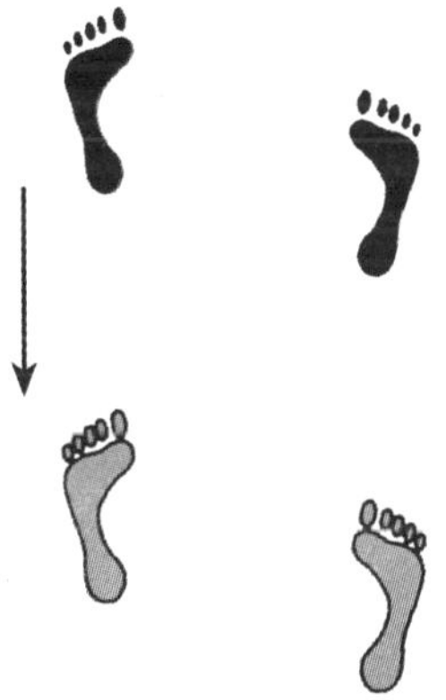

图 3-4

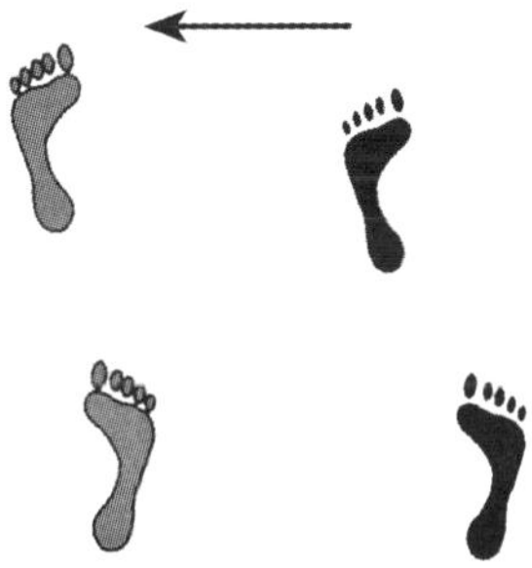

图 3-5

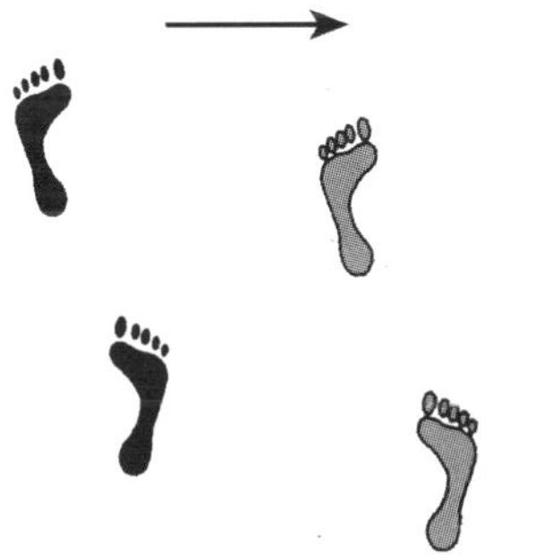

图 3-6

(七)滑并步

在实战姿势的基础上，前脚向前滑进一步约 20cm，后脚迅速跟上一步靠拢前脚后跟，同时前脚再向前滑进 20～30cm（图 3-7）。

(八)上步

在实战姿势的基础上，后脚向前方迈进约 60cm。即由左势换为右势（图 3-8）。

（九）撤步

在实战姿势的基础上，前脚向后方撤退一步约 60cm。即由左势换为右势（图 3-9）。

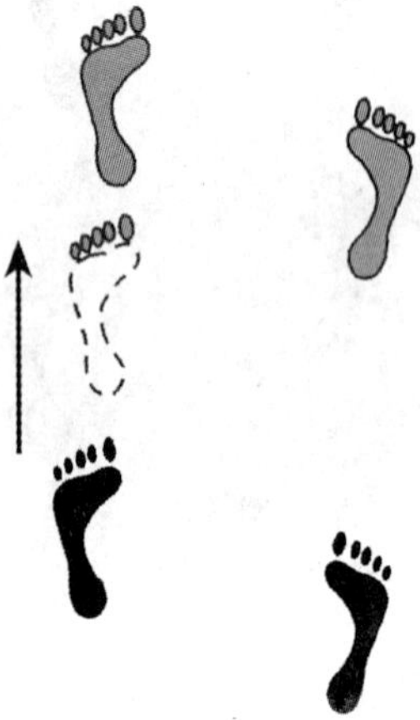

图 3-7

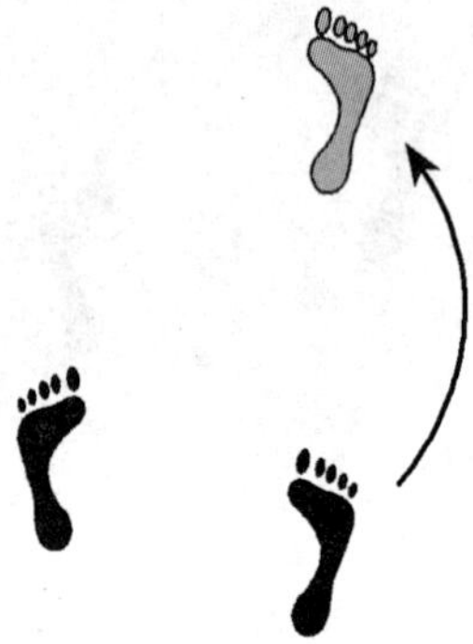

图 3-8

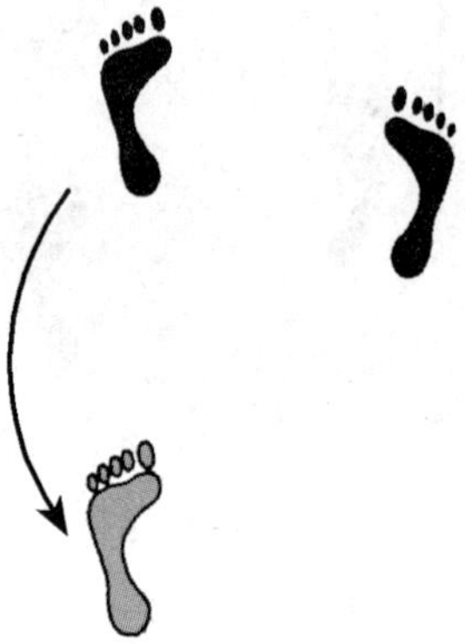

图 3-9

（十）变换步

在实战姿势的基础上，利用腰、髋的旋转力量，两脚同时贴地换步，前脚变后脚，后脚变前脚，即左势变为右势，右势变为左势（图 3-10）。

（十一）追击步

在实战姿势的基础上，前脚先向后收约 10～15cm，后脚迅速向前脚跟进一步，同时前脚再向前滑进约 20～30cm（图 3-11）。

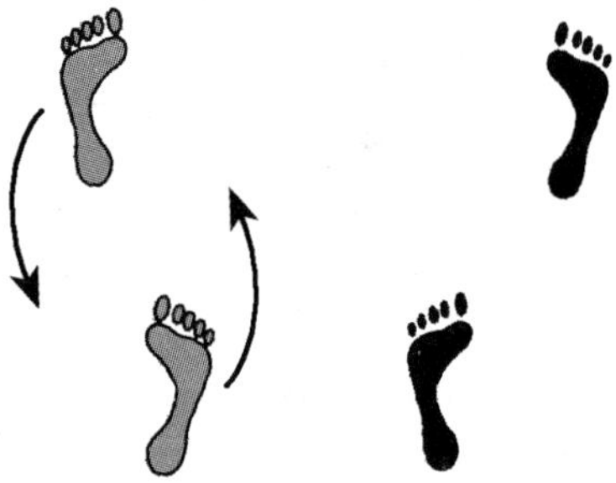

图 3-10

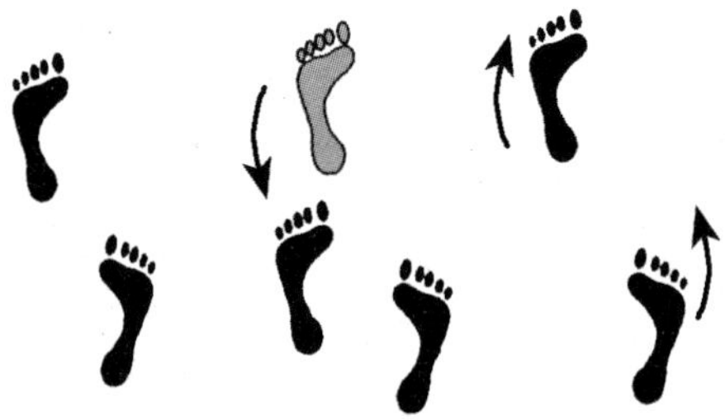

图 3-11

（十二）环绕步

环绕步分为左、右环绕步。

1. 左环绕步：在实战姿势的基础上，沿左侧围绕对手移动，先移动左脚约 10～20cm，然后右脚向左移动约 50cm（图 3-12）。

2. 右环绕步：在实战姿势的基础上，沿右侧围绕对手移动，先将右脚向右斜前方约45度角移动约50cm，然后左脚平行撤回约10～20cm（图3-13）。

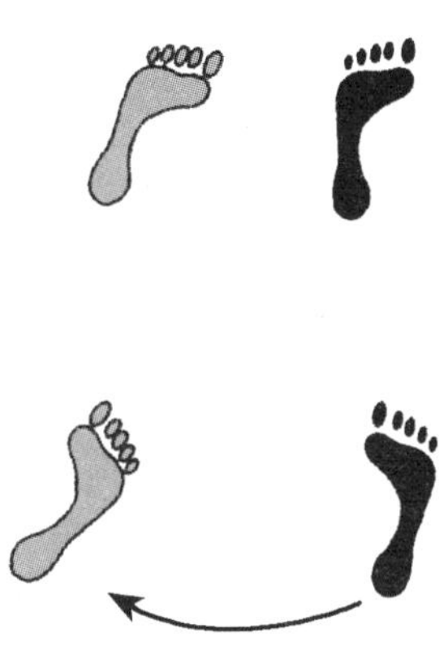

图 3-12

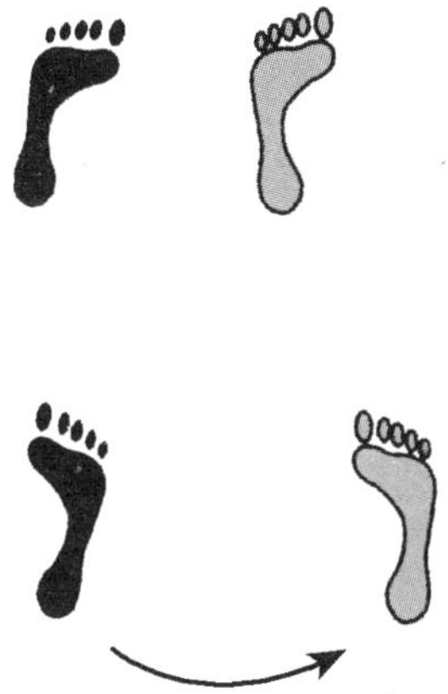

图 3-13

（十三）组合步

各种步法之间的不同搭配组合形成组合步。实际上，跆拳道技术在比赛运用的过程中，大多数情况下无不是通过各种步法而得以实施，使用的步法都有意或无意地组合起来综合运用。运用步法的目的是为了调整距离、创造时机或躲避攻击，步法的组合搭配应根据临场实际情况的改变而改变，使之成为进攻、防守、反击的有机连接技术。

（十四）步法易犯错误及纠正方法

1. 易犯错误：

（1）在步法移动过程中，身体重心的起伏过大，忽前忽后，左右摇摆。

（2）全脚掌着地，移动缺乏灵活性和敏捷性。

（3）移动时，步幅过大或过小。

（4）身体紧张，动作僵硬，协调性差。

2. 纠正方法：

（1）在步法练习中，可采取镜面练习，用自己的眼睛来监督和控制练习过程，防止错误发生。

（2）两人相向练习，互相提示对方。

（3）在脚后跟底部用胶布粘上球形物品，使运动员在练习中保持脚前掌着地。

（4）在地上画出一定距离的线条，让运动员在规定的距离内进行步法练习，严格控制步幅的大小。

三、跆拳道拳法

现代竞技跆拳道由于竞赛规则的限制（拳不允许击打头部）和身穿护具的缘

故，拳法的攻击杀伤力大为减弱（几乎可以忽略）。快速而有力地拳击打也是可以使对手产生位移而得分。但是规则规定，当两人紧贴在一起，一方想摆脱时，不允许推拉对方，这时可采用直拳击打对方的胸腹部的方法使两人分开。在进攻与反击时，也可用拳法来阻挡对手或作为两个技术动作之间的衔接过渡技术。拳法主要有左、右直拳两种。

（一）*左直拳*

保持实战姿势，出拳时，左手握拳由屈到伸，当肘臂还未完全伸直时，拳头向右方旋转，拳背向上，同时向右拧腰转肩，力达拳面，迅速收回。拳的高度视目标高低而定（图 4-1、图 4-2）。

图 4-1

图 4-2

（二）*右直拳*

保持实战姿势，右脚蹬地，腰髋部向左旋转，右手握拳由屈到伸，当肘臂还未完全伸直时，拳头向左方旋转，拳背向上，转体、顺肩，向前快速打出，力达拳面，迅速收回。拳的高度视目标高低而定（图 4-3、图 4-4）。

图 4-3

图 4-4

拳击打时，要充分利用蹬地、拧腰、转髋、顺肩的合力，握紧拳头，迅猛有力，力达拳面，表现出全身的整体发力击打。另一手臂置于胸前或两肋旁成防守格挡姿势（动态的防守姿势）。在使用拳腿组合动作时，拳与腿的动作要衔接流畅，转换迅速，才能充分发挥拳击打的作用。

直拳的击打部位是胸腹和两肋。

四、跆拳道腿法

跆拳道以其变幻莫测、优美潇洒的腿法著称于世，被誉为“踢的艺术”。在比赛中，交战双方采用踢、劈、旋、摆、踹、蹬等各种腿的技法，你来我往，常常有出人意料的精彩动作出现，极具观赏性，充分展示了跆拳道的艺术美，给人以美的启迪和享受，是跆拳道有别于其他搏击类项目的显著特点。

本书示例均以左势实战姿势为起始动作。

（一）前踢

在实战姿势的基础上，左腿支撑，右脚蹬地屈膝提起，髋前送，小腿快速由屈到伸向前弹击，力达脚背，迅速落下成原姿势（图 5-1～图 5-5）。

图 5-1

图 5-2

图 5-3

图 5-4

图 5-5

扫一扫，看前踢动作图解

1. 身体形态

头：目视对手，向上顶。

躯干：面对对手或略向侧转，上体保持正直或略向后倾。

支撑腿：微屈（膝关节），脚尖略外转，击打接触对手的一瞬间蹬伸膝关节，以利整体发力。

上肢：两手臂自然置于体侧。

击打腿：向前提膝过腰，由屈至伸向前击打，高度为对手下颌处。

2. 讲解与示范顺序

实战姿势→头→躯干→手臂→支撑腿→击打腿→落下。

3. 前踢是跆拳道腿法中最简单的基础腿法。在练习中，要注意膝关节夹紧不外翻；髋要前送，增加击打距离；击打时小腿放松，富有弹性，快打快收。易出现的问题是大小腿折叠不够，弹击时有直腿抛出的感觉，无力量。在不破坏动作结构的前提下，加强分解动作的练习，提高动作质量。

4. 重点

（1）在竞技比赛中前踢使用率不高，以前脚背为击打点；在品势中较为常见，属基础性腿法，以前脚掌为击打点。

（2）动作连贯、流畅、快速。

前踢的击打部位是下颌，对手弯腰时也可击打胸腹部。

（二）横踢

在实战姿势的基础上，右腿蹬地，屈膝向前提起，同时左脚以脚前掌为轴主动向左拧转约 180 度，右腿膝关节结合拧髋动作抬至击打高度时向左侧内扣，小腿由屈到伸快速向左侧踢出，同时拧腰转髋，增加力度，击打目标后自然放松，收回小腿迅速落下成原姿势（图 6-1～图 6-5）。

图 6-1

图 6-2

图 6-3

图 6-4

图 6-5

扫一扫，看横踢动作图解

1. 身体形态

头：目视对手，向上顶。

躯干：侧向左 90 度，上体略后倾 40 度左右。

支撑腿：微屈（膝关节），动作完成过程中支撑腿脚尖主动拧转，击打接触对手的一瞬间蹬伸膝关节，以利整体发力。

上肢：两手臂自然置于体侧。

击打腿：向前提膝过腰，由屈至伸的过程中，膝关节扣向内侧，击打时，膝关节完成伸直抽打动作。

2. 讲解与示范顺序

实战姿势→头→躯干→手臂→支撑腿→髋关节（腰部）→击打腿→落下。

3. 我们在横踢练习中要注意夹紧膝关节，面向对手屈膝提起，髋关节微向前送，击打的一瞬间，肩、髋、膝、踝各关节形成一条直线。更为重要的是支撑脚的拧转与拧髋扣膝要同时进行，不可分解。击打的力量点应在正脚背。易犯的错误主要表现在踢击时腿的外摆幅度太大，大小腿折叠不够，给人一种直摆的感觉，从而影响击打力量和准确性。当出现这些问题时，我们可以采取贴墙壁进行练习的方法，逐步克服错误动作。同时，在练习中减少分解练习，不可对动作分解太细，以免影响动作的完整性。应有目的、有计划地对横踢的不同踢击高度进行交替训练，提高动作的准确性。

4. 重点

（1）击打腿蹬地、支撑腿外旋、拧髋扣膝这三个动作要同时启动、同时完成，更为重要的是完成这三个动作时的整体性、主动性。

（2）分解练习时，可将动作分成两部分，第一步完成击打准备动作，肩、髋、膝成一直线，髋、膝、踝成一平面。这就是“三点成一线、三点成一平面”，它既是教师观察学生动作是否规范到位的标志，也是学生镜面训练或同伴相互纠错的标准。

（3）注意击打腿在击打发力时膝关节的伸直动作，一是确保击打位置的准确性，二是防止完成动作过程中过度拧转。

（4）支撑腿在外旋拧转的过程中易出现拧转过度的现象，因此，在拧转到位时可利用放下脚跟的动作来实现“刹车”。避免因过度拧转造成的动作变形，进而影响动作质量和击打效果。

横踢击打的部位是头部、胸腹部及两肋。

（三）后踢

在实战姿势的基础上，左脚以脚前掌为轴向内旋转约 120 度（背对或侧对对手），上体旋转时重心移至左腿，同时右腿屈膝抬起，脚靠于左膝内侧，用力向后直线蹬出，力达脚跟，迅速落下成原姿势（图 7-1～图 7-7）。

图 7-1

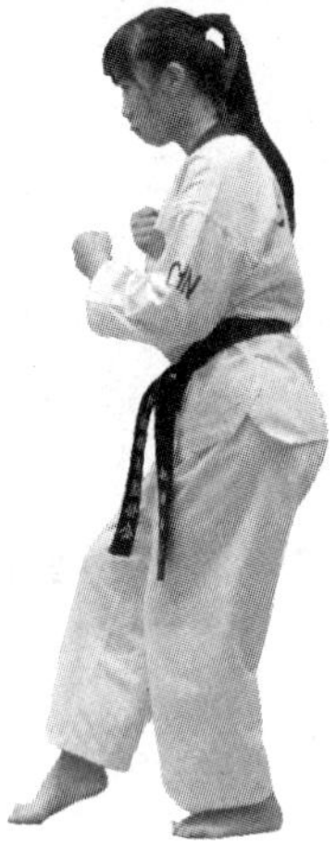

图 7-2

图 7-3

图 7-4

图 7-5

图 7-6

图 7-7

扫一扫，看后踢动作图解

1. 身体形态

头：头正，目视对手，随动作旋转而旋转。

躯干：启动时，垂直向后旋转；击打时，躯干略向前俯，双肩转向不可过度。

支撑腿：重心在支撑腿，启动时支撑腿外旋 135 度左右时，脚跟制动，击打时发力支撑腿膝关节有伸直的过程，以利全身发力。

击打腿：身体向外旋时，击打腿勾小腿，脚跟经过腘窝（支撑腿）由屈到伸后蹬出，膝关节有伸直的瞬间过程。

2. 讲解与示范顺序

头→躯干→支撑腿→击打腿

3. 我们在后踢练习时，请掌握一个方法：与对手成直线面对，以支撑腿为准星瞄准对手的击打部位，攻击腿的膝盖向下与地面垂直来控制击打方向，上体与大小腿折叠成一团，击打时攻击腿沿支撑腿所瞄准的方向迅速向后蹬出，身体与攻击腿形成一条直线，快打快收。后踢动作由于需要转体来完成动作，故所需时间较长，因此，转体、抬腿、出腿等动作应一次性连贯完成，不可停顿。易出现的问题是腿在蹬出时膝关节外展，击打路线成弧线而旋转发力，同时上体跟着旋转，这样极易造成击打不准、攻击力量减弱和给对手以反击之机。上体的前后倾斜或重心的左右摇摆，也是初学者易犯的错误之一。出现这类问题可以由同伴拉住右（左）手进行专门的分解练习，也可以在练习中有意将右（左）手或右（左）肩向出腿的反方向牵拉，体会正确动作的感觉，保持身体适度的倾斜，直至纠正动作错误为止。

4. 重点

(1) 转体、移动重心、击打腿的勾小腿，三个动作同时启动、同时完成，尽量减少中间环节，压缩完成动作的时间。

（2）以支撑腿为准星击打腿在完成击打动作时要顺着支撑腿直线击打（练习初期可以体会大腿之间的摩擦或贴近的感觉），确保击打的准确性。

（3）为防止身体过度旋转而影响击打准确性，首先支撑腿旋转时脚跟要有“刹车”制动（旋转到位时脚后跟着地）；其次是肩部的牵拉控制作用（双肩与对手平行而非垂直状态）；其三是练习初期双眼尽可能地不要去观望对手。

（4）击打成一直线、击打成一点：击打成一线是过程，击打成一点是击打部位和效果。当击打未完成时，不可转髋。只有保证了击打一条线，才能保证击打一个点。当后踢技术动作达到自动化时，对线的要求主要表现在速度与个人习惯上，对点的要求则主要表现在准确性上。只要点的击打是快速的、准确的、有效的，可以放宽对线的要求。

（5）当基本技术动作形成并动力定型后，应以强调击打腿的出腿速度来倒逼前面动作完成的速度，进而提高整体动作的速度。

后踢的击打部位是头部、胸腹部及两肋。

（四）下劈

下劈又称劈腿，因运用的方法不同又分为直腿下劈和屈腿下劈。

1. 直腿下劈

在实战姿势的基础上，重心移至左腿，右脚蹬地，大腿尽量上举至对手头部上方（出腿方向在对手头部的左或右侧约 10cm 处），由上向前下方用力劈下，上体略后仰，同时向左侧拧髋前送，快速以脚掌击打目标，迅速落下成原姿势。

2. 屈腿下劈

在实战姿势的基础上，重心移至左腿，右脚蹬地，大腿屈膝尽量上提，小腿随提膝动作上抛至最高点（以脚超过对手头部为准），由上向前下方用力劈下，上体略后仰，同时向左侧拧髋前送，快速以脚掌击打目标，迅速落下成原姿势（图 8-1～图 8-4）。

图 8-1

图 8-2

图 8-3

图 8-4

扫一扫，看下劈动作图解

3. 身体形态

头：向上顶，略后仰，目视对手。

躯干：启动时，正面对手，微后仰；发力时躯干向外侧拧转，配合拧髋发力，同时躯干向后仰，保持重心。

支撑腿：腿跟提起，膝关节伸直，配合头、躯干向上顶起，发力时配合躯干、髋部的拧转动作，脚尖向外旋转。

击打腿：屈膝上提，大腿尽量贴近胸部，小腿放松，脚部自然放松，随大腿的上提向上抛出，直至最高。

4. 讲解与示范顺序

身形（头、躯干、支撑腿）→击打腿（提膝、上举、抛小腿）→发力击打→收回。

5. 下劈是由上向下快速“砸”击的腿法，因此要求在练习、运用过程中，尽量抬高身体重心，攻击腿尽量上举（以脚略超过对手头部为准），大腿与上体贴紧，以提高腿的高度，增加击打距离。起腿要快速、果断；落地时可选择贴靠对手或后撤分开。常见易犯的错误有：起腿不高；出腿太慢；直腿下劈时，出腿的方向在正前方，这样会出现两个问题，一是因对手身体的阻挡使腿无法提起，二是即使腿能够提起，击打距离过远和时间较长，对手可轻易防守或反击；屈腿下劈时，小腿没有抛至最高点，无法完成动作。针对这些问题，首先应加强身体的柔韧性练习，提高腿部的伸展能力；其次可采用橡皮筋等工具辅助练习来提高动作速度；第三可利用墙壁等障碍物进行屈膝高举大腿、抛小腿的练习，逐步缩短人与障碍物之间的距离，使运动员能在近距离内完成屈腿高举的动作。

6. 重点

(1) 提倡屈腿下劈动作，它相对直腿下劈具有快速、短距、易控的优势，且在启动过程中兼具防守功能。

（2）下劈的击打高度因对手不同而显现差异，应以略高于对手的头部为基准，在击打腿上举的过程中，用双眼观察到击打腿的脚部略高于或平行于对手的头部时，可以发力完成击打动作。

（3）当击打时，应结合下劈动作完成拧髋动作，一是加大击打力量，二是增加击打面积。

劈腿的击打部位是头部和胸部。

（五）旋风踢

在实战姿势的基础上，重心移至左腿，右脚略提起，身体以左脚为轴向右后原地旋转360度，左腿利用身体旋转产生的力量迅速提膝，拧髋扣膝，小腿由屈到伸快速向前横击，力达脚背，上体略后仰，迅速落下成原姿势（图9-1～图9-5）。

图 9-1

图 9-2

图 9-3

图 9-4

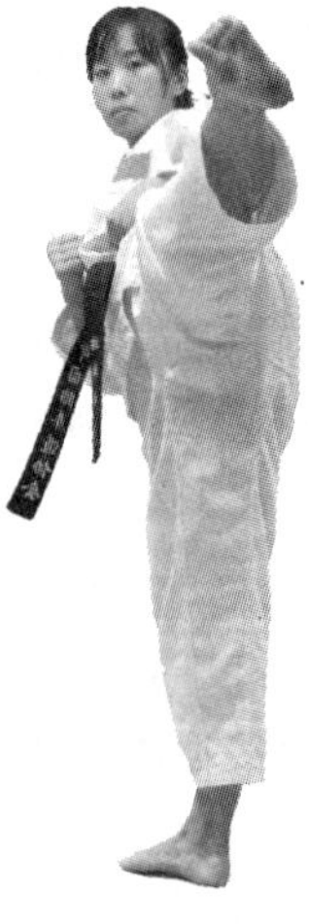

图 9-5

扫一扫，看旋风踢动作图解

1. 身体形态

头：目视对手，头部沿纵轴做水平旋转，转动迅速。

躯干：重心移至支撑腿，随头部沿纵轴做水平旋转，击打的一瞬间略向后仰。

支撑腿：旋风踢的支撑腿同时是击打腿，因此，在身体旋转中要保持微屈状态，以利完成旋转后的蹬地击打动作，前脚掌支地，后腿跟微提起，结合头部、身体的转动及拧髋动作完成身体整体的旋转，头、躯干、支撑腿自始至终保持一个垂直的状态而形成一个纵轴。

摆动腿：在旋转的启动阶段，摆动腿迅速贴靠支撑腿随，身体一起完成旋转动作。要尽可能地靠近由头、躯干、支撑腿形成的纵轴，缩小旋转时的身体半径加快旋转速度。

2. 讲解与示范顺序

头→躯干→支撑腿→摆动腿→旋转完成→击打。

3. 旋风踢实际上就是利用身体旋转获得更大击打力量的横踢。在练习、运用的过程中，由于旋转，身体重心不易控制，上体易产生左右摇摆而降低动作击打的准确性。控制身体重心的稳定性就成为旋风踢练习的关键。因此，在练习中要注意维持身体的平衡，头要向上顶，身体特别是支撑腿不要太松，要立起来；平时应加强身体平衡器官的训练，采用原地旋转或跳起旋转等辅助练习手段来提高身体的平衡能力。作为一个动作结构相对复杂的复合动作，旋风踢在旋转过程中极易出现停顿现象。旋转身体的目的是为了利用旋转产生的力量来加大击打力度，如果出现停顿或动作衔接不流畅，就会失去旋转的意义，同时也会因为速度降低而给对手进攻、反击的机会。在分解练习的基础上，反复进行完整动作的练习，先慢后快，重点强调动作的连贯性，逐步使动作的各个部分有机地结合起来，保证动作衔接流畅，提高动作质量。

4. 重点

（1）在旋转中头部的转动一定是主动的转动，应充分利用“翻转反射”原理，以头部的快速转动来带动身体的快速旋转，眼睛在旋转中应尽快地再次看到对手。

（2）旋转是旋风踢的关键，而旋转的稳定性与身体纵轴相关。因此，保持旋转中身体纵轴的垂直至关重要。首先旋转中头部至支撑腿要尽量保持垂直状态，即使身体发生后仰也要保持头部至支撑腿呈直线状态；其次头向上顶；再次要保持身体一定的紧张度，不可松软无力。

（3）旋风踢由于动作过程复杂，运行轨迹所需时间较长，要想获得良好的击打效果，速度是关键。快速是旋风踢的重中之重。首先要依靠身体的拧髋、转肩、摆头及支撑腿的主动旋转来加大旋转力量，提高旋转速度；其次是摆动腿要贴近支撑腿旋转，尽可能减少身体的旋转半径；再次是支撑腿后脚跟提起，减少支撑面与地面摩擦。

（4）支撑腿（击打腿）膝关节应微屈，有利于击打时的蹬地动作。

（5）旋风踢摆动腿不宜抬得过高，以免影响旋转速度和两腿间的转换速度。

旋风踢的击打部位是头部、胸腹及两肋。

（六）双飞踢

在实战姿势的基础上，先由右腿踢出一个横踢动作，当右横踢尚未完成时，左腿迅速再踢出一个横踢动作，迅速落下成原姿势（图 10-1～图 10-5）。

图 10-1

图 10-2

图 10-3

图 10-4

图 10-5

扫一扫，看双飞踢动作图解

1. 身体形态

头：目视对手。

躯干：完成动作过程中，躯干略向后仰。

支撑腿与击打腿：快速交换完成横踢动作（拧髋是重点），后腿追前腿。

2. 讲解与示范顺序

后腿横踢→躯干→前腿横踢。

3. 双飞踢的要求基本同横踢一样（主要指腿的动作），唯上体略后仰，身体重心应随腿的击打向前平行推移；当前一腿完成动作一半时，后一腿迅速跟进踢出，衔接紧凑，快速果断；在此我们特别强调：当双腿在交换踢出时，髋与腰的左右拧转非常重要，它们拧转速度越快，两腿交换就越快。在比赛中我们常常可以看到，双方运动员会运用更多的组合动作如“三飞”“四飞”等来完成进攻，其实，他们的目的不在于使用了多少动作，而是在于打乱了对手的阵脚，当对手手忙脚乱之际，才会打出真正的一击。因此，我们可以将前面的动作看作是假动作，是扰敌之计。

双飞踢经常出现的问题是两腿交替踢出时出现脱节和腾空过高的现象，极大地影响了击打速度和动作的连续性、完整性。针对这种现象，在训练中可采取以下方法来予以解决：一是原地或行进间的低姿双飞踢的反复练习，重点是体会左右拧髋动作。二是原地先出一腿悬空（高度由低向高逐步过渡），另一腿迅速完成横踢动作，重点是加快两腿交换的速度。

4. 重点

（1）双飞踢的关键环节是双腿交替时转换的快慢，它不仅决定动作完成的质量，更是击打效果的保证。因此在双飞踢训练中一定要强调、贯彻、落实“后腿追前腿”练习理念，即当前腿接近完成动作时后腿迅速跟上。

（2）为确保双飞踢动作的速度，在双腿交替击打中，左右拧髋的动作应是一个整体，左右交替拧髋动作中间绝对不能出现停滞现象。

（3）在使用多飞动作时最后一击的时机要掌控到位，要确保最后一击的实效性（前面的动作可视为干扰对手思维判断、打乱对手防守阵脚的诱惑性动作）。

双飞踢的击打部位是头部、胸腹及两肋部。

（七）后旋踢

在实战姿势的基础上，重心移至左腿，左脚以前掌为轴内旋，身体旋转 360 度，同时右腿屈膝提起，向对手头部右侧踹出，在脚接近对手头部右侧的瞬间，用力向右侧屈膝勾小腿，以脚掌击打对手头部，迅速落下成原姿势（图 11-1～图 11-5）。

图 11-1

图 11-2

图 11-3

图 11-4

图 11-5

扫一扫，看后旋踢作图解

1. 身体形态

头：目视对手，头部沿纵轴做水平旋转，转动迅速。

躯干：重心移至支撑腿，随头部沿纵轴做水平旋转，启动、击打时略向后仰。

支撑腿：膝关节微屈，脚后跟提起，以前脚掌为支点作 360 度旋转。

击打腿：随身体的旋转提膝屈腿，旋转至 180 度时，向目标右侧踢击，接近目标时勾小腿以脚掌击打目标。

2. 讲解与示范顺序

头→躯干→支撑腿→旋转启动→击打腿→击打→旋转完成。

3. 后旋踢实质就是转体的勾踢，与其他旋转性腿法一样，要求转体、出腿快速果断，连贯流畅，一气呵成。旋转的速度，重心的稳定，直接影响到后旋踢动作的准确性、实效性。因此，在训练中一定要加强旋转能力的培养，把握好旋转中的身体重心，提高动作速度，保证动作的完整性和连贯性。

4. 重点

(1) 旋转时以头部的转动来带动身体的转动。

(2) 后旋踢的关键是旋转，而旋转的稳定性与身体纵轴相关。因此，保持旋转中身体纵轴的垂直至关重要。

(3) 衔接流畅是快速完成后旋踢的保证，因此在整个动作的运行过程中要一气呵成不可出现停滞现象。

(4) 严格掌控勾小腿击打的时机，过早或过晚均可影响击打的实际效果，甚至无法击中目标。

后旋踢的击打部位是头部。

(八) 侧踢

在实战姿势的基础上，重心移至左腿，右腿屈膝提起，膝向左侧内扣，勾脚尖，快速向前方直线踹出，力达脚跟，快打快收，迅速落下成原姿势（图 12-1～图 12-3）。

图 12-1

图 12-2

图 12-3

扫一扫，看侧踢作图解

1. 身体形态

头：目视对手，向上顶。

躯干：侧向左转 90 度，上体略后倾。

支撑腿：微屈（膝关节），动作完成过程中支撑腿脚尖主动拧转，击打接触对手的一瞬间蹬伸膝关节，以利整体发力。

上肢：两手臂自然置于体侧。

击打腿：向前提膝过腰，由屈至伸的过程中，膝关节扣向内侧；大小腿折叠夹紧，勾脚尖；击打时，膝关节完成伸直击打动作。

2. 讲解与示范顺序

实战姿势→头→躯干→支撑腿→击打腿→落下。

3. 侧踢动作力量大，攻击距离远，可攻可守，封堵对手作用明显。它要求提膝后大小腿完全折叠，收束成一团，踝、膝、髋三关节尽量保持在同一水平面，击打时这三关节应成一条直线，力达脚跟，快打快收。易出现的问题是击打时髋关节伸展不充分，发力不完整，影响动作效果；在练习中提醒运动员击打的同时右脚蹬地使支撑腿挺立，使身体各部位充分伸展，将全身之力汇集到一点——脚跟。

4. 重点

（1）击打腿屈腿提膝时，髋、膝、踝成一平面。使之“三点成一平面”。

（2）击打腿蹬地、支撑腿旋转、屈腿提膝这三个动作要同时启动、同时完成。

（3）屈腿提膝时要尽量收缩身体，抱成“一团”，大小腿夹紧，形成合力。

（4）侧踢时一定要勾脚尖，以脚后跟击打。

侧踢的击打部位是头部、胸腹及两肋部。

（九）推踢

在实战姿势的基础上，重心移至左脚，并以脚前掌为轴外旋约 90 度，右脚蹬地屈膝提起，由屈到伸向前方直线蹬出，力达脚跟或脚全掌，迅速落下成原姿势（图 13-1～图 13-5）。

图 13-1

图 13-2

图 13-3

图 13-4

图 13-5

扫一扫，看推踢作图解

1. 身体形态

头：目视对手，头向上顶。

躯干：身体正面面向对手，依据需要可略微侧转，进而完成髋关节前送动作。

上肢：双手成格斗状置于胸前或两侧。

支撑腿：膝关节微屈，脚尖外展约45度，重心保持在支撑腿上。

击打腿：向前提膝，由屈到伸，脚尖勾紧，击打部位高低的依据需要，大腿与地面平行或向上45度方向击打，力达脚跟。

2. 讲解与示范顺序

实战姿势→头→躯干→手臂→支撑腿→击打腿→落下。

3. 推踢动作的关键在于“推”，进攻时兼具防守功能；其主要作用是用于两个动作之间的衔接或当作假动作使用；当双方相距较远时，运用推踢动作来调整距离（过渡动作）。因此在运用时要送髋，重心向前平推，便于衔接下一个动作；上体不可后仰太多，致使身体重心后滞而破坏动作的连贯性。

4. 重点

（1）新规则的改变（电子护具的使用），将原本作为过渡性动作的推踢，转变为得分的常规手段。因而对推踢的击打速度与力量提出了新的要求。

（2）屈腿提膝时要尽量收缩身体，大小腿夹紧，形成合力，同时应结合步法的移动来加快击打速度和增加击打力量。

（3）踢击时一定要勾脚尖，以脚后跟击打。

推踢的击打部位是胸腹部及两肋。

（十）勾踢

在实战姿势的基础上，身体重心移至左腿，右脚蹬地屈膝提起，同时左脚以前掌为轴外旋，右腿向对手头部右侧踹出，在脚接近对手头部右侧的瞬间，用力向右侧屈膝勾小腿，以脚掌击打对手头部，迅速落下成原姿势（图14-1～图14-4）。

图 14-1

图 14-2

图 14-3

图 14-4

扫一扫，看勾踢动作图解

1. 身体形态

头：目视对手，头部沿纵轴做水平旋转，转动迅速。

躯干：重心移至支撑腿，随头部沿纵轴做水平旋转，启动和击打时略向后仰，完成击打后上体迅速恢复原姿势。

支撑腿：重心移至支撑腿，同时适度外旋。

击打腿：在支撑腿外旋的同时屈腿提膝，向左前方伸出，接近目标时勾小腿以脚掌击打目标。

2. 讲解与示范顺序

身形（头、躯干、支撑腿）→击打腿（屈腿提膝，向左侧出腿，勾小腿）→发力击打→收回

3. 勾踢属于左右方向的横击动作，击打力量来自屈膝勾小腿；为了加大击打力量，在勾小腿击打的同时要挺髋，使髋关节充分展开，身体与大小腿成反弓形，以增加击打力量和击打范围。值得注意的问题是在运用过程中，各部分动作的衔接不能分解，要一次性连贯完成，快速、果断。可采取降低动作高度的方法进行练习，循序渐进地提高动作的击打高度，逐步完善动作的连贯性。

4. 重点

（1）击打腿出腿的方向、角度、距离要拿捏精准，任何偏差都将影响击打的准确性。

（2）完成击打动作时，要掌握好勾小腿的时机，正确的方法是当击打腿将要伸直但未伸直时完成勾小腿击打的动作。

（3）只有保证勾踢动作的整体连贯性和一气呵成的快速性，才能捕捉到目标进而确保勾踢的实效性。

勾踢的击打部位是头部。

（十一）跳踢

跳踢，顾名思义就是身体处在腾空状态下以腿击打的一类动作。它具有突然性、隐蔽性、击打力量大的特点。包括有跳起前踢、跳起侧踢、跳起后踢、跳起劈腿、跳起后旋踢等。其动作要领及动作过程基本上同原地的要求相同，只是动作在空中完成而已。我们知道，根据人体力学原理，任何腾空动作在空中所表现出来的诸如动作的角度、轨迹、速度、方向、力量等，都决定于起跳的一瞬间(空中无法改变)。因此，我们在运用跳踢这类动作时，首要环节就是起跳。要根据不同的动作、不同的要求、不同的时机、不同的击打部位，来选择不同的起跳方式，可以是单腿起跳、也可以是双腿起跳；可以是原地起跳、也可以是移动中起跳；根据击打的需要来决定起跳的角度、方向、速度及力量等；使动作的目的性、针对性更强，击打的效果更明显。

完成跳踢动作，首先要求具备娴熟、扎实的基本技术。如果原地技术都不过关，那么在空中又怎能完成、实施动作呢？其次要有良好的身体素质，如下肢的弹跳力、腰腹肌的力量、身体整体的协调性及灵敏性等。第三要具备良好的平衡能力，把握好空中及落地后的身体平衡至关重要，空中失衡将无法掌控击打的方向，使动作失去准确性；落地后失衡，既容易遭受对手的反击，如果倒地，又将受到主裁判的判罚而失分。因此，加强基本技术和身体平衡能力的训练，全面提高身体素质，才能保证跳踢动作的顺利实施和获得良好的击打效果。

跳踢的击打部位根据不同的动作，分别是头部、躯干等。

五、跆拳道基本防守法

防守是比赛中利用身体各部位结合各种步法抗击、闪躲、阻挡、堵截或转移对手进攻攻势的一种技术。在比赛中，合理地使用防守技术，是争取比赛主动权的有效方法。只有进攻而无防守，是不能克敌制胜的，只有攻防结合，攻中有防、防中有攻、以攻代防、以防带攻，才是取胜于对手的根本保证。

（一）上格挡

在实战姿势的基础上，当对手用腿法攻击头部时，手臂握拳迅速向外上方外旋抬起，拳与头部前额相距 10～15cm，肘与肩同高，手臂紧张，同时身体微下沉向外侧拧腰，使对手的攻击腿落在前臂的外侧。分为左上格挡和右上格挡（图 15-1、图 15-2）。

图 15-1

图 15-2

（二）下格挡

在实战姿势的基础上，当对手用腿法攻击胸腹部和两肋处时，前臂迅速用外侧由屈到伸向下方砸击，同时身体微向内拧腰，肘尖向外，迅速收回。它分为左下格挡和右下格挡（图 15-3、图 15-4）。

图 15-3

图 15-4

（三）十字防

十字防分为上十字防和下十字防。

1. 上十字防：在实战姿势的基础上，当对手用劈腿攻击头部时，双手握拳迅速抬起，在头部上方呈十字交叉状防守（图 15-5）。

图 15-5

图 15-6

2. 下十字防：在实战姿势的基础上，当对手用前踢或后踢等腿法攻击时，双手握拳呈十字交叉状置于下腹部防守（图 15-6）。

在使用格挡、十字防这类防守技术动作时，务必保持身体特别是手臂的紧张和身体重心的稳定，防守动作的幅度要小（以正好防住为标准），手臂不要远离身体，动作幅度太大容易造成身体的空当，又不利于迅速回防，很容易给对手造成反击的机会。

（四）堵截

堵截是在对手的进攻尚未发动或刚刚发动时，利用身体或动作（如推踢）将对手的进攻堵住截断，使之无法发动攻击。具体使用的方法是：当发觉对手有进攻企图时，迅速上步用身体贴靠对手，不给对手进攻的距离；或使用推踢、侧踢将对手封堵在有效击打距离之外，从而破坏对手的进攻。使用堵截防守技术，首先要判断准确，确定对手将要使用何种动作进攻，依据判断，采取相应措施，实施堵截。其次动作要快速果断，防守毕竟是被动的，只有快速，才能抢在对手未发动前将其制止。

（五）闪躲

闪躲防守是运用身法和步法使身体向某个方向移动，避开对手的攻击，并在保护自己的同时，使身体处于良好的反击的准备状态。在跆拳道比赛中，闪躲的方法主要有左、右闪躲，后撤闪躲和左、右环绕闪躲等。运用闪躲技术时，应根据临场情势，采取不规则、无规律地闪躲、移动的方式来避开攻击并快速反击。首先要求对时机的把握恰到好处，最好的时机是对手攻击动作完成一半时，以快速的步法避开其攻势而迅速反击。因为此时对手即使发现自己的防守意图也已无法中途改换动作。其次是位移必须准确无误，抢占有利于反击的位置，不可因防守的因素而远离对手（闪躲距离过大）。第三要保持身体的整体协调，上下一致同进退，应特别注意步幅不可过大而失去身体重心的稳定，影响反击的效果。

第五节　跆拳道技术特征与要求

一、实战姿势的技术特征与要求

（一）利于进攻

比赛中，任何动作都是从实战姿势开始的，虽然它有许多的变化，但总是能保证自己在任何情况下进行攻、防、反等动作的实施。比赛是一个不断运动变化的过程，不确定因素太多，时机总是在不断地运动、变化中出现。如何能够抓住时机、把握时机，除依靠运动员临场应急的敏感性外，身体所处的姿势也是一个重要条件，如身体重心的高低、步幅的大小、与对手的站位等。因此，实战姿势就应是：使身体始终处于随时爆发（启动）的状态，能够及时地、灵活地运用和变换各种攻防动作与方法，才能不失时机地抓住比赛中的每一个环节，决不漏掉对手的每一个破绽与失误。

（二）利于防守

跆拳道比赛中，攻与防的转换，总是亘古不变的规律，防守技术的好坏，直接影响到比赛的胜负成败。运动员总是希望在保证自己不失分的情况下，尽可能地发动攻势而得分。如何做到既得分又不失分？良好的防守技术就是保证。防守技术的方法众多，不同的进攻形式有着不同的防守形式，合理的实战姿势有助于正确有效的防守技术的形成。因此，实战姿势是否有利于防守，着重体现在两个方面：一是身体应采用半侧向站位（面向对手的角度小于 45 度），尽量减少身体暴露面，不给对手进攻的机会；二是双手握拳，两臂一高一低置于身体的两侧，两肘下垂贴于两肋，保证上护头部，下护躯干，增加防守面。

（三）利于移动

跆拳道比赛是一个不断运动变化的过程，运动员需要根据临场情势和双方的技战术特点，在不同的时机、距离等条件下不断而迅速地进行步法和站位的移动与转换，这意味着实战姿势在多数情况下，是处于一个不断移动的环境中，无论采用何种实战姿势，身体姿势必须满足以下条件，才能保证此种姿势有利于步法的移动：一是身体重心保持在两腿之间，在前、后、左、右的移动中，应尽可能保持移动中两脚间距是相对等长的，以维持身体重心的稳定；二是两腿微屈，保持身体处于良好的弹性状态中，以利启动；三是两脚跟提起，身体自然放松，确保步法移动的速度和灵活性。

二、步法的技术特征与要求

（一）灵活性

步法的灵活性体现在移动敏捷、转换自如、虚实无定，使对手无法判断自己的重心所在，而正确判断对手重心所在，正是确定使用技术动作的依据。失去这一点，意味着进攻没有了方向、目标而无所适从。因此，在步法的移动过程中，要求身体重心高，两脚间距不宜太宽；平时应加强下肢的力量训练，始终保持膝、踝关节的弹性，维持重心稳定，以利步法的移动与变换。

（二）快捷性

步法移动的速度，直接影响到进攻与防守的实际效果。在双方对峙或移动中，彼此都保持着最佳距离（上一步可攻，退一步可守）；任何攻击都必须依靠步法来接近对手，在有效距离内完成攻击动作；快速的移动，能够在最短的时间内完成位移，缩短攻击动作时间，提高了攻击动作的初始速度，增强了攻击力量，同时它也完善和提高了攻击动作的突然性、隐蔽性和实效性，在对手还没有准备的情况下已被击中，这就是“快”的作用。同理，在运用防守技术动作如左、右闪躲，后撤，堵截时，也必须依靠步法移动来实施完成，快速也是确保防守实效性的首要条件和关键所在；因此，步法的移动必须快速、迅捷。

（三）稳定性

在比赛中，前进、后退、左闪、右躲、进攻、防守、反击、假动作等一系列技战术动作，都是在不断地移动中完成的，有移动就有身体重心是否稳定的问题。维持身体重心的平稳，是保障攻防进退有序进行的物质基础，不给对手进攻与反击的可乘之机。步法是移动、调整和维持身体重心平稳，保持最佳攻防状态的根本，中国武术拳谚曰：“步不稳则拳乱”，形象地说明了步稳（身体重心）的重要性。试想，一个步法零乱不稳、身体东倒西歪的运动员如何在比赛中组织进攻与反击？又如何去防御对手的攻击呢？同样，在比赛中善于观察和预测对手的重心所在，就可判断其进攻动作的真假和即将发起的攻势与反击的动作、路线等，根据这一点，迅速作出相应的攻防反击。因此，加强步法移动稳定性的训练，才能在紧张激烈、瞬息万变的比赛中真正做到进可攻、退可守。

（四）准确性

步法移动的准确性直接关系到攻防反击的成功与否。准确地移动步法，保持适中的距离，可为攻防反击赢得时间。进攻时，步幅过大，距离太近，击打力量无法得到充分发挥（发力不完整），给二次进攻带来不利影响（无适当距离）；步幅太小，距离太远，则使进攻落空或击打力量减弱，并极易造成对手反击的机会。步幅移动的大小，取决于临场双方的实际距离，不确定因素无时不在地影响、牵制着它，比赛中应因势而定，灵活掌握，随时调整；不因步法移动是否准确而影响攻防动作的衔接、转换，确保攻防动作的连续性和实效性。把握步法移动的准确性，始终保持适中的攻防距离，取决于运动员的时空感觉能力，只有经过长期系统的训练实践和在比赛中不断摸索，才能形成良好的时空感、距离感。

三、腿法的技术特征与要求

（一）速度快捷

速度是跆拳道制胜的关键。任何一个腿法的攻击动作，其实效性取决于一个“快”字。在比赛中，攻击技术动作如能打出一个“快”的特点，则使对手感到防不胜防。一连串快如暴风骤雨般的组合击打，可使对手来不及组织防守已被击中，达到“出手不见手、拳打人不知”的境界；只有快，才能锁住击打目标，使其在攻击范围内无法躲避。防守时，抓住对手瞬间的空隙，迅速组织反击，破坏对手攻势，变被动为主动。因此，在整个训练过程中必须做到：

1. 任何动作最终是依靠肌肉的收缩产生力量而完成的，失去力量这个物质基础，所有攻防反击动作想要做到快速是不可能的。因此，要根据跆拳道运动的技术特点，加强下肢及腰、腹、背肌速度力量的训练，增强膝、踝关节的柔韧性，提高其弹性能力，确保技术动作灵活、快捷。

2. 在比赛运用动作时，要依据跆拳道动作的结构、过程等要素，身体各部位协调一致，顺序发力。每个动作的完成，总是由启动、击打、收回三个基本环节组成，肌肉用力的要点应在“放松—收缩—放松”这样一个周期中循环往返；使用动作要学会放松，善于放松，做到张弛有度，身体各部位才能配合协调，动作的完成才能是顺畅无滞，快速有力。

3. 跆拳道动作运行路线的特点是直来直往，对每个动作的起止点都有着严格的技术要求。任何“预摆”动作或运行路线的改变（动作的特殊要求除外），都将提前暴露自己的技战术意图，增加动作的运行时间，直接影响动作速度。因此，规范动作的运行路线，确保以最短的路线实施击打，减少动作启动前的“预兆”，是保证击打速度的重要条件之一。

（二）力量完整

完整的发力能够增加击打的冲击力，这个冲击力主要指击打力量是否满足竞赛规则对得分条件的要求与标准。它是决定攻击技术动作实效性的标志之一，是得分的重要保证。跆拳道比赛中，运动员始终处在不断移动变化、你攻我防或你退我进的激烈争斗中，所有的攻击动作必须具备一定的力度，才能做到“清晰有效”；同时击打力量大可造成对手心理上的压力和身体上的重创，从气势上压倒对手，使其不敢轻易出击和近身逼打。一个重击，往往可以改变比赛双方的优劣形势。有道是：“一力降十会”“一腿千钧力，一足定乾坤”都说明了击打力量在比赛实战中的重要作用。

击打力量的大小取决于身体运动速度、腿的出击速度和准确适当的距离。跆拳道运动的击打力量仅仅依靠腿的伸屈、旋转等运动速度是不够的，可以认为，腿只是传递力量的一个环节，更为重要的是全身的协调一致，完整发力。拳谚曰：“一动无有不动”“上下四肢四张弓，全随腰背大弓劲”“腰劲贯于手足，力气大如铁牛”，这些理论充分阐明：任何一个动作的发力，都是通过腰的作用点而贯至于四肢的。因此，正确的发力方法应该是蹬地、拧腰、转髋，结合身体的运动速度，准确适中的距离，全身的协调配合，连贯一致，一气呵成，使全部力量迅速完整地迸发到脚而成一点，完成击打。

（三）力点稳准

击打的力点是构成跆拳道技术方法的重要特征，也是击打实效性的标志之一。它要求我们在使用动作的过程中，脚的各部位必须与对手的受力点（头部及护胸）完全吻合，准确无误，才能充分表现出击打的效果和增强击打力量的穿透性。力点不准，不仅是技术方法出现问题，降低击打效果，更易受伤，影响比赛甚至无法继续参赛。体现在方法上的问题主要是：脚与受力面不吻合；动作运行路线出现偏差；膝、踝关节及脚部在击打接触受力面的瞬间没有一定的紧张度，过于放松所致；距离判断失误，忽远忽近。因此，在平时的训练中要注重跆拳道专项感、知觉的培养，加强脚靶、护具靶的移动练习，要善于区分脚靶与护具靶的不同距离感及靶面的倾斜角度，通过脚的感觉来判断动作是否规范，脚与靶面是否吻合，击打的声音是否响亮等。同时，多进行固定靶与移动靶的交替练习，体会不同的距离感，找出不同的击打距离，提高动作在比赛中的运用能力。

（四）隐蔽性好

进攻的突然性，来自于动作本身所具备的隐蔽性，它是决定所有技战术意图实施成功与否的前提条件。也就是说，动作隐蔽性越好，技战术动作实施的成功率越高，击打效果越明显。动作隐蔽性主要表现在动作启动前无任何预兆，一旦启动则迅速无停滞，动作间的衔接转换顺畅快捷，一气呵成。启动前的预兆动作，普遍存在于运动员的平时训练和比赛中，如皱眉、咧嘴、耸肩、重心下沉及偏移、身体的前后左右倾斜、目视击打目标、多余的步法动作、击打前的后引动作等，极易造成技战术意图的提前暴露，使其失去突然性，达不到出奇制胜的目的；这些不良习惯动作一旦形成规律，非但自己的进攻不能奏效，反给对手一个绝好的反击机会，使对手可以采取迎击、抢攻等技战术迅速击破自己的攻势，变被动为主动；可以试想：一个在对手面前毫无技战术秘密的“剑客”，如何在你的对手面前“亮剑”，即使“亮”出“剑”来，取胜的成功概率又有几许？因此，我们在平时的训练中，应从思想上、意识上高度重视这类问题，严格规范动作要求，杜绝一切与技战术无关的多余动作。可以在老师或队友的指导与监督下进行练习，也可以进行镜面的反复练习，并在实战环境中不断校正、提高，直至形成正确的动力定型。

（五）方法精巧

跆拳道是一个以智取胜的竞技对抗项目，它不但要求运动员有着良好的身体体能和高超的技战术水平，更需要运动员在比赛中有着清醒的头脑，善于利用对手的弱点与短处，扬长避短，以长制短，抓住对手在瞬间的破绽与失误，迅速组织攻势以破之。方法得当，事半功倍，方法欠妥，事倍功半，这也正是跆拳道之“道”所要求和推崇的击打技巧。因此，我们要求运动员在比赛中要学会观察、判断、预测对手的技战术特点、攻防习惯与节奏、身体重心与位置等一切与比赛有关的信息，掌握其规律，有目的、有针对性地在训练中摸索出一套或几套行之有效的技战术对策，在比赛中视情而变，伺机而动，抓住时机，快速出击，达到“制人而不制于人”的目的。

四、防守法的技术特征与要求

（一）幅度适中

防守动作终究是被动的，可以认为是进攻与反击中的过渡而不是目的。它应是反击的前奏和准备，因此，防守幅度的大与小、早与晚，身体移动距离的远与近、快与慢，都将给反击带来深刻的影响。防守幅度过大，不易回防，给对手二次进攻留下防守上的空当，同时也延误了反击的速度；防守幅度过小，削弱了防守效果或防不住；防守过早，动作落空；防守过晚，已被击中。因此，防守动作的幅度一定要适中，要以防守的效果和有利于反击为标准，这就是“防守有度”“不完全防守”的意义所在，防守永远是为反击服务的，是方法、是手段而不是目的；所以在训练中我们要严格按照动作的规范要求做到一步到位，精益求精。

（二）回防迅速

当防守动作完成后，一是还原成起始姿势，二是转换为进攻（反击）。无论是哪一种状态，对回防的速度要求都是迅速、敏捷。快速的回防能够在最短的时间内对动作进行转换，或攻或防，运用自如。回防速度的快慢，与防守动作的结构、幅度、身体重心等因素有关。在平时的训练和比赛中，防守动作应结构简单、合理，才能实用、有效。动作结构过于复杂或不合理，势必影响回防的速度与动作转换；特别是对手试探性的假动作，任何回防不及时或动作幅度过大，对手的二次进攻就会轻易地击中自己。另外，为保证反击及时，在运用闪躲技术进行防守时，身体重心必须给反击预留出一个趋势，这个趋势应与反击的方向一致（特殊情况除外），如向后撤时，重心应落在前腿上，以利后腿反击，反之，则会形成二次移动，增加反击时间。

（三）时机恰当

时机恰当是要求防守的时间与对手进攻的时间恰到好处，不早不晚。防守过早，对手有时间转移或变更攻击的方向、目标，更有可能对手使用假动作诱已上当，调出自己的动作后再攻击；防守太晚，则有被击中的可能；因此，良好的判断能力和迅捷的反应能力是防守技术动作的关键。

（四）位移准确

位移准确是指在运用防守技术时，身体姿势的改变、距离的移动都要有高度的准确性；特别是在闪躲防守中，因其本质就是保持、控制与对手的距离，在这个距离范围内，对手无法找到适当的攻击距离，使对手总是感到距离不是远就是近；适当的距离还有利于在防守的同时进行快速的反击；因此，谁能控制距离，谁就掌握了比赛的主动权，没有距离，一切技术都是空谈。

（五）整体协调

整体协调是对身体协调性的要求，无论是采用何种防守技术，都必须保持身体的整体性和一致性。在使用格挡、堵截这类技术动作时，身体应保持一定的紧张度，要善于利用身体微小的旋转来化解、转移对手的攻击力量；在使用闪躲类技术时，则表现在步法的移动过程中，身体要随步法的移动而移动，不可出现上下不协调的现象，应一动而全身动，真正做到步走身随。

第六节　组合技术

组合技术是跆拳道技术体系中的重要组成部分，是实现实战格斗和比赛的必不可少的条件。它是由步法、进攻技术、防守技术、反击技术及假动作技术等基本技术，根据比赛实战的要求串连组合而成。大量比赛实战证明：使用单一的技战术动作并不能取得预期的攻击效果；单一动作的攻击，对手可轻易地摆脱而转入反击，使自己失去主动权而受制于对手。只有在瞬息万变的比赛实战中，将各种不同的技战术动作合理有序地串连组合，视情运用，才能保证攻击的效果。我们可以将任何组合动作中的前几动，看作是假动作（即使是真动作也如此），目的在于调动对手，迷惑对手，趁其手忙脚乱之际，迅速予以真正一击，凸显出技战术动作的连续性、突然性。

一、组合技术动作的要求

（一）动作娴熟

各种技战术动作的串连组合，首先要求基本技术动作娴熟，自动化程度高。比赛紧张激烈，对峙双方始终处在不断运动与变化的过程中，任何攻击动作是否娴熟、规范、合理，都直接影响到击打效果；比赛中，从动作的起止路线到选择击打的最佳部位再到脚与护具靶的吻合程度等细小动作环节，都无法留有充裕的时间去思考选择；可以说，在激烈的对抗中，绝大多数动作的完成是一种条件反射，是在随机情景下的瞬间爆发，它依赖于长期系统的训练。所谓“见招拆招”“见机行事”，正是比赛中双方攻防过程的绝好写照。组合动作的自动化程度越高，越能充分体现动作的连续性，动作的衔接转换才能顺畅快捷。反之则不能称之为组合动作而演变成单击，无法取得组合击打的实际效果。因此，在平时的训练中应狠抓基本技术的动作规范，严格按照动作的要求进行强化训练；尽量多地考量比赛中将会出现的各种情势，形成、储备更多的技战术动作组合且高度自动化；只有拥有大量的各种类型的技战术动作组合，才能在瞬息万变、千姿百态、复杂无序的比赛中，视情选择，伺机而动；瞬间暴风骤雨般的突然攻击，可以打乱对手赛前拟定的一切预案与计策而使之陷入被动，正所谓“只有招架之力”而无暇顾及于进攻与反击。

（二）简单合理

组合动作要根据跆拳道的运动规律、比赛规律和自己的身体条件、技术风格、战术特点，对各类技战术动作进行合理有序地组合。这些组合一方面适合自己的身体形态，能充分发挥自己的技战术特长，另一方面尽可能地隐藏自己的弱点与短处，在运动中把它们消弭于无形，使对手找不到自己的破绽、寻不到时机而无法进攻与反击。在运用组合动作时，要选择那些简单、快速、实用且具威慑力的动作来串连组合，避免使用结构繁复且难度较大的动作组合而影响组合击打的速度与连续性。

（三）衔接流畅

在组合动作的运行过程中，动作间的衔接应流畅无滞，转换迅速，才能保证动作击打的连续性、完整性和充分发挥其威力。因此在训练和比赛中，我们一方面要注重动作间的衔接，要善于将多个类型相同或不相同的动作有机地连接在一起，尽量做到顺势，减少急转、急停动作的组合配对；动作衔接时要随时控制好身体重心（依据后续动作的需要，身体重心要有预留），保持运动方向、动作方向、身体重心、后续动作趋势的一致性，使动作组合一气呵成，无停滞现象；应该看到，组合动作一旦分解，其实效性将大打折扣，达不到预期的击打效果，既定的技战术意图也无法实现。另一方面要确保动作间的转换灵活、迅速，不给对手思考反应的时间；要学会、掌握在前一个动作最后一个环节时将第二个动作的所有准备工作完成，尽可能减少动作环节，一动快似一动，使对手应接不暇，于对手忙乱之中给予致命的打击。

（四）灵活多变

比赛情势总是不断变化的，相同的技战术在不同的回合中会因双方体能、心智的变化而在运用上有所不同。值得注意的是，对动作过程实施有效地掌控才能在变化中主动求变，不因突发意外而措手不及、手忙脚乱，陷之于被动。任何先进、新颖、独特的技战术动作组合，都应随比赛情势的变化而变化；比赛中没有一成不变可周而复始使用的技战术动作组合，只有随机应变、视情运用，才能保证技战术动作无规律可循，不给对手可乘之机。

第七节　跆拳道比赛应用技术

一、主动进攻技术

主动进攻技术是指比赛双方在最佳距离对峙时，一方根据临场情势突然以快速的步法或逼真的假动作接近对手而发动攻势的进攻方法。主要表现形式有：强攻、抢攻、假动作虚晃调动等。

（一）主动进攻技术的要求

1. 启动突然

双方在对峙时，防守的意识加强，双方任何一个细小的动作变化，都可以引起对手的高度警觉而带来一连串的反应。因此，在发动攻势前应严禁出现“预兆”“预摆”等不良习惯动作，如动作的后引、重心的偏移、目视攻击目标等，尽可能的在移动中以看似随意的动作来隐藏自己的攻击意图和攻击前的准备，一旦时机成熟，迅速发起攻势，出其不意，攻其不备，使对手措手不及，未曾组织防守已被击中。在接近对手的过程中应以小步法来逐渐缩短距离，切忌大步跨进，以防对手抢攻；在使用假动作调动、迷惑对手时，应注意假、真动作之间的衔接转换要快速果断，一旦调动成功，迅速以真动作实施攻击；两者间隔时间过长，将会破坏动作的连续性而失去假动作的意义与作用。

2. 迅速连贯

一旦发起攻势，务必快速敏捷。速度是跆拳道比赛得分取胜的不二法宝，从动作的启动、击打、收回及攻防间的转换，无不需要速度来支撑；速度快，保证了动作的突然性，提高了动作的隐蔽性，缩短了动作间转换的时间，也就使对手在一连串组合的击打中无法组织有效的防守，更谈不上反击了。因此，攻击一旦开始，连续不断的组合击打将不会给对手一丝一毫的喘息机会，这就需要我们整个动作过程和动作间的转换必须以最快的速度来完成，任何停顿与犹豫不决都将使我们无功而返，甚至招致对手的反击，使自己陷于被动，给随后的比赛带来无尽的麻烦。

3. 真假结合

双方在对峙中均保持着高度的警觉性，大部分注意力都放在防守上。直接的进攻往往不能取得预期效果，也容易造成对手反击的机会。利用假动作来调动、迷惑对手，是在运动中寻找进攻时机的方法之一。在使用假动作时，首先要注意真假结合，假假真真，真真假假，扰乱对手的判断思维，削弱对手的判断能力，使对手真假难辩，莫衷一是，犹豫中已被击中。其次，无论对手是否上当、动与不动都是对手对自己行为的一种反应，始终把这种反应视作一种状态，根据对手的状态，视情势迅速作出反应，攻，则迅雷不及掩耳；防，则静若处子，以逸待劳。

攻击，应是一个有预案、有准备、有谋略、伺机而动的技战术行为。因而发起一次攻击需要思考的是：首先这个动作怎么打？它需要你的临场观察、判断，进而选择攻击形式，在此基础上突然发起攻击。其次是如何获得最佳攻击效果？它需要你选择攻击的动作、路线、角度、部位等，并掌控整个攻击过程，以期取得最大的攻击效果。三是攻击完成后怎么办？你可以选择继续进攻，也可以选择转为防守，或贴靠或撤出。唯一不能做的就是等待！任何一次攻击的结束，都意味着下一轮攻防的开始，因此每一次动作完成后都应主动求变，而不是等待对方有所行动以后再谋求变化，别让已获得的主动权轻易放弃而陷自己于被动。

二、防守反击技术

防守反击技术是指一方进攻时，另一方利用各种防守技术进行有效防守后，及时予以反击的攻防方法。它是一种复合技术，即由防守技术和进攻技术组合而成，是跆拳道技术体系中的重要组成部分。在比赛中，良好的防守反击技术可以扭转自己的被动局面，破坏对手的攻势，打乱对手的战术，使自己由防守转入进攻，掌握比赛的主动权。防守反击的形式有：先防守后反击；防守的同时施以反击；以攻代防等。

（一）防守反击技术的要求

1. 意识先导

防守反击技术运用的成功与否，除正确、熟练地掌握防守与进攻技术，使其达到自动化的程度外，更重要的是培养防守反击的意识和把握防守反击的时机，要牢固树立“有防必反”“以攻代防”“反必有效”的攻防理念。建立防守反击的意识关键是要树立比赛就是战斗的思想，确认第一任务就是进攻、反击，防守只不过是为进攻反击服务的过渡或辅助手段而已。要克服心理上的不利因素，如在比赛中缺乏自信心，使用动作方法犹豫不决，往往错过了反击的时机；也有的由于胆怯，畏惧对手的进攻，一味退闪，消极逃避等，针对这些现象，在训练中要努力提高技战术水平，树立自信心。在初期的防守反击训练中就要将意识训练放在首位，培养运动员敢打、善打、会打的进攻反击的意识，强调有防守必须要有反击，将反击意识落实在训练的各个环节中。把握时机需要准确的判断，配以快速地动作转换，然后果断地出击。在瞬息万变的比赛中，再好的技战术动作，如果不能抓住稍纵即逝的时机，也无法取得良好的攻击效果。在对手将要进攻或已暴露迹象但尚未启动前；在对手进攻落空尚未转入防守的瞬间等；都可视为反击的最佳时机。

2. 判断准确

在比赛中，当对手进攻时，如何判断其进攻的真伪，避免上当，至关重要。判断的正确与否，直接关系到技战术的运用发挥，也是确保反击击打效果的关键。准确的判断是建立在对对手的技战术实际情况的真实了解的基础上，任何一个运动员，无论他（她）技战术水平多高，总有自己的攻防习惯和规律可循，只不过技战术水平越高，其隐蔽性越好而已。因此，对对手的充分了解与认识，能够使自己洞察先机，预先防范，掌握主动，控制对手，快速反击，做到“防中有攻，以攻代防，以攻破攻”。

3. 动作娴熟

作为一种复合技术，本身对运动员的技术水平有着较高要求，要强化“防守有度”“不完全防守”的意识，对各种类型的防守动作要能够熟练掌握并运用自如。在防守过程中将反击动作的准备工作完成，减少防守与反击之间的动作环节，加快防反动作的转换速度；反击动作要根据对手的动作作出合理的选择，出其不意，攻其不备，在第一时间内迅速果断地反击；在平时的训练中，应储备较多的防守反击组合并能熟练地运用，使自己在比赛中有较多的选择来应对不同的情况；拥有娴熟的动作，才能打出防守反击的速度，扭转比赛情势，化被动为主动，确保得分取胜。

4. 转换迅速

在单个动作上，技术水平的高低（特别是在动作速度上）并无显著的差异，其关键在于两动之间的衔接与转换是否快捷。因此，在保证动作结构大致完整的原则下，强化“防反一体化”的战术意识，始终将防守动作的结束环节视作反击动作的开始（反击动作的所有准备工作在此环节中完成），减少中间环节，就能有效地缩短防反转换的时间，加快动作转换的速度。娴熟的技术和大量防反组合动作的储备，也确保了动作间衔接的流畅顺达，无停滞现象，使反击动作能以组合的形式出现；一连串的击打可以使对手无暇组织有效的防守；可以认为防守后的反击应该是：单个反击动作注重于力量，一招制敌，有 KO 效果；组合反击动作着重于动作的连续性，在一动快似一动的连续击打中，寻求最佳时机而予以致命的击打。

第八节　跆拳道实战技术要素

实战技术要素是构成跆拳道比赛实战中攻防技战术有效击打对方、防御对手进攻和进行防守反击的基础。一切攻防技战术只有具备了实战技术要素，才能在实战比赛中得到充分发挥，运用自如，提高技战术的实效性。

一、视觉

在比赛中，视觉具有十分重要的意义，一切技战术的运用都离不开我们的双眼。观察、测距、判断、进攻、防守、反击等一切与比赛实战有关的信息，首先是视觉传达到大脑，然后才能有行为反应。中国武术有曰：“眼观六路”“眼明手快”、“破敌全凭一双眼”等形象地说明了视觉在比赛中的重要作用。对手的眼神、进攻的前兆、起动、落点、假动作等，都依靠锐利的眼睛来捕捉，经大脑的分析、判断而做出相应的反应；比赛中利用眼神来诱惑对手，“看上打下、看下打上、视左击右、视右击左”，使对手对自己的真实意图捉摸不定，无从揣测；突然启动的攻击，使技战术动作具备了较高的隐蔽性和突发性。我们要善于利用眼睛随时调整身体重心平衡，在完成旋转动作时要结合头部的转动快速地第二次看到对手，通过这种方法促进身体的快速旋转。在比赛对抗中切记：你的双眼要时刻盯紧对手！绝不放过任何一个机会也绝不给对手任何可乘之机！坚持长期系统地视觉训练，就能使自己在比赛中真正做到“秋毫不放，洞察如透”。

二、身体重心

在比赛中，身体重心应始终保持在两脚支撑面之内或支撑脚的投影内（除必要的动作需要外）。身体重心平稳，进退就掌握了主动权，不易给对手造成进攻与反击的机会，有利于自己的快速移动与进攻防守。“步不稳则拳乱”，试想，一个步法零乱不稳、身体东倒西歪的人如何在比赛中组织进攻与反击；又如何去防御对手的攻击呢？移动或对峙中重心落在何处，要根据动作的要求和临场的情势需要而定。如：向前攻击，身体重心的趋势就应向前平推，保持攻击的态势始终向前；后撤反击，重心应落在前腿上而利于后腿反击；进攻后转入防守，如果贴靠对手就应重心前移，如果后撤拉开距离则应将重心预留置后，收腿后落撤出等。步法是移动、调整和维持身体重心平稳、保持最佳攻防状态的根本，而其稳定性就成为维持身体重心平稳的关键。因此，在训练中应加强步法移动稳定性的练习，随心所欲地掌控自身的重心平稳，以保证不同技战术动作的需要；善于利用步法来抢占有利位置，为进攻、反击和防守创造最佳距离，真正做到进可攻、退可守。

在比赛中，要尽可能地使身体重心处于一条直线上（与对手的两点成一线），切忌左摇右晃。身体重心在空间位置上有三种形式即前、中、后，其选择随比赛情势的变化而有所不同，取决于后续动作的形式与击打后的落点。在完成击打后，首先身体重心的选择要依据后续动作的需要而有所不同，当后续动作为继续进攻时，身体重心留中，此时击打腿的落点居中以利攻击；当后续动作转为防守时，有两种选择：一是身体重心随击打动作前移，此时击打腿的落点靠前，形成贴靠；二是身体重心在完成击打动作时预留置后，此时击打腿的落点收回靠近支撑腿，与对手分开，完成防守。

三、距离感

在实战中自己与对手远近的正确测量就是距离感。距离感是与中枢神经系统的灵活性、视觉的敏锐判断力、技术的娴熟及战术的运用相联系的。在比赛中与对手保持有效距离，这种有效距离既有利于自己的进攻，又有利于防守与反击。正确测量距离的远近，对于击打力量的大小、攻防技术的运用，都具有决定性的作用。距离太近，无法使击打力量得到充分发挥，也易给对手可乘之机而造成对手的抢攻、迎击等；距离太远，则使进攻落空或击打力量减弱。正确的距离感，需要长期系统地训练培养，在比赛中逐步提高。轻巧灵活的步法，是控制适当距离的外在体现，比赛中应以较小的步幅来接近对手，采用不同的移动节奏与方向来引诱对手随之移动，适时调整距离，寻求最佳进攻时机；切忌大步逼近对手，同时要加强防守意识，以防对手的突然袭击。比赛中距离的选择与将要采取的攻防反三种形式相关，与完成一个动作后的后续动作有关，是通过步法、身体重心的预留、击打腿的落点来实现的。比赛始终是一个不断移动的过程，各种情况瞬息万变，只有依靠灵活敏捷的步法不断移动来随时调整与对手的距离，才能确保技战术实效性的充分发挥。

四、时机

掌握最佳攻击时机，是充分发挥技战术水平、取得预期攻击效果的前提条件和首要保证。在瞬息万变的比赛中，具备再好的技战术动作，如果不能抓住稍纵即逝的时机，也无法取得良好的攻击效果。“一日纵敌，数世之患”（语出《左传·僖公三十三年》），失掉攻击时机，意味着失去得分取胜的机会和丧失比赛的主动权，使自己处于被动地位而受控于对手，这一点在防守反击中显得尤为重要。

掌握最佳攻击时机是跆拳道技术训练极其重要的组成部分。最佳攻击时机表现在以下几个方面：

1. 当对手准备攻击时，他的注意力完全集中在将要进行的攻击上，防守意识相对减弱，此时出其不意地攻击就会取得良好的效果，其本质是运用进攻代替防守进而破坏对手的进攻，完全打乱对手的攻击意图与策略，这就是抢攻。

2. 当对手身体重心遭到破坏来不及调整时，或拳打、或脚踢，运用一连串组合动作的进攻来加速对手身体重心的破坏。重心的丧失，意味着无法改变正在运行中的动作的方向、轨迹、速度等动作要素而受控于对手，可以想象，一个失掉重心的选手除了“挨打”外，还能做什么？

3. 在对手连续进攻之间，必定存在一定的间歇，这个间歇就是反击的时机。在我国明代程冲斗所著《耕余剩技》中曾写到：“乘其进而击之，或随其退而击之，旧力略过，新力未生之前击之”。“旧力略过，新力未生”这八个字，是说前一个动作刚结束，后一个动作未启动之前（两动之间的间隔），这个短暂的间隔就是最佳的攻击时机。在比赛中我们可以随对手出腿攻击后收腿的同时，迅速跟进进行反击。因为此时对手不易转换动作进行有效的防守或进攻。

4. 比赛实战中双方注意力高度集中，使用单一的假动作迷惑对手并使其上当的可能性较小，只有一连串的假动作才能引起对手的关注与重视。在这一连串的假动作中，他必定存在着思考和犹豫，此时出其不意地果断攻击，能打乱对手的技战术意图，取得意想不到的攻击效果，扭转比赛情势，掌握比赛的主动权。

比赛中双方运动变化频繁，有运动必有破绽可寻，我们不能等待时机，而要善于在运动中主动寻找时机，利用一切可以利用的条件去主动创造时机，可利用身体或步法的假动作来调动对手，制造对手暴露破绽的机会，抓住时机，快速反击。同时要尽量减少自己身体的暴露面，隐蔽弱点与破绽，真正做到《孙子兵法》上所说的："形人而我无形"，在运用上做到："有洞无洞，全在自用"。

五、判断

判断是通过预测对手将要采用的技战术意图而确定自己的技战术的能力。判断的正确与否，直接关系到技战术的运用发挥，特别是在防守反击中，正确的判断是保证反击实效性的关键所在；它能够使自己在实战中洞察先机，预先防范，掌握主动，快速反击，同时也易于控制对手，使之一切行动意图尽在自己的掌控中而无计可施，陷于被动。自己则可以将技战术充分发挥与随心所欲地运用，达到"防中有攻、以攻代防、以攻破攻"的目的。

比赛中判断的基本程序是：

1. 对手将要采用何种攻防技术动作（识别其真假）。

2. 完成此动作后其身体所呈现的姿势、方向、角度、落点及相关站位（身体所暴露出的空隙）。

3. 距离的远近。

4. 所需时间的长短（动作速度与速率）。

根据判断，迅速果断地予以反击。

正确的判断来源对对手实际情况的真实了解（对手的技战术特点与风格、擅长的攻防反击技战术和假动作的运用规律、攻防动作在运行过程中的习惯、特别是动作启动前的先兆等）；丰富的比赛实战经验，更为重要的是应透过现象看本质，不为假象所迷惑；根据临场比赛中的具体情况灵活掌控，视情况迅速变化。拳谚曰："引则动，动则隙，隙则击"，形象地说明了在比赛实战中要善于利用正确的判断来制定战术计划，运用假动作（身体、步法、拳腿、眼神等）来调动对手，或有意露出破绽，引诱对手使用某一技战术动作，使其落入预设的圈套中，"出其不意，攻其不备"，以快速的击打破坏其技战术的攻击意图，达到"制人而不制于人"的目的。

六、速度

速度是人体快速运动的一种能力。是保证运动员在最短时间内完成动作的综合性机能能力。在跆拳道运动中，速度包含有攻击的动作速度、对临场情势的反应速度及移动中的位移速度。从这三个方面可以判断一个运动员技术水平的高低和训练程度。兵书上说："兵贵神速"，拳理上讲："拳似流星眼似电""箭来不易躲，因其疾；拳来不易防，因其快"。任何一个攻击动作，其实效性取决于一个"快"字，在实战比赛中，攻击动作如能打出"快"的特点，则使对手感到防不胜防。一连串快速的组合击打，能使对手来不及组织防守已被击中，达到"出手不见手，拳打人不知"的境界。防守时，抓住对手瞬间的空隙，快速组织反击，破坏对手攻势，变被动为主动。位移速度着重体现在步法的移动上，它对于距离的控制、闪躲的防守和抢占有利位置等都有着其重要作用。步法移动快，使对手无法获得有效的攻击距离而无从进攻与反击；步法移动快，易于抢得先机，使自己掌握比赛的主动权而攻防有度。在紧张激烈瞬息万变的比赛中，反应速度的快慢是直接影响进攻与反击动作速度的主要因素，迅速的反应能加快反击动作的完成，提高攻击动作的实际效果。

比赛实战中，动作速度、反应速度和位移速度都是综合表现出来的。速度的快慢除与神经运动机制活动的高效率和快速调动运动功能因素的能力有关外，从技术角度讲，它是建立在技战术的娴熟程度之上，并受其他因素诸如步法、距离、判断等的制约，需要长期系统地训练培养，只有将这几方面最大限度地有机结合起来，一切从比赛实战出发，贯穿于整个训练过程，才能使速度能力达到尽可能完善的程度。

七、击打力量

击打力量的大小是决定攻击技术动作的实效性标志之一。击打力量大可造成对手心理上的威慑和身体上的重创，从气势上压倒对手，使其不敢轻易进攻或近身逼打。一个重击，往往可以改变比赛双方的优劣态势。“一力降十会”“一腿千钧力，一足定乾坤”，形象地说明了击打力量在比赛中的重要性。

在比赛实战中，击打得分必须满足两个条件，一是击打部位准确（规则允许击打的部位）；一是具有一定的力度，保证“清晰有效”，使对手产生一定位移或被击打的效果。击打力量主要表现在力量、力点、合力、作用力、反作用力等诸多方面，与人体运动生物力学有关，是一个人体系统内诸多力学因素相互作用的结果。它们主要反映出击打所表现出来的实际效果。在比赛中，没有一个客观的标准来衡量击打力量的大小，只有通过击打效果来判断是否符合得分或满足“KO”的要求。所有得分或“KO”的动作都依赖于力量的支撑。它与运动员本身所具备的身体机能水平状态密切相关，同时与攻击动作的质量有关，表现为：动作的结构、环节、细节越合理力量越大；参与完成动作的主动肌、协同肌越多力量越大；参与工作的各肌肉间的协调性越高力量越大（肌肉的收缩与放松的关系）；动作的兴奋点越集中力量越大（注意力的高度集中与否）；动作速度越快力量越大；完成动作的自动化程度越高力量越大等。

击打力量的大小还取决于身体运动速度、拳腿的击打速度和准确适当的距离。跆拳道运动的击打力量仅仅依靠臂腿的运动速度是不够的，可以认为，臂、腿只是传递力量的一个环节，更为重要的是全身的协调一致，完整发力。有道是：“一动无有不动”“上下四肢四张弓，全随腰背大弓劲”“腰劲贯于手足，力气大如铁牛”，这些理论充分阐明，任何一个动作的发力，都是通过腰的作用点而贯于四肢的。因此，跆拳道运动的正确发力方法应是蹬地、拧腰、转髋、顺肩，结合身体的运动速度，准确的距离判断，全身协调配合，连贯一致，一气呵成，使击打力量迅速完整地发到手足成一点，充分体现在击打目标上。在整个发力过程中表现出的是一个完整的“合力”。

八、应变能力

应变能力是运动员在比赛过程中迅速改变技战术结构以适应临场情势变化的能力。是运动员技战术水平、各种运动素质在比赛中的综合体现。拥有丰富娴熟的技战术动作储备和良好的比赛心理素质是应变能力的基础，而快速的反应则是应变能力得以充分体现的先决条件。

比赛中拼搏激烈，节奏快，变化多，动作间的转换在刹那间完成，没有时间来考虑应急的对策与方法，完全依赖于运动员在长期训练中形成的技战术组合动作的动力定型和快速的反应，针对临场情势，将技战术动作在瞬间依照顺序以连锁反应的自动化形式充分表现出来。

比赛中，当自己处于主动优势时，为了更有效地击打对手，扩大战果，取得比赛胜利，只有运用各种不同的、灵活多变的技战术动作，才能使对手捉摸不定，加强和提高攻击的隐蔽性和实效性。这是因为任何单一无变化的技战术动作的频繁使用，会使对手了解自己的攻防意图与运用规律，给对手造成反击的机会而失掉主动权。当自己处于被动劣势时，如不及时视情势调整，改变技战术运用的方式方法，则始终摆脱不了对手的攻击而受制于对手，直至失去取得比赛胜利的机会。此时应保持冷静的头脑，防重于攻，稳住阵脚，伺机而动，抓住对手攻击时瞬间暴露的防守空隙和薄弱环节，迅速果断地反击，扭转比赛情势。

应变能力是比赛实战技术要素的核心，是检验运动员竞技状态的标志，客观地反映了运动员技战术和各种运动素质的训练水平。谁拥有了高水平的技战术技能，并不意味着他将是主宰比赛的强者，只有具备良好的应变能力，才能在比赛中掌握主动，控制对手，充分施展自己的技战术水平，最终取得比赛的胜利。

第三章　跆拳道教学

跆拳道技术动作简单、实用、易学，寓搏击、规范、教育于一身。通过跆拳道的训练，使学生可以在行为规范、道德修养和完善人格诸方面得到提高与发展，达到健身、防身、修身的目的。跆拳道的教学具有其他体育教学的共性，同时也具有其鲜明的个性特点。它是以教育学和体育理论为指导，遵循运动技能的形成规律和人体机能活动变化的规律，通过学生身体的反复练习，不断激发学生思维并与身体练习紧密结合，掌握跆拳道运动技术的技能、技巧及制胜规律。在不断地教学训练实践中，跆拳道逐渐形成了自己的教学特点和一整套适合跆拳道运动特点的教学阶段、步骤以及独特的教学方法与手段。

第一节　跆拳道教学特点

一、修身养性，崇尚礼仪

跆拳道运动是通过身体的练习和磨炼来达到修身养性、完善人格的崇高目的的。身体行为是外在的表现，其透视出的内涵不仅仅是跆拳道的技艺与技巧，更是人的内心世界包括情感、情操、修为、品质的反映。武德是每一个从事跆拳道学习与训练的人在一切社会活动中必须具备的道德修养和行为规范。跆拳道的教学与训练是强身健体、培养一定的自卫防身技能的过程，更是陶冶情操、培养一个人高尚道德品质的有效手段。因此，在跆拳道教学与训练中，礼仪礼节的学习与训练，始终是我们每次课的必修科目而贯穿于每个动作练习的全过程。作为一个跆拳道教授者，不仅要“授业”与“解惑”，更需要“传道”；不但要具备良好的专业技术水平，更应在行为规范上严格要求自己，做学生的楷模；是学生的良师更是益友，营造出一个和谐、生动、活泼的教学环境，教学相长，磨炼技艺，在潜移默化中不断培养、提高学生良好的道德品质、礼仪规范和坚忍不拔的拼搏精神。

二、合理规范，注重实效

合理规范的基本技术是构成变化万千的技战术动作和保证击打实际效果的基础。它既是人体生物力学原理在跆拳道运动中的真实反映，也是千百年来跆拳道运动实践经验的总结。因此，在跆拳道教学中应首重技术动作的规范性，要严格动作的技术要领、运行路线、发力顺序等，对每一个动作要素应做到精益求精；

对每一个动作细节要精雕细刻。一丝不苟地反复练习，才能使技术动作的击打真正做到路线明确、方法清晰，力点稳准、劲力顺达。训练中一旦出现错误的动作和方法，要及时、反复地予以纠正，直至改正错误并形成正确动作的动力定型。

任何技术动作都是为实战比赛服务的，只有经过实战比赛检验的技术动作，才能证明其实效性。作为直接交手对抗的项目，跆拳道的一切技术动作的教学训练都应围绕实战比赛而进行。因此，跆拳道教学必须要从“对抗”这个跆拳道的本质特征出发，使学生在学习过程中，清楚地明确每一个技术动作在实战比赛中的作用和应用价值；要使学生清楚地了解、掌握每一个技术动作在不同的情势下不同的运行路线、不同的方向角度、不同的运用方法等。每一个技术动作的变化都是实战比赛变化规律和特点的需要，只有紧紧抓住这个变化规律与特点，我们的教学训练才能真正做到练战结合，技术动作的实效性才能在实战比赛中真正地充分体现。

三、循序渐进，因人施教

由初学到娴熟、精巧，再到运用自如，这样一个逐步学习、逐渐适应与掌握的过程，是任何一个运动项目技术动作形成的必经之路。跆拳道的技术动作学习也概莫能外，同样要遵循运动技能形成的规律而循序渐进地进行学习。学习时一定要从最基本的拳法、腿法、步型、步法学起；从单个技术动作到两个或多个技术动作组合；从原地练习到行进间练习再到自由移动练习；从踢固定靶到踢自由靶；从条件实战到实战；品势学习从基本架势到太极一章到高丽、汉水直至一如，无不是由简而繁，循序渐进、脚踏实地一步一个脚印地走过来，切不可操之过急，拔苗助长而适得其反。不同的学生有着不同的身体机能水平、运动素质、心理品质、接受能力及承受负荷刺激的能力，因而在跆拳道教学中，既要根据学生的平均水平制定相应的教学计划、任务和达到的目标，也要考虑到个体差异。要有针对性地采用不同的教学方法，区别对待，以充分发挥学生的自身条件，形成自己的技术特点与风格。值得注意的是，即使是同一个学生在不同的学习阶段，其运动素质、心理品质、接受能力等个性特征方面也有所不同。所有这些都要求教师必须根据教学对象和学习阶段的不同，区别对待，有针对性地采用不同的教学方法和练习形式，使之更加符合学生的实际情况。

四、相互帮助，共同提高

跆拳道比赛是两人同台竞技的对抗性项目，因而跆拳道练习中两人配合来共同提高技战术水平是跆拳道学习训练的重要形式之一。两人配合的练习形式多样：如相向空击、踢靶练习、一攻一防的攻防技术练习、喂靶或喂护具靶练习以及条件实战、比赛实战等。这种配合练习主要是根据教学训练课的任务以及技战术动作的具体要求，有计划、有目的地合理安排。跆拳道的本质特征是“交手”

与“对抗”，比赛中的一切行动总是围绕攻与防这个永恒的、矛盾的主题而进行；双方总是在攻与防的反复交互中，体现出最高的技能技巧和心智水平。如何提高主体练习者技战术动作的运用能力及临场的应变能力就成为两人配合练习的重点所在。基于此，在练习时，一定要教育学生树立为对方服务的良好品质，要清楚地认识到在服务对方的同时，也是在提高自己的技战术水平，要一切从对方的实际水平出发，尽可能地满足练习对象的不同需求：无论是动作的速度、力度、方向、角度，还是动作变化的难易程度都要以对方的最佳适应性为度，这样才能达到最佳的练习效果。同时我们应清楚地认识到，配合练习不仅是提高、完善技战术动作的有效途径与手段，更是培养学生团队精神和甘愿奉献的崇高品质的最佳形式与方法。

五、突出重点，举一反三

跆拳道动作简洁但要求甚高，对每一个动作都要精雕细刻，讲究技巧，比赛中多以心智取胜。虽然跆拳道腿法众多，但彼此之间都有着千丝万缕的联系，训练中若能抓住它们的共性和规律，无疑对教学训练有着事半功倍的作用。基于此，我们在教学中要从基本动作抓起，结合学生的实际情况如身体形态、运动素质、技战术能力与水平等，选择有针对性的技战术动作进行强化训练，使他们逐步形成自己的特长动作和“绝招”，进而以此来带动其他技术动作的全面发展。特别是在战术动作的训练中，无论采用何种腿法、拳法进攻反击，它们的战术原理是相通的，都需要良好的战术意识和快捷的应变能力；都需要提高与完善学生对时机、距离乃至空间的掌控能力；都需要缜密准确的预判能力和巧于心思的智慧计谋；更需要临难不恐的良好心理品质。可通过一些典型、实用、简单而具有共性与规律的技战术动作，进行练习或实战，待学生随着教学训练的不断纵深发展，技战术能力与水平逐渐提高后，再不断丰富、完善攻防技术动作的内容与方法，直至学生全面掌握跆拳道的技战术动作内容与运用技能和技巧。

第二节　跆拳道教学原则与要求

一、学生主体性原则

学生主体性教学原则是指在体育教学过程中，学生始终是学习的主体，教师的一切活动应根据学生主体的需要和特点来安排，学生应在教师的指导下积极主动地参与教学活动，充分发挥学生的自主性、主动性和创造性。它符合现代教育改革的需要，符合素质教育的发展需求，是跆拳道教学客观规律的反映。

众所周知，跆拳道的教学过程不仅仅是体能、技能教育，也是一种情感教育和人文教育。教学中我们应体现出学生的主体地位，从学生的心理特点和实际需要出发，精心设计跆拳道教学目标和教学过程，采取不同的教学措施，为每个学生的创新提供成功的机会，帮助每一个学生获得成功的体验，确保每一位学生受益。

作为个人项目，跆拳道的教学都需要学生对技战术动作进行学习、吸收和消化，然后再通过他们的训练、比赛展现出来。而个人对技战术的理解与运用能力，是最终能否在赛场充分发挥及确保实效性的关键性因素，因此对于跆拳道教学来说，学生的主体位置显而易见地成为了重中之重。因此在贯彻落实学生主体性原则时我们要求：

（一）学生要以明确的学习目标来激励自身主体意识的不断增强

学生是学习的承担者，是保障其主体地位的决定者。学生为了能使自己在教学活动中充分发挥主体作用，把自己置于主体地位，首先应明确跆拳道学习的目的。才能真正增强自己的主体意识。其次要正确认识自己在跆拳道学习中的作用，必须认识到跆拳道的教学是一个由外及内，再由内及外的过程。三是要善于自我激励学习动机。有强烈学习动机的人，才有强大的学习动力，也才能主动地投入到跆拳道的教学训练中去。

（二）教师要以正确的教学理念促进学生主体地位的体现

充分发挥学生的主动性积极性，确立学生的主体地位，教师要不断更新跆拳道教学观念。首先要转变教师角色，要改变接受性学习的现实，打破跆拳道机械训练的实践模式，建立起主动的、探究性的自主学习模式，变被动、消极参与型的学习方式为主动参与型的学习方式。其次要确立跆拳道“为学而教”的指导思想。要把以“教”为重心逐渐转移到以“学”为重心，把以“研究教法”为重心逐渐转移到以“研究学法”为重心，由“关注教师的成功感”转到同时“关注学生的成功感”，使学生的“苦学”变“乐学”，“要我学”变成“我要学”，“授人之渔”已成为师者的最高境界。三是激发学生对于跆拳道学习兴趣，帮助学生形成积极向上的学习动机。四是在跆拳道教学中，教师要承认学生的个体差异，重视学生个性的发展。需要根据学生的实际情况，因材施教，考虑到个体的差异，才能使得教学效果最大化。

二、身心全面发展的原则

身心全面发展的原则是指在体育教学中，教学的重点不仅指向学生的身体，而且更要指向学生的心理。它是人体整体联系性所决定的，是源于生物进化论关于“用进废退”原理，更是跆拳道教学的要求。

从身心发展上来说，跆拳道一方面在锻炼意志品质和防身健体上有很大作用，另一方面，由于跆拳道是一项对抗性很强的运动，比赛中双方选手不仅较力斗勇，而且更讲究较技斗智，尤其是跆拳道高超精妙的腿法，具有极高的欣赏价值。人们在观看跆拳道比赛时，可以欣赏到一种击打艺术的美；同时，它可以激发人们的斗志，鼓励人们奋发向上的精神。

从跆拳道内涵上来说，跆拳道训练既重身体的外在训练，更重心智的内在修炼，它要求内外同修，身心合一。无论是品势练习还是实战比赛，动作只是一种形式，它承载的是跆拳道所蕴含的文化、精神与意念，反映了自己对跆拳道的认知、理解程度。同时，在练习中，强调内力与外力的协调统一，以意引力，以气催力，才能使动作发出无坚不摧的威力。因此在贯彻落实身心全面发展原则时我们要求：

（一）跆拳道教学注意合理选择和搭配训练内容

跆拳道项目的不同训练内容对人体的影响不同。学生在学习时要注意学习的全面性，避免单从兴趣出发，自己喜欢什么就只学（练）什么，形成单性发展。如在进行准备活动和整理活动时，搭配一些活动不足部位的专门练习；再如按季节变化，交叉采用对应身体发展的项目，使身体各部位、器官系统得到周期性锻炼。注意竞技与品势的结合。

（二）既要使身体全面发展，又要使教育、教养全面发展

进行严格地礼仪、精神和行为规范的教育，是跆拳道运动重要而必修的内容；是跆拳道精神的基本体现；是所有跆拳道修炼者发自内心的对跆拳道的尊崇与敬意。作为一个以对抗为表现形式的运动项目，在训练比赛中，无论对抗程度如何激烈，它始终是一个载体，承载的是跆拳道博大精深的文化内涵；它始终是一种形式，是修身养性和完善人格的过程。通过这种形式来达到提高运动技术水平、磨炼意志品质的目的。

（三）跆拳道教学需要内外结合

跆拳道项目从外部看是外部肌肉活动组成的动作，而实际上它是由身体各组织器官和系统相互配合共同完成的。由于跆拳道运动紧张激烈，对抗性强，它对提高人体的速度、力量、灵敏、耐力、柔韧等身体素质，提高内脏器官的机能，特别是提高神经系统的灵活性有明显的作用。通过跆拳道的攻防训练，可以学习、掌握一定的格斗技术，提高应变能力，达到防身自卫的目的。在训练过程中，大强度的训练除需要良好的体能外，还应具备顽强拼搏的精神和坚忍不拔的意志。因此，跆拳道的修炼过程，就是一个意志品质培养的过程。

在跆拳道运动训练中，不仅要注意练习动作的准确优美，而且要注意体内组织器官和系统的反应。发现问题及时加以调整。

（四）教学训练要实现“形神一致”

“形”指身体、动作，“神”指精神、心理。所谓形神一致，是要求锻炼中要意念专注，精神集中，使思想与动作紧密配合，如品势练习时要求“意动身随”，“劲力包蓄于内，而不露于形表”。这样不但可以提高身体的锻炼效果，而且能促进心理素质的完善与发展。另外，也可根据自己的身心特点，有针对性地选择品势或竞技亦或是跆拳道舞蹈。如为克服孤独感，可选择一些集体跆拳道的舞蹈活

动项目；要培养自制力，选择要遵守比赛规则的集体竞赛项目等。

三、技能教学为主原则

能力是指人在顺利完成某一活动时所表现的身心统一，协调配合的才能。心理学研究表明，能力是掌握知识、技术与技能的必要前提，而且是影响一个人活动效果的基本因素。技能为主的教学原则是指在体育学习过程中，由于体育学科的特点，学生一般是以身体活动为手段来掌握体育运动技能，并在此过程中进行体育能力的培养。跆拳道的技能由技术、战术、心理、智能组成。它是由体育运动的本质特点、跆拳道教学内容及教学的目标所决定的。因此在贯彻落实技能为主的教学原则时我们要求：

（一）协调竞技能力各要素之间的关系

跆拳道的竞技能力各要素（技术、战术、心理、智力）之间有着密不可分的联系，应注意培养学生各项要素的能力，并在理论上和实践中对其进行专题性的讲解和训练。

（二）掌握动作技能应注意循序渐进

跆拳道的练习需要注意循序渐进，从基础的步法、腿法、拳法开始，一直到单个技术的连接、组合技术的连接、实战的准备、都是需要长时间的训练而达到渐进的目的的。因此，跆拳道需要我们从基础做起，循序渐进，才能达到练习的目的。

（三）跆拳道教学中要注意合理安排运动负荷

跆拳道的运动负荷，是指在跆拳道练习时所承受的生理负荷。运动负荷包括运动量和运动强度两个方面。在锻炼时只有运动负荷保持适宜，才能收到较好的效果，运动负荷过小过大都不行。过小，则达不到锻炼的目的；过大，又超出了人身心所能承受的限度，对人身心健康和教学任务的完成都十分不利。因此，要学会合理地安排和调节运动负荷。

（四）明确跆拳道的学习目的，防止过分追求竞技结果

竞技跆拳道是一项竞技体育运动，它是以体育竞赛为主要特征，以创造优异运动成绩，夺取比赛优胜为主要目标的社会体育活动。未来中国竞技体育的可持续发展是建立在竞技体育本质基础上的价值选择。在跆拳道教学中如果过分追求竞技化，会淡化体育本身的目的和要求，对体育的功能产生偏差。跆拳道的主要功能还是防身健体，锻炼意志品质。

四、兴趣先导，实践强化原则

兴趣先导，实践强化原则是指在跆拳道教学过程中，首先要着力培养学生的学习与训练兴趣，只要学生产生了兴趣，这种驱动力就会成为学生学习的动力源泉，然后再在教学实践中有意进行强化，使这种动力保持终身，使学习训练得以

顺利进行。否则，在学习训练中会产生许多“身顺而心违”的现象。它是在兴趣引导和实践教学双重作用下产生的。因此在贯彻落实的兴趣先导，实践强化教学原则时我们要求：

（一）了解学生兴趣合理安排教学任务

跆拳道的教学内容丰富多彩，针对不同的学生兴趣和特点，可以安排不同的教学训练任务，激发学生对跆拳道产生浓厚的学习兴趣和潜能。兴趣对一个人的个性形成和发展、对一个人的生活和活动有着巨大的作用。兴趣不但使得学生在学习跆拳道的过程中为未来的训练比赛做准备，更在为正在进行的训练起推动作用，与此同时，对跆拳道的创造性思维起促进作用。

（二）激发学生兴趣，引导学生方向

激发出学生对跆拳道的学习兴趣，并加以引导学生走向正确的价值观。在跆拳道教学中时刻谨记“以礼始、以礼终”，强调学生重视武德，注重对自身的修炼，领会跆拳道“礼仪廉耻、忍耐克己、百折不屈”的精神。

（三）避免学生单从兴趣出发而忽视全面发展

学生对自身未来的把握并不明确，往往会因自身兴趣去发展，极易在受到外在的心理暗示或影响后，对自身优势项目或者是自身感兴趣的项目会表现得特别的偏爱，淡化了其他项目的学习。例如：学习实战的学生往往品势能力不佳，而品势练得好的学生往往实战能力并不突出。所以如何取长补短，需要教师的引导，也需要学生自身的重视。

五、终身体育原则

终身体育原则是指在教学训练过程中，学生要注意培养自己的终身体育意识，养成终身进行体育锻炼的习惯。教师在教学时应时刻注意渗透终身体育思想，以此来指导教学训练。它是人体自身发展和现代社会发展的需要。因此在贯彻落实终身体育原则时我们要求：

（一）跆拳道的学习是一生的修炼过程，针对身体发展的不同阶段，需要作出不同的侧重和变化，养成终身研习的良好习惯

要教会学生学习跆拳道的方法。培养学生对跆拳道知识、技术、技能的认识。培养自我学习、自我锻炼、自我评价的能力，以适应和协调不断变化的情况，取得预期的练习效果。了解自我，认识自己，从自身的实际出发，取长补短，有针对性地进行学习和锻炼。

（二）注意特长培养，培养终身跆拳道意识

自我体育意识是在反复实践中形成的。在反复不间断地实践中，加深对跆拳道的情感体验，不断提高跆拳道的技能水平、修为境界，使跆拳道研习成为自觉主动的行为。提高对跆拳道的理性认识。

六、全面效益原则

全面效益原则是指在教学评价中要根据教学目标、教学过程和学生的生理、心理、技能、智力因素发展水平以及非智力因素发展等多方面进行全面的评价。跆拳道作为一项体育运动，不单单是呈现一个运动员的竞技水平，更是全面地展示了学生的生理、心理、智力的发展状况，它是跆拳道教学过程的教育性及跆拳道的规律性所决定的。因此在贯彻落实全面效益原则时我们要求：

（一）科学客观地评价学生在跆拳道活动中的表现

在进行跆拳道教学评价时，从测量的标准和方法到评价者所持有的态度，特别是最终的评价结果，都应该符合客观实际，不能主观臆断或掺入个人情感。因为教学评价的目的在于给学生的学和教师的教以客观的价值判断，如果缺乏客观性就失去了意义，因此而导致跆拳道教学决策的错误。

（二）跆拳道教学评价要与学生的自我实际相结合

在进行评价的时候，要与学生进行沟通与交流，尤其对自己成绩非常重视的学生。评价与总结，应联系实际，不可就事论事，而是要把评价和指导结合起来，要对评价的结果进行认真分析，从不同的角度找出因果关系，确认产生的原因，并通过及时而具体的启发性的信息反馈，使学生明确今后的努力方向。

（三）跆拳道教学全面效益的评价

跆拳道教学评价应该是公正、客观的全面性评价。因此，为了反映真实的教学效果，必须把定性评价和定量评价相结合，相互参照，以求全面、准确的判断、评价学生及教学训练的实际效果，但同时要把握主次，区分轻重，抓住主要的矛盾，找出决定教学质量的主要因素，以期进一步提高、完善未来的教学训练质量。

第三节　现代教学理念与方法在跆拳道教学中的应用

现代教学理念是人们对教学和学习活动内在规律认识的集中体现，同时也是人们对教学活动的看法和持有的基本态度和观念，是人们从事教学活动的信念。教学理念有理论层面、操作层面和学科层面之分。明确表达的教学理念对教学活动有着极其重要的指导意义。

现代教学理念是指教育者在从事教学过程中，头脑中观念地存在着的有关教师、学生、知识、能力、素质、质量等方面的诸种信念和理论的综合体。现代教学理念既是历史发展的产物，又是现实的理性反映，一旦形成，便成为存在于整个教学过程中的一种潜移默化的深层观念，并成为教师组织和实施教学的指南。

现代教育是一种外向型的教育，受教育者必须不断扩大自己的知识范围与能力，更需要致力于内心的丰富和完善以及人格境界的提升。而跆拳道本身属于外向型的对抗性项目，它是通过身体与精神的训练，科学地运用手脚及身体各部位的方法和技术。经常参加跆拳道的训练，能有效地提高身体素质，加强自我防卫与搏击能力，通过对跆拳道的学习，可以使之人格、情操、道德修养得到升华，达到身心健康的目的。可以说，跆拳道的教学很容易在现代教学理念下得到发展。

目前跆拳道是普通大学和体育院校开展较为普遍的课程之一，也是社会体育俱乐部中较为流行的时尚运动之一。它通过不同的形式存在并广泛发展，丰富了锻炼内容，陶冶情操，亦可以丰富社会文化生活，满足青少年群体的时尚追求。通过现代教学理念深化的跆拳道课程，使学生在理论上、技能上深入了解、领会跆拳道文化的内涵，同时，让学生系统地掌握跆拳道的基础理论和基本技能，一方面能够达到健身、锻炼品德意志的目的，一方面能够从事跆拳道的专业教学。跆拳道具有丰富的教学内容，既可以适应中小学教育，亦可以满足大中专院校教育。因此，我们的教学训练要求学生需要掌握扎实的跆拳道技术，需要学会如何学、如何教，需要认知系统的跆拳道文化，懂得用优秀的文化去培养学生的人生观、价值观。

一、现代教学方法

教学方法是完成教学任务的手段与途径，科学地运用方法对于完成教学任务和提高学生积极性，提高教学的效果有着重要的意义。教学方法的运用要以项目特点、教学任务、学生实际、教学条件等具体情况为依据。力求做到以任务为目标、以方法为途径，采用行之有效的方法与手段来确保教学任务的完成。

二、教学模式

（一）情境式

是充分利用形象，创设典型场景，激起学生的学习情绪，把认知活动和情感活动结合起来的一种教学模式。

教学中教师要根据学生的心理特点和跆拳道的技术特点，采取恰当的方法创设情境，引发学生的求知欲，从而积极探索研究新知识。在跆拳道中，是为了不断提高学生的技战术动作在实战中的运用能力和心理承受能力，有针对性地模拟实战中所表现出来的技、战术状况和场景气氛等进行练习的方法。要求具有针对性、具有真实性。

（二）主题式

是指提供一个良好的学习情境，学生在这样具有高度动机的环境中，可以接触和这主题相关的各种领域的学习内容，教师的教材有时可以像联络教学的方式，横向编选和该主题相关的教学材料，有时更可直接打破学科之间的限制，在教学中整合不同领域的内容和策略。

在跆拳道教学中，可定期组织一些讨论交流会，让学生发表自己的观点和看法，让学生在高度机动的环境中接触到相同年龄段不同对象的想法和思考，学会从不同角度思考问题，根据不同时期的教学内容，侧重点也不同。要求主题具有目的性、重视学生主体性、注重师生平等性、内容具有激发性、关注不同学生的特殊性。主题式教学法可以打破单一的集体教学的组织形式，允许学生分组讨论学习，这有利于培养学生的团队精神和沟通能力。

（三）接受式

是指学生通过教师呈现的教学内容来掌握现成知识、形成技能的一种教学形式。

跆拳道主要是通过老师的讲解和示范来传授基本技术的，在接受式的教学中，是教师运用语言向学生讲解说明教学任务、动作名称和作用及完成动作的要领、方法、要求等。在教学过程中通过语言指导学生使学生获得相关跆拳道的有关知识，并进行学习和掌握跆拳道技术技能等。它可以使学生在较短的时间内掌握大量的、系统的跆拳道的技术知识，使得学生有初步的认识。

（四）集体式

是指学生在小组或团队中为了完成共同的任务，有明确的责任分工的互助性学习，它将个人之间的竞争转化为小组之间的竞争，有助于培养学生合作的精神和竞争意识；有助于因材施教，弥补一个教师难以面向有差异的众多学生教学的不足，从而真正实现使每个学生都得到发展的目标。

跆拳道的教学一般都是以班级或团队为单位的，更接近于班级授课制，在教学中把一个班分为若干个小组，即小集体的教学形态。教师应全面理解小集体在教学中的意义和作用，学会在各种教学环境中巧妙地运用小集体教学的方法，以完成跆拳道教学的各项任务与深化改革，进一步提高教学质量和效果。

（五）成功式

是教师在教育教学过程中，通过激发学生的成功动机，指导学生的成功行为，使学生感到成功的愉悦，进而升华成功目标，达到人人都主动争取成功，不断取得学习上的成功。

跆拳道属于竞技项目，只要是属于竞技范畴，势必牵扯到输赢。从运动心理学的角度来说，成功就是对于运动员的激励。激励是教学过程中不可或缺的环节和活动。成功教学的三要素：首先是积极的期望要求，其次是成功的机会，三是鼓励性评价。因此在教学中我们应该加强训练目的性教育和正确价值观教育；满足学生的合理需要；注重教师的榜样作用；善于正确地运用激励机制。

（六）程序式

是按照规定的教学程序把教学内容分成一批有规律的、在逻辑上完整的分子重新组合序列，依据教学目的、任务的要求进行教学的全过程。

程序教学理论的代表人物是美国心理学家斯金纳，他通过实验认为学习过程就是作用于学习者的刺激和学习者对它作出的反应之间的联结的形成过程。其基本图式是：刺激—反应—强化。其基本操作程序是：解释—问题（提问）—解答—确认。

在跆拳道教学中，程序教学把学习内容分成一个个小的问题，系统排列起来，逐步地提出教学中所存在的问题（刺激），学生选择答案或在技术动作中表现出来（反应），回答问题后立即就知道学习结果，确认自己回答的正确或错误。如果老师给予赞同或在实战中得到充分发挥，得到鼓舞（强化）就进入下一程序学习。如果不正确，就采取补充程序，再学习同一内容，思考技战术的细节，直到掌握为止。因此我们在教学中应该严格控制教学过程，注意因材施教、循序渐进、区别对待。

（七）探究式

是指学生在学习理论或技战术动作时，教师只是给他们一些事例和问题，让学生自己通过讲解、观察、练习、思考、讨论等途径去独立探究，自行发现并掌握相应的原理、方法和结论的一种方法。

在教师的指导下，以学生为主体，让学生自觉地、主动地探索，掌握跆拳道的技术和解决实战和理论中出现问题的方法和步骤，发现自身技术所存在的问题，从中找出解决的方法，形成自己对跆拳道特有的技战术理论与方法。在此过程中，学生的主体地位、自主能力都得到了加强与完善。我们在跆拳道教学中可以采用创设跆拳道实战情境，激发学生自主探究欲望；形成开放课堂，发掘学生自主探究潜能；注重教师的引导功能，适时点拨，诱导探究的方向。

（八）合作式

是在教师的指导下和学生的参与下，通过运动的手段，利用适宜的条件，促进学生体育合作与竞争意识及能力双重发展的一种教学形式。

跆拳道属于个人项目，但是这不代表它的成败在于个人，正好相反，它需要团队的合作。只不过在竞技跆拳道的比赛中，个人是作为团队整体实力的载体。而在跆拳道的教学训练过程当中，无处不需要和队友同学的合作，无论是踢靶训练、护具训练、实战演练或是对跆拳道理论的讨论，都需要队友同学的支持和合作。在进行合作式教学时我们要求首先要建立合理的合作伙伴；其次要制定有效的合作学习规则；三是要设计科学的合作学习任务；四是教师需要担任合作学习的调控者和促进者。

（九）启发式

是根据教学目的、内容、学生的知识水平和知识规律，运用各种教学手段，采用启发诱导办法传授知识、培养能力，使学生积极主动地学习，以促进身心发展。这里要着重说明，启发式教学不仅是教学方法，更是一种教学思想，是教学原则和教学观。当代世界各国教学改革无一不是围绕着启发式或和启发式相联系。

跆拳道教学方法是为实现跆拳道的教学目标和提高跆拳道教学质量服务的。“启发式”教学模式突出学生的主体地位，但并不意味着教师的主导作用可以忽视，因此在跆拳道教学中必须充分发挥“教”和“学”两方面的积极性。学生在跆拳道教学中的主体地位越突出，那么对教师的主导作用就要求越高，学生在教学中的主体地位体现得如何，关键取决于教师的主导作用发挥得怎样，因为教学的一切活动主要都是由教师来设计并执行的。如果教师的教法单一或运用不当，教师的主导作用则会削弱，“启发式”模式的性质则会改变，成了“放羊式”教学。因此，教师在按照设计程序进行“启发式”模式教学时一定要掌握多种“启发性”教学法，并学会合理运用。在跆拳道教学中一般采用的方法有：直观启发、问题启发、形象比喻启发、参照对比启发、练习启发等。

（十）综合式

是学科教学的一种综合性教学方法。它是在特定的主题或专题下，紧扣关键性教学细节，维系上、下文知识网络，经过发散思维和聚合思维，联系学生已有认识经验以及与主题相关联的其他知识，构建动态、生成的知识体系。

在跆拳道的教学之中，可以通过综合教学法实现主要知识点之间的多维同构，从而发展融会贯通能力的一种综合性的教学方法。科学地运用综合法，不仅可以引导学生对跆拳道的理论知识“瞻前顾后”、把握跆拳道体系内部各知识点之间的本质联系，构建动态生成的跆拳道知识体系，从而真正“将跆拳道教材读薄”；可以帮助学生建立跆拳道内外相邻知识点之间的多维联系，强化对重点难点的识记和理解，对跆拳道重要知识点实现较为牢固的“多维整体记忆”；还有利于引导学生在形式多样的综合性教学活动中，通过发散思维和聚合思维，在实战中实现“旧技术、新组合”，培养融会贯通的综合性思维能力。在教学中它要求教师课前要充分做好备课工作，认真细致地分析教材，把握好每一个环节，对各环节的要点、关键点要全面理解，融会贯通，同时要建立预设方案。在实施过程中要遵循循序渐进的原则，由点到面，由易到难，逐步培养学生融会贯通的综合运用能力。

第四节　跆拳道教学的阶段和步骤

教学过程是学生在教师的组织和指导下，通过教学活动掌握知识、技术和技能的过程。跆拳道教学分为品势教学和竞技跆拳道技能教学。因此，在教学过程中，必须以技术动作的规范性和从实战的角度出发，使学生在反复的练习中，规范基本技术动作和品势动作，提高技术运用能力和实战技能。跆拳道教学无论是品势还是实战技能教学可分为三个阶段。

一、跆拳道教学的阶段划分

跆拳道教学和一般教学过程具有共同点，表现形式都是教师有目的地、有计划地指导学生积极地掌握一定的知识技能，并在这个基础上发展学生的认知能力，培养学生优良思想道德品质的过程。

（一）泛化阶段

泛化阶段是初步建立动作的运动表象的过程。其主要任务是通过教师的讲解、示范等，让学生对所要学习的新动作有初步的概括性了解，获取感性认识，并粗略地掌握动作。

在此阶段内，学生的大脑皮层的神经联系处于泛化阶段，学生完整的动力定型尚未形成，表现出动作紧张不协调，完成某一个动作时极易出现多余动作等。基于此，我们在教学过程中不宜过多地强调动作的细节，而应以动作的主要环节为教学重点和突破口，紧紧抓住学生在掌握动作过程中的主要问题，通过教师简练的讲解，正确的示范，来加深学生对正确动作的理解，促进学生尽快地形成动作的正确概念。教师要注意从不同的方向、角度、部位来进行示范，使学生能够清楚地观察到动作运行的路线与过程、方向与角度的变化、发力的部位与顺序以及击打的部位与落点等，以期达到初步掌握动作的目的。

（二）分化阶段

在此阶段内，教学的主要任务是使学生巩固正确的动作，提高动作的协调性和动作质量，逐渐形成动力定型。在教师的指导下，通过在一定条件限制下的两人配合练习，不断提高对技术动作的运用能力，其中包括对时机、距离、空间的判断能力等，进一步培养进攻、防守和反击的实战意识和提高临场应变能力。

在不断的练习过程中，学生对运动技能的内在规律有了初步的了解，逐步消除了多余的动作。此时大脑皮层的条件联系由泛化进入分化阶段，大部分错误和不合理的动作得以纠正，基本上能较顺利地、连贯地完成技术动作，初步建立了正确的动力定型，但定型不稳定，此时如果遇到新的刺激或干扰，错误的、不合理的动作可能还会出现。因此，教师在教学中一定要抓住学生存在的主要问题，反复强调并进行反复练习。对错误动作的纠正要及时，可采用对比和综合分析的方法，帮助学生体会动作的细节，促进分化抑制的进一步发展，使动作日趋规范准确。此时要结合对技术动作各个要素的分析，强化、提高学生对动作技术的理性认识。

（三）巩固和自动化阶段

此阶段是通过进一步的反复练习，把已经建立的条件反射不断巩固与强化，从而建立正确良好的动力定型，使大脑皮层的兴奋和抑制在时间和空间上更加集中和精确。此时的动作技术不仅精准、熟练，更有较好的协调性、连贯性，而且随着运动技能的进一步巩固和发展，在练习达到非常巩固的程度后，动作可出现自动化现象。这对于跆拳道技能的提高是非常重要的。在瞬息变化的跆拳道比赛中，动作自动化可使第二信号系统的活动摆脱第一信号系统的束缚，使之更加专注于战略、战术的变化，及时捕捉时机。

这一阶段主要是通过各种形式的条件实战和实战对抗，进一步提高动作的稳定性和完善自动化程度，提高技术动作运用的实效性，以培养学生在各种情势下运用动作的应变能力。在教学过程中教师可根据教学意图和目的的不同，有针对性地选择不同水平层次的练习对手进行一对一的实战练习，使学生在变化万千的对抗中，尽快熟练技术并不断提高动作质量。但请注意：动力定型达到一定程度后，一定要进一步进行强化练习，使动力定型更进一步完善、稳固，否则动力定型了的动作就会消退。此时，教师要不断地对学生要提出更高层次的要求，如变换对手（不同身高体重或水平能力的对手）、变换练习条件（增加练习难度或提高动作指标）等，使学生不断加深对动作技术的理性认识而促进动作更加精益求精。

在跆拳道教学中，运动技能形成过程的几个阶段并不是截然分开的，而是逐步过渡、循序渐进的一个过程，而整个过程的长短受诸多因素的影响，与教学方法、训练水平、身体条件以及学生的接受能力、学习的积极性、目的性有着密切关系。因此，教师在教学过程中，在运动技能形成的不同阶段，要善于选择并采取有针对性的教学方法和练习手段，使运动技能早日形成并日趋完善与巩固。

二、跆拳道教学的基本步骤

（一）初步了解学会动作

学生学习跆拳道时首先要在了解技术的基础上初步学会动作，对动作要素如动作的运行路线、发力顺序、击打力点以及速度、力量、距离有一个概括性的感性认识。此时学生对技术动作的条件反射刚刚建立，稳定性差，易受外界干扰而变形。因此，教师在教学中不应过分强调学生练习时的技术动作细节，但一定要抓住动作的关键技术，应多采用示范讲解和分解教学的方法，帮助学生对技术动作的规范性与准确性有一定的了解和初步体会。

（二）掌握方法与技巧

学生在初步了解和掌握技术动作之后，这时教师要强调和引导学生认真体会技术动作的要领及用力技巧，同时尽量消除动作练习中的多余动作，帮助学生不断改进动作细节，并尽量减少和消除动作启动的先兆，使动作练习完成得更加规范、协调、完整、连贯，并通过反复地强化练习，增强学生的格斗攻防意识，使动作的条件反射更加稳固。

（三）组合动作

在初步建立技术动作规范正确的动力定型之后，为了进一步强化和巩固技战术动作，提高学生技战术动作的运用能力，就必须有针对性地进行配对的组合练习。所谓组合练习就是将不同的技战术动作，根据不同的需要，有针对性地有机结合成各种类型的技战术串连组合，以多种练习形式为手段的训练方法。组合练习要根据不同的教学阶段、教学目的和教学任务，提出不同的要求，从单个动作到两个动作组合、到多个动作组合；从单一战术到复合战术，以及各动作要素之间的相互关系，都必须仔细考量，缜密斟酌，在学生的现实技术能力和水平上保持一定的限度，循序渐进，逐步深入。只有所有的训练要求与条件符合学生的实际情况，才能使练习达到最佳的教学效果。

（四）条件实战

随着训练的不断深入，在经过一段时间的练习、学生对动作技术有了更为深刻地理解和掌握之后，可在一定条件限制下进行实战练习。进行条件实战时一定要根据学生的实际情况和练习目的，选择相应的条件实战练习内容。在不同的条件下，加深学生对不同技术、战术、时机、距离等一切与比赛实战有关的因素的纵深理解，提高技战术的临场运用能力，同时培养学生的空间感、距离感和对时机的把握能力，特别是跆拳道比赛实战中的预判能力、反应能力、应变能力，更是条件实战训练中的重中之重。卓有成效的条件实战训练是保证成功过渡到实战训练的基础和前提。

（五）实战

所有的技战术练习都是为比赛实战服务的，其训练的实际效果如何，最终总是要接受实战的检验。因此，实战是跆拳道所有练习步骤的最后一站，同时也是技术学习的最高阶段。只有通过实战才能检验学生的技战术能力与水平，是否能够满足比赛的需求；同样，从实战训练的反馈中，我们可以获得这样的信息：动作质量和教学效果是否达到预期的目的，从另一侧面也反映出我们的教学方法与手段是否符合学生的实际情况。

教师要善于从实战中发现学生技战术动作特别是运用能力存在的不足，依据实战的反馈信息，有针对性地帮助学生分析、总结，找出自己存在的问题和解决问题的方法，不断提高自己的实战能力。

第五节　跆拳道教学方法与手段

一、跆拳道教学方法

（一）示范教学法

示范教学是学生通过观察教师正确的示范动作并通过视觉感知，来接受技术的最生动具体的方法。是跆拳道教学中常用的主要方法之一。教学过程中教师通过技术动作示范，学生可以生动形象了解所学技术动作的结构特征、技术要领和完成动作的技巧等，从而较快地建立动作表象。同时，标准、协调、优美地示范还可以激发学生的学习兴趣。因此，对示范的要求是：

1. 示范要规范熟练

教师在做示范时一定要保证动作的质量，做到规范、协调、流畅，从动作的运行轨迹、发力顺序到身体的配合等都要做到准确无误。熟练的示范不仅便于学生掌握正确的动作，而且还可以使学生产生轻松愉快的感觉，激发学习兴趣，避免畏难情绪产生。

2. 示范具有针对性

首先要针对学生实际情况的需要做示范，不可盲目示范而使学生不知该着重学什么，分散其注意力而失去示范的作用。其次是根据不同的教学阶段、教学目的与任务进行重点示范。

3. 示范方法的多样性

根据学生的实际情况和教学的目的要求，灵活选择相应的示范方法，如对于简单的动作或基础较好的学生，可采用完整示范；对于复杂的动作和基础不好的学生，可采用分解示范；为了便于观察，可采用慢动作快示范、快动作慢示范；为了加深对正确与错误动作的认识，可采用两种动作的对比示范等。

4. 示范要有利于学生观察

老师的示范应以全体学生都能看得到为原则，灵活选择和运用不同的示范方位、示范速度及示范面。

5. 示范与讲解、启发学生思维相结合

示范常常结合讲解进行。有的先讲解后示范，或先示范后讲解，或边讲解边示范。在示范中可以设计小问题让学生回答，借此启发学生对动作的思考与对比。无论哪种形式的示范，它们总是互为补充，相得益彰。

（二）讲解教学法

讲解教学法是跆拳道教学中经常运用的一种形式和方法。是教师运用语言向学生讲解说明教学任务、动作名称和作用及完成动作的要领、方法、要求等。在教学过程中通过语言指导学生，使学生获得跆拳道的有关知识，并进行学习和掌握跆拳道技术技能等。

1. 讲解的主要内容

（1）所学动作的名称、要领、要求、动作运行路线、方向角度、发力要点及对身体各部位姿势的要求等。

（2）所学动作的攻防作用、击打力点和不同部位、实战中的时机及运用价值等。

（3）动作的易犯错误。

（4）相关练习方法。

2. 讲解法运用的具体要求

（1）对动作的讲解要简明扼要，重点突出，逻辑性强，由表及里。针对动作的关键技术点要加重语气，重点强调，同时要善于运用形象生动的语言来启发、诱导学生，在轻松愉快的氛围中，使学生尽快地理解、掌握动作。

（2）讲解还应根据不同的教学步骤而有所侧重，如，同是横踢，初学时以讲解动作要领要求为主，熟练后则以讲解运用方法为主。讲解应有目的、有针对性地进行，如：针对教学内容的重点和难点讲解，针对学生存在的问题讲解等。

（3）做到讲解与示范有机地结合，使看、听、想、练结合，充分发挥学生的视觉、听觉等多种感觉的综合功能，使学生学有目的，练有动力。

（三）完整教学法

完整教学法是从动作的开始到结束，不分段落完整连续地进行教学和练习的方法。完整教学法的优点是能保持动作结构的完整性，易于使学生对动作技术形成整体概念和动作之间的联系。其缺点是对有一定难度的动作不易较快地掌握好动作中较难的环节和要素。因此，简单容易掌握的动作和不易分解的动作应多采用完整教学法。对于有一定基础的学生采用这种方法较多。运用完整教学法的要求是：

1. 突出教学重点

进行完整教学时，要做到重点突出，把握好动作的快慢与速率。这是因为每个动作都有其技术关键点，掌握好这个点，以点带面，其他细节就容易掌握了。同时完整动作的过程相对较长，动作细节较多，速度过快易导致出现错误动作；速度过慢则失去动作的连贯性。

2. 适当降低动作质量

初学时，学生动作完成的质量往往是不尽人意而错漏百出的，特别是难度较大且复杂的动作，这时在练习中可适当降低质量要求，待学生能较熟练地进行动作的完整练习后，再逐步提高对动作质量的要求，循序渐进，以利学生较快建立完整动作的条件反射。

3. 与分解练习法相结合

对于难度较大且繁杂的动作应先进行分解练习，待学生对动作的各个环节、要素比较熟悉后，再将分解开的动作结合在一起进行完整练习。

（四）分解教学法

分解教学法是把完整动作按其技术结构分成若干段或按身体活动部位分成几部分进行学习、最后掌握完整动作的方法。其优点是动作难度低，便于突出重点，强化了对难度大的动作的学习，有利于加速教学进程。其缺点是有可能养成学生分解练习的习惯，从而妨碍顺利地掌握完整动作。分解教学法适用于动作相对复杂而又可分解，但用完整法又不易掌握的动作或某部分动作需要较细致学习时采用。对分解教学法的要求是：

1. 动作分解要易于连接

划分的部分或段落要易于连接，以不破坏动作的整体结构为原则。应遵循人体的运动规律、动作的结构特征，使分开的动作易于衔接与连贯。

2. 突出分解段落的重点

当完整动作需要分解教学时，对划分的段落，一定要向学生讲明这个段落的动作要点、它在完整动作中的地位与作用以及与其他动作之间的相互联系。

3. 与完整教学法结合运用

在跆拳道基本技术教学中，不应将动作分解得过于细化而撕裂动作间的有机联系，同时较长时间地分解练习，极易养成学生分解练习的习惯而破坏动作的连贯性。只要学生通过分解练习初步掌握动作后，就应尽快地向完整动作练习过渡，以保持动作结构的完整性及动作练习中的快速性、连续性。

（五）模拟教学法

模拟教学法是为了不断提高学生的技战术动作在实战中的运用能力和心理承受能力，有针对性地模拟实战中所表现出来的技、战术状况和场景气氛等进行练习的方法。模拟教学的主要内容有模拟主动进攻的技术与战术；模拟防守的技术与战术；模拟反击的技术与战术；模拟各种不同风格、不同特点打法的具体的技战术形式；以及模拟比赛临场情势、气氛及观众情绪等。模拟教学的要求是：

1. 具有针对性

模拟教学要根据教学目的任务的需要和学生的实际情况及动作的要求，有针对性地进行练习。模拟的内容可随学生的训练进展情况和效果及时视情势调整，使教学训练的内容、方法与手段最大限度地满足学生的不同需求。

2. 具有真实性

进行模拟教学时一定要强调动作逼真，无论是动作的速度、力量、距离、时机，还是临场氛围、观众情绪以及对学生心理的要求都必须尽可能地贴近比赛或实战，这样才能达到理想的练习效果。

（六）预防和纠误法

预防和纠误法是教师为了防止和纠正学生在学习中出现错误动作而采用的方法。在跆拳道教学中，经常要用到纠误法，学习与练习中，学生出现错误动作是不可避免的。但如果让错误动作形成动力定型后再去纠正就会付出更多的精力和代价。因此，对错误动作及时进行纠正和预防是至关重要的。在纠误时，首先要对错误动作进行分析，找出原因，然后根据主要原因选择适当的纠误方法。

1. 产生的原因

（1）学习目的不明确（积极性不高、缺乏信心、怕难、怕苦、怕受伤等）。

（2）技术动作的概念不清楚（完成动作的顺序、要领、要求等）。

（3）能力低，身体素质较差（特别是灵敏性、协调性）。

（4）心理承受能力不好（紧张、畏惧等）。

（5）教学过程中教师组织教法不当。

另外还有其他原因，如疲劳、环境干扰等都会导致错误动作的发生。所以要根据产生错误的原因，分别选用适当的方法进行纠正。

2. 纠正的方法

（1）提高动作示范和讲解的质量，让学生建立正确的动作概念，清楚完成动作的顺序、路线、动作要领和要求，明确动作的技术关键点，建立正确的动作表象。并利用各种诱导性练习、转移性练习和启发性的语言预防和纠正错误动作。

（2）教学中由于学生的身体素质情况各自不同，应根据学生的实际情况，适当降低对动作的要求，同时选择适当的辅助性练习和专项身体素质练习来进行过渡性的练习，弥补差距，为专项技术训练夯实基础。

（3）在进行对抗和难度练习时，要考虑到学生心理可能会产生的惧怕和紧张情况，为此要进行积极的心理诱导训练和适当降低对抗的难度，多采用辅助性练习来消除学生的紧张情绪和畏惧心理。

（4）教师要根据运动技能形成的规律，认真钻研教材教法、提高教学水平、合理安排教学过程、全面细致地了解学生的情况，对可能产生的动作错误要做到心中有数，并根据错误动作的性质有针对性地采用切合实际的教法纠正之。

（5）为了避免疲劳的发生，应合理地安排运动负荷和组间间歇。并采用暗示、转移等方法集中学生的注意力，提高学生的自控能力，排除和克服外界环境及不良因素的影响。

3. 纠误法的要求

（1）抓住主要矛盾，针对动作的主要错误反复纠正，在学生练习中不断以语言来提示该注意的问题，使学生的练习过程始终处于教师的监控之下。

（2）纠误时要讲清楚其中的道理，循循善诱。告诉学生错误的原因、带来的后果及自我监控、检查动作对错的方法，对动作要多问几个为什么。

（3）当学生形成正确的动作表象后，应及时进行强化训练，以便巩固已形成了的动力定型。

二、练习形式

在初步掌握动作之后，学生技术动作的运用尚未具备和达到娴熟与稳固的程度，需要在教师的监控和指导下进行反复的强化练习，才能逐步形成正确的动力定型直至达到完成技术动作的自动化。在跆拳道教学过程中经常采用的练习形式有个人练习、双人练习、分组练习和集体练习。

（一）单人练习

单人练习顾名思义就是学生独立进行练习的方法。练习时学生可以自己体会技术动作的要领、路线、方向、角度以及发力顺序等动作要素；也可以有目的地根据自己的实际情况进行动作速度、击打力量和击打准确性的练习。此时，教师一定要注意观察学生的技术动作，及时发现动作错误，并及时进行纠正和个别辅导。单人练习的优点在于：能够培养和发挥学生的个人思维能力和想象能力，调动个人的主观能动性；而且可以自我调节运动节奏与运动负荷的强度、密度；特别有利于技战术及训练的个性化发展。

（二）双人练习

在跆拳道教学训练中，双人练习既是最重要的练习形式之一，也是跆拳道教学中经常采用的练习方法。双人练习要在教师的指导下，结合教学课的目的与任务，有针对性地安排练习。它要求练习双方一定要积极有效地配合，相互取长补短，互帮互助，共同提高技战术水平。双人练习的优点在于：其形式更加符合跆拳道比赛和实战的特点，有利于学生运动技术技能的快速形成，特别是在培养学生对时间、距离、空间、时机等一切与比赛实战相关因素的判断能力方面，有着其他形式无可替代的地位与作用；同时也有利于学生间的相互帮助、相互学习，培养学生的团队精神和集体荣誉感；更有利于形成独特的个人技战术风格与特点。

（三）分组练习

分组练习就是根据实际情况将学生分成若干个小组进行练习。练习时可以挑选学生中技术较好的技术骨干轮换进行指挥。同时应鼓励学生对技术动作进行分析研究，发表自己对动作技术的看法与体会，充分发挥学生的主观能动性；各组之间也应互相学习与交流，在条件许可的情况下，组与组之间可以以比赛的形式来激发学生的学练兴趣与激情；在进行分组练习时，教师应加强对全局的掌控，抓住共性，分别指导，对学生的练习要进行全程监控与指导，保证学生能按质按量地完成教学任务。分组练习的优点在于：能充分发挥学生中技术骨干的示范带头作用，对技术较差的学生进行帮助和指导，充分培养小组长的组织与指挥能力，有利于培养学生的集体主义精神和互相帮助的良好学风。

（四）集体练习

集体练习是在教师（或技术骨干）领做或用口令指挥法集体统一进行练习。领做的实质是一种示范形式，要注意选择合理的示范面和示范位置。同时口令指挥的声音要洪亮、干脆而利索，节奏感强，必要时可以穿插简单扼要的讲解或提示。对于错误动作一定要及时纠正。集体练习的优点在于：方便教师整体观察和了解全貌，抓重点、抓规律、抓共性，有利于建立正确的动力定型。同时也有利于教师灵活掌控练习的次数、频率及总的运动负荷；另外，对培养学生的集体主义精神也有积极的作用。

三、练习手段

（一）空击练习

空击练习就是不借助任何辅助条件而徒手进行的练习，是为了熟练掌握技术动作的重要训练手段之一。它能有效地使技术动作形成动力定型，加强条件反射意识，提高动作的速度。且可进行单人、双人、分组或集体练习。

在进行空击练习时一定要根据练习目的要求的不同而有所侧重。练习基本技术时，应强调动作的规范性，认真体会动作的发力技巧、动作的运动轨迹与角度、击打力点等技术要领及动作的细枝末节。而进行组合技术或战术练习时则要强调用意识来支配动作，合理编排动作组合，强化攻防的目的性。进行空击练习时要注意循序渐进，遵循：单个技术动作→组合技术动作→随机组合技战术动作、原地的空击→结合步法的行进间空击→自由移动空击，这样一个由易到难、由简而繁的训练规律与过程。

另外，进行空击练习时，为避免运动损伤，要注意做好各关节的热身活动，注意控制击打力量。练习中，教师应在一旁仔细观察，一旦学生出现错误动作及时进行纠正。也可以进行镜面练习，以便学生自己随时监控、检查技术动作的规范性。

（二）反应练习

反应练习就是学生根据教师或同学所给的信号做出动作反应的练习方法。常以单个技术为主，可以击中目标，也可以保持一定的距离进行相向空击练习。一般常用的信号有口令、手势、脚靶和护具靶等。由于信号具有突然性和不规律性，可有效地提高学生单个技术动作的速度、反应速度，提高对各种信号的判断能力和击打的准确性。同时还可以有效地培养学生对距离和空间的把握能力。

进行反应练习时，要求教师或同学一定要根据学生的实际能力水平，灵活掌握所给信号的速度和变化频率，既要保证所给信号的突然性和真实性，又要保证不使学生有所察觉。因此信号要清晰明显，给靶要准确，以免模糊不清而造成判断失误。信号（靶形与靶位）→反应（击打动作）的模式可以预先拟定好，要求学生严格执行，所有的练习要反应及时，动作准确，绝不放过任何击打的时机。快速是反应练习的首要要求，所以应尽量在体力充沛的情况下进行反应练习（训练课的靠前部分）；为保证动作的质量，动作信号不宜太过复杂。

（三）攻防练习

攻防练习是两人一组，依据攻防运动的规律和训练课的具体任务，有针对性地进行练习的手段。初练时可以进行指定单个技术动作的一攻一防的练习；然后再逐步过渡到指定组合技术动作的攻防练习；随机性的攻防练习，是两人攻防练习的最后一站，无论是单个还是组合技术动作的攻与防练习，都是一方无规律、无预兆地发出动作而另一方视情做出相应防守动作的练习，目的在于提高双方攻防动作的突然性和应变能力，最终做到随意组合，灵活运用。

攻防练习能有效地提高练习者进攻技术动作和防守技术动作的规范性，较快地建立和培养学生正确的本体感觉和攻防意识。由于攻防练习是有条件限制（一攻一防而不可反击）的练习的手段，因此在教学的初级阶段有利于消除学生的害怕心理而较多采用。应该强调的是，尽管是攻防练习，也应要求学生在防守之后必须要有反击意识，并在练习过程中有意识地思考反击的形式与动作，这样才有利于防守→反击条件反射的建立。

（四）踢靶练习

1. 脚靶练习

在不同的训练阶段，脚靶练习有不同的要求和目的。在教学训练的初、中期，踢脚靶练习主要是为提高学生动作的反应速度、动作速度和熟练程度以及规范动作质量的一种练习手段。当学生技术动作形成稳固的动力定型后，踢脚靶练习就是为了达到某种技战术意图而由教师或同学借助脚靶来帮助学生提高技战术质量与运用能力的练习手段。

2. 护具靶练习

护具靶与脚靶练习的不同之处在于护具靶更能接近实战时的攻防距离，更能培养、提高学生的脚感和脚与靶的吻合度。因此，学生在经过一段时间的脚靶练习后，应尽快过渡到护具靶练习或脚靶、护具靶交替练习，进一步提高学生对距离、空间、时机的感觉，加快过渡到实战训练的步伐，满足实战训练的要求。

脚靶、护具靶练习，其练习形式有固定的、移动的、事先约定好的、随机而发的；其内容有进攻的、反击的、防反的、反反击的；还有专门为调动对手而出示的假动作靶以及专为击打落空而改变动作的反应靶等。无论是脚靶还是护具靶练习，练习中给靶的距离、方向、角度、位置以及节奏的设置与变化，都必须保证与比赛实战相近似，以提高学生动态击打能力和临场应变能力。它要求给靶快速、逼真、及时、到位，学生踢靶练习要快捷准确、转换迅速、衔接流畅；强化战术意识和运用能力，提高对击打时机与距离的掌控能力，发展跆拳道的专项比赛实战素质。

（五）变换练习

变换练习法是指一种对运动负荷、练习内容、练习形式及其条件实施变换，以提高学生积极性、趣味性、适应性及应变能力的训练方法。变换训练法是根据跆拳道实际比赛过程的复杂性、对抗程度的激烈性、运动技术的变异性、运动能力的多样性、中枢神经系统的灵活性等一般特性而提出的。通过变换训练，可使机体产生与跆拳道专项匹配的适应性变化，可使学生不同运动素质、运动技术和运动战术得到系统地训练和协调的发展，从而提高承受跆拳道比赛时不同运动负荷的能力和实际运动的应变能力。在这里我们主要介绍以下两种练习手段：

1. 加难练习

加难练习主要是为了在高于比赛实战的条件下，提高技战术动作的质量、运用能力、攻防动作的成功率和培养学生良好的心理品质而进行练习的方法。其核心是在原来正常要求的基础上，提高动作完成质量的要求，增加练习的密度、强度和心理负荷。练习时可以安排能力较强的对手进行配对练习或实战，也可以用车轮战的形式，安排不同技战术风格特点的学生来进行条件实战或比赛实战的练习，以增加实战的局数、延长实战的时间，提高实战能力和耐久力。

加难练习能有效地提高学生的技战术水平，加大对神经系统的刺激强度，从而建立稳固的运动条件反射，提高学生的比赛实战能力，培养学生顽强的意志品质和敢打敢拼的训练作风。但应特别强调的是，加难练习时必须对学生的实际能力和水平进行全面地考量，科学合理地安排，循序渐进，切不可盲目从事。否则只会适得其反，甚至会发生不应有的教学事故或伤害。

2. 变易练习

变易练习与加难练习相反，变易练习是在原来正常要求的基础上降低了对动作完成的质量、练习密度与强度、心理负荷等方面难度的练习方法。

变易练习可以增加学生的学习训练的兴趣和信心，对那些已经初步掌握动作，但自信心不强，总是担心做不好的学生，在初级阶段为尽快建立条件反射和巩固动力定型而采用变易练习是很有必要的。例如：某学生刚刚学会后踢技术动作，但在实战中不能有效地堵击对手时，可安排前横踢差一些的对手进行配对练习等。

3. 想象练习

想象练习是学生在每次练习前，回忆教师讲解和示范的动作情景，使动作的主要环节在脑海中形成表象，从而使学生练习的动作更趋于规范的学习与练习的方法。它对于提高学生的自我学习、自我训练、自我竞赛等综合能力十分重要。

在跆拳道训练中，想象练习就是要求学生在练习时有意识地去想象对手的技战术风格和打法特点；想象某一比赛的场景；对某一技战术进行思维、表象等。无论是进行空击、踢靶、踢沙包练习还是步法练习都应时刻告诉自己，我的对手就在面前。

在想象练习时可通过对完成动作的思维、想象和体验活动来作用于心理、生理系统，加快神经系统的条件反射过程，促使完成动作的过程和概念迅速得到熟练与加强，这样无数的反复就可以达到自动化程度。

进行想象练习，一定要求学生对技术、战术的概念要清楚，动作到位，意识准确，时机和节奏的变化也要符合实战的特征。要引导学生在安静、放松的状态下进行练习，尽量排除外界环境和意识的干扰，以达到最佳的练习效果。同时，想象练习没有危险，能够消除学生的恐惧心理，减少运动损伤的发生。想象练习不受时间的限制，业余闲暇时间也可以进行想象练习，想象练习重复越多，其作用越大。

（六）模拟练习

模拟练习就是从实战的角度出发，模仿实战中的某些技战术运用特征和打法特点或某一实战场景的氛围，有针对性地进行练习的方法。模拟练习对培养学生战术意识、提高学生心理承受能力以及临场应变能力等诸多方面有着很好的效果。

练习中对模拟对象的把握必须要形象、逼真，动作要准确、到位。练习时严格要求学生必须根据具体的情况迅速做出相应的反应，这种反应的选择要合理、正确，只有合理而正确的技战术动作才能取得预期的进攻、防守与反击的实际效果。因此，在练习中，对时机的把握、距离的控制、空间判断的能力以及动作的速度与击打力量等一切与比赛实战相关的诸多方面，都要从难、从严、从实战出发来保证练习的质量，从而满足比赛实战的要求。

（七）踢击沙包练习

踢击沙包练习就是利用沙包作为击打目标的一种练习方法。是跆拳道教学中经常采用的练习方法和手段。踢击沙包练习可以提高击打力量、连续进攻的频率和专项耐力素质。同时对近距离实战时运用组合技术动作攻击能力的培养与提高，具有显著的效果。

踢击沙包练习的目的与任务的不同，其方法亦不相同。无论出于何种目的，都应结合实战的实际需求进行合理地统筹安排。其练习内容可以是针对某一特定任务而专门进行的练习；可以是带有一定条件限制而进行的练习；也可以是综合性的。根据需要，沙包可以是固定的也可以是活动的。踢击沙包的练习中要调整好击打距离，使练习的动作频率、节奏和强度凸显出比赛实战的特点。

（八）条件实战

条件实战是指在有一定条件限制的情况下进行的有针对性的实战对抗练习。其表现形式有：一攻一防、进攻→防守反击、进攻→迎击、进攻→抢攻、进攻→反击→再进攻→反反击等练习。

条件实战主要是为了提高学生某一特定的技战术的运用能力而采用的一种练习方法，具有很强的针对性，是实战初期经常采用的练习方法。条件实战因可以使学生在较低或没有心理压力的状态下进行实战练习，使学生更能集中精力来专心提高单个或组合技战术，尽快形成特定的链条式攻防条件反射。

条件实战的配对要根据训练的任务和要求，合理地进行配对组合，对配对双方的技战术能力与水平要做到心中有数，并制定严格的要求和规定，练习时应严格按照规定和要求进行，要告诉学生在练习中要相互理解，相互帮助，相互切磋，共同提高技战术水平。

（九）实战

实战是两人按照跆拳道的竞赛规则进行实战对抗的练习，是有效提高技战术水平和检验技战术运用能力的重要方法，同时也是总结、积累比赛实战经验和反馈训练方法与手段实效性的有效的措施。

实战练习应以竞赛规则为准绳，也可以根据具体的情况增加新的要求。如由教师或学生担任裁判员，依照竞赛规则和裁判法按程序进行真实的裁决，使实战的激烈程度更接近真实的比赛，更能保障技战术运用的有效性。它要求学生对待实战就象对待比赛一样，要全力以赴，在力争打好每一场实战的同时，要排除对胜负结果计较心态的干扰，敢于大胆使用高、新、难的技术动作和尝试运用新的战术，在成功与失败的反复过程中不断地总结经验教训。如果遇到的对手比自己强，可有意识地提高自己的优势技术；如果对手弱，可锻炼自己的弱势技术，使自己的弱势技术得到加强与改善。

需要特别提出的是，由于实战是身体的直接对抗，对每个人都会产生一定的心理压力，也难免不发生受伤事故，尤其对低年级和技战术能力稍差学生的心理压力更大，因此，实战练习的安排一定要适时、适度，绝不能过早、过频；配对组合必须合理，避免因技战术实力悬殊过大而造成学生的心理障碍和伤害事故的发生。

第六节 跆拳道教学文件

一、教学大纲

（一）依据

根据全国高校跆拳道理论课程教材的基本精神和跆拳道项目特点，结合学校自身的师资状况、教学设施及学生特点，按计划进行教学。

（二）目的与任务

教学大纲作为跆拳道教学的理论指导文件，应明确提出它在教育方面的目标和本课程的教学任务、对象和要求，扼要阐明编制大纲内容的主要原则，指出组织教法上的基本要求、跆拳道教学的意义及所要达成的目标，并系统地列出全部教学内容的纲目或课题及提要、时数的分配、考核内容与方法以及完成教学任务的主要措施等。目的是明确本课程在教学过程中所依托的理论、实际操作方法、教师的职责和任务以及学生学习的要求。

（三）编制大纲的要求

1. 理论来源于实际，教学大纲所提出的计划和培养目标都应以教学对象的实际水平和要求为立足点。

2. 根据跆拳道运动的特点，抓住跆拳道运动的基本理论知识、主要的技战术内容，要主次分明，注意科学性、系统性和实用性，也要注意教材以及跆拳道竞赛规则等内容更新。

3. 合理分配教学进度，注意理论与实践课程的适当比例，使教师产生寓教于乐的思想，在完成客观教学目的的同时，更注重对学生兴趣的培养。

4. 小点切入，细微卓著。明确教师教授理论和技术的过程中，向学生阐释课程教学的真正意义，使跆拳道课程真正产生长远性效果。

5. 考核应把重要的、基本的内容作为重点，考核方法应能客观全面地反映学生掌握理论知识、技术和技能的真实水平，评分办法应科学合理。

二、教学进度

（一）依据

根据教学大纲规定的教学内容与任务和跆拳道运动技能形成的规律，全面安排教学大纲所规定的教材内容课次。

（二）目的与任务

根据教学大纲的任务及内容，在教学进度的安排上将重点教材内容安排在合适的位置，并适当增加其出现的次数以体现整个教学过程的系统性和科学性。在跆拳道技、战术的实践教学中，要特别注意基本技术动作的规范化和战术基本方法的掌握。与此同时，向学生传授跆拳道基本理论知识，使学生正确理解技、战术的概念、动作方法、规范要求及运用时机等。结合跆拳道运动特点，加强组织性、纪律性的教育，培养学生勇敢顽强、积极进取的意志品质和优良的体育道德作风，最终目的是使学生成为德、智、体全面发展和社会主义建设所需的专门人才。

（三）安排教学进度的要求

1. 跆拳道教学进度的安排，要由易到难，循序渐进，纵横交错，合理搭配，把基本技术与技能结合起来，并融为一体，才能学以致用。

2. 理论与实际要密切结合。理论课与实践课要科学安排，密切结合，本着理论指导实践的精神，根据不同阶段的任务、要求，要有针对性地安排理论课的教学，使理论联系实际，既要有利于指导实践，又要有助于在实践中获得感性认识并及时上升到理性认识，达到相互促进的作用。

3. 注意分量。在安排教学进度时，必须从课的特点出发，要控制每次课的教材分量，不可过多，也不可太少；每次课要合理搭配不同性质的教材，既要有新学的内容，也要有复习的内容。

4. 内外结合，提高能力。跆拳道教学进度的安排中，还要课内外、校内外结合。如组织竞赛与裁判能力、教学能力的培养与提高，不仅要在课内、校内进行，还需要通过课外、校外的实践，才能得到更多的锻炼，以利于学生各方面实际能力的提高。

三、教案

教案是教师为顺利而有效地开展教学活动，根据教学大纲的要求，以课时或课题为单位，对教学内容，教学步骤，教学方法等进行具体的安排和设计的一种实用性教学文书。

（一）依据

编写教案要依据教学大纲和教科书。从学生实际情况出发，精心设计：

1. 科学性：教案中基本技术、基础理论、书面语表达要科学、严密、准确、精练。

2. 目标性：每节课的教案中，教学目标必须具体、明确。因为它决定了课堂教学的方向。

3. 程序性：教案的设计，必须依据学生的认识水平、现有技术水平、认识过程和认知规律，有序地编排教学内容和采用恰当的教学方法，又可供教与学的操作。

4．整体优化性：教案的设计中，必须认真把握在严格规定的时间内，将教学过程中的各个因素科学组合、优化设计，以达到最佳的教学效果。

（二）目的与任务

编写教案有利于教师弄通教材内容，准确把握教材的重点与难点，进而选择科学、恰当的教学方法，有利于教师科学，合理地支配课堂时间，更好地组织教学活动，提高教学质量，达到预期的教学效果。

（三）编写教案的要求

1．科学性

所谓符合科学性，就是教师要认真贯彻课标精神，按跆拳道教材内在规律，结合学生实际来确定教学目标、重点、难点。设计教学过程，避免出现知识性错误。那种远离课标，脱离教材完整性、系统性，随心所欲另搞一套的写教案的做法是绝对不允许的。一个好教案首先要依标合本，具有科学性。

2．创新性

跆拳道教材是死的，不能随意更改。但教法是活的，课怎么上全凭教师的智慧和才干。尽管备课时要去阅览大量的参考材料，充分利用教学资源，听取名师的指点，吸取同行经验，但课总还要自己亲自去上，这就决定了教案需要自己来写。教师备课也应该经历一个相似的过程。从课本内容变成胸中有案，再落到纸上，形成书面教案，继而到课堂实际讲授，关键在于教师要能“学百家，树一宗”。在自己钻研教材的基础上，广泛地涉猎多种教学参考资料，向有经验的老师请教。而不要照搬照抄，要汲取精华，去除糟粕，对别人的经验要经过一番思考、消化、吸收、独立思考，然后结合个人教学体会，巧妙构思，精心安排，从而写出自己的教案。

3．差异性

由于每位教师的知识、经验、特长、个性是千差万别的。而教学工作又是一项创造性的工作。因此写教案也就不能千篇一律，要发挥每一个老师的聪明才智和创造力，所以老师的教案要结合本地区的特点，因材施教。

4．艺术性

所谓教案的艺术性就是构思巧妙，让学生在训练场上不仅能学到知识，而且得到艺术的欣赏和快乐的体验。教案要成为一篇独具特色的课本剧。所以，开头、经过、结尾，要层层递进，扣人心弦，达到立体教学效果。教师的说、谈、问、讲等课堂语言要字斟句酌，该说的一个字不少说，不该说的一个字也不能说，要做到恰当的安排。

5．可操作性

教师在写跆拳道教案时，一定从实际出发，要充分考虑教案的可行性和可操作性。该简就简，该繁就繁，要简繁得当。

6. 考虑变化性

教师跆拳道教学面对的是一个个活生生的、有思维能力的学生，又由于每个人的思维能力不同，对问题的理解程度不同，自身的技战术水平也不同，常常会提出不同的问题和看法，教师又不可能事先都估计到。在这种情况下，跆拳道教学进程常常有可能离开教案所预想的情况，因此教师不能死扣教案，把学生的思维的积极性压下去。要根据学生的实际改变原先的跆拳道教学计划和方法，满腔热忱地启发学生的思维，针对疑点积极引导。为达到此目的，教师在备课时，应充分估计学生在学习时可能提出的问题，确定好重点、难点、疑点和关键。学生能在什么地方出现问题，大都会出现什么问题，怎样引导，要考虑几种教学方案。出现打乱教案现象，也不要紧张。要因势利导，耐心细致地培养学生的进取精神。因为事实上，一个单元或一节课的教学目标是在教学的一定过程中逐步完成的，一旦出现偏离教学目标或教学计划的现象也不要紧张，这可以在整个教学进度中去调整。

第七节　跆拳道教学课的任务与结构

一、教学课的任务

跆拳道教学课的任务是由教学进度所决定的。但任务的提出一定要符合跆拳道技能形成的特点和体育教学的普遍规律，根据学生的基本情况，制定切实可行的任务。任务过高，学生可能就会失去信心甚至形成空话，任务过低，则不能激发学生学习的积极性，不能达到应有的教学效果。

二、教学课的结构

跆拳道教学课的结构与其他体育课的结构基本相同，包括教学内容、组织教法、时间与练习量的安排等。根据人体技能活动变化的规律，一堂跆拳道教学课一般分为准备部分、基本部分和结束部分三部分，各部分有各自的主要任务、内容、组织教法与形式。

（一）准备部分

准备部分的开始一般是课堂常规，包括整队、点名、检查学生出勤率，宣布本次课的教学任务和要求等。

准备活动的内容包括：一般准备活动和专门准备活动。一般准备活动大多是进行一些慢跑、徒手操（跆拳道操）以及游戏性练习，目的是使全身肌肉、关节、韧带得到充分的活动，为专门准备活动打下一定的基础。专门准备活动多以与基本部分相关的辅助练习或安排一些跆拳道练习中起基础作用的动作，如踢腿步法等进行练习，目的是使身体各器官机能以及各肌群、关节、韧带做好充分的准备。

组织方法，可以采用集体练习、分排、分组或个人分散进行。同时队形可根据情况而变化。内容由静到动，由小到大，由简单到复杂，由局部到全身，使身体逐步适应。准备活动的时间一般占全课时间的25%左右。

（二）基本部分

整个教学课的重点是基本部分，同时也是能否完成教学任务的关键。时间的安排一般占全课的65%左右。

在基本部分的教学过程中，内容的安排顺序应放在首位。应把重点的教学和复习内容安排在身体充分活动开以后，身体各机能处于最佳状态时进行。因此时学生的体力充沛，精力相对比较集中，能够确保达到最佳的教学效果。为了保证教学课有一定的运动量和运动负荷，在练习形式与练习次数上也应有所要求，集体练习时要增加练习的次数；而分排和配对练习，既能保证一定的练习量和负荷又便于学生相互观摩学习。在组织教法上，要以能充分发挥教师的主导地位为主，教师要注重调动学生的积极性，注重对学生组织、分析问题和解决问题能力的培养，做到教学相长、取长补短。

（三）结束部分

结束部分是有组织地结束教学活动，包括：整理场地器材、进行合理的放松、对本次课进行讲评和布置课外作业等。内容应根据课的性质选择一些降低运动负荷的练习，如徒手放松、两人互相按摩牵拉、比较缓和的游戏或听听比较舒缓的音乐等。

第四章　跆拳道训练

第一节　概　述

跆拳道技术是根据跆拳道运动实践经验和科学原理而形成的、能够充分发挥运动员身体能力，合理有效地完成动作的方法。合理性表现为遵循人体运动规律，符合生物力学的原理与方法；有效性表现为能充分发挥人体潜能，并转化为运动成绩。合理有效的动作方法，是以理想动作模式为衡量标准，经过设计而创造出来的。它反映出一般规律，具有共性。同时，技术由于跆拳道运动的特点和运动员个人特点的不同而呈现出多样性，所谓“一人一法”，正是个性的具体表现。技术始终处于一个不断发展、完善的动态过程中，变化是永恒的，没有一成不变的模式，因而合理有效具有相对性。

跆拳道训练过程就是一个不断规范技术的过程。我们所讲的技术规范，是一种理想的技术模式，是在竞赛规则和比赛任务的制约下，经过长期运动实践及相关科学原理为依据而形成的合理技术。作为一个技能类格斗对抗项目，其技术动作表现出的灵活性、可变性及实效性，都集中在它本身所具有的特性——没有可供遵循的固定模式上。比赛中为了达到击中对手得分的目的，所选择的攻防动作必须依据临场情势，诸如：距离、速度、方向、角度、站位等一切与比赛相关的因素来及时、合理地调整技战术动作，不断变换技战术的动作方法，才能达到取胜的目的。

全面、精细、准确、快速、多变、实用、有效，是跆拳道技术训练的目的与任务。不同的运动员有着不同的技术风格、特点和身体条件，因此在训练中要有针对性来保证训练的方法、手段更加符合运动员的实际情况，取得更好的效果。

比赛中运动员运用技术动作有效击中对手得分而取胜的能力称之为技能。技术动作是否有效，能否成功，除全面掌握基本技术（数量与质量）外，还决定于比赛双方的动作状态与变化是否与自己的行动对策（战术行动）相对应。掌握技术与运用技术，这两者的关系如同掌握了先进武器并不能保证一定会赢得战争胜利一样。现代竞技跆拳道的技术简单实用，同其他项目一样，其基本技术是所有技术的精髓和灵魂，任何技术的变化和运用都是在基本技术基础上发展、衍生出来的。但是，基本技术只是跆拳道技术规范化和理想化的单个技术，在比赛实战中基本技术需要根据时机、距离、战术和运动员自身条件加以变形才能有效地使用。制约胜负的因素是多方面、多层次的，而对技术动作的操作与控制，往往是决定技术动作实效性的关键。跆拳道技术训练的主要任务是提高运动员在比赛条件下、无序动作状态中，对动作的调控能力，以及在临场中对比赛情势变化的反应能力。影响跆拳道技术动作发挥实效性的因素也就是决定跆拳道技术运用的因素。除在前面讲到的诸如动作要素、技术要素外，下面几点则是应该特别予以重视的。

由于比赛规则、对手及比赛条件、环境的诸多制约，在众多的跆拳道技术中，能够用于比赛的十分有限（有统计资料显示：比赛中横踢的使用占全部腿法使用量的70%以上)。应该认识到，跆拳道比赛不同于其他交手对抗性项目，严格意义上讲，跆拳道比赛的节奏是非均衡性的，真正交手时，节奏快而变化多，你来我往，拳脚飞扬。可大多数情况下，是双方运动员的相对对峙，这是跆拳道技术特点所决定的。但凡以腿法去攻击对手，所需时间和动作运行路线较长，留给对手的反应时间也充裕，较易进行防守与反击，所以都寄希望于对手进攻，我来反击，这势必造成进攻与反击的机率大大减少（高水平比赛更易出现)。因此，抓住稍纵即逝的时机，对比赛双方来说至关重要。依照技战术水平的高低，我们将运动员对时机的认识分为高、中、低三个层次：高水平的运动员善于利用一切机会来创造时机，如设计陷阱让对手上当、使用假动作调动对手、利用对手的疏忽等创造时机并能抓住时机迅速予以攻击；中等水平的运动员善于寻找时机，这类运动员善于观察与判断，总是在琢磨对手的攻防薄弱环节，对手一旦出现破绽，定会马上抓住机会，迅速攻击，决不放过。而水平较低的运动员则只能等待时机，寄希望于对手的失误与疏忽。我们应该告诫运动员牢牢记住，跆拳道比赛中有效的攻击时机并不多，一旦时机到来，一定要抓住，否则，你将为在等待中失去夺取比赛胜利的机会而遗憾。

时机总是在双方不断地运动中反复出现的，当时机到来时，如何选择动作来达到攻击效果的最大值呢？我们知道，任何动作都不是万能的，能够进攻的动作都会招致对手不同程度的反击。比赛中无外乎是几种腿法、拳法之间形成一个互为循环、相互作用而又相互制约的技术整体，从这个技术整体中相生相克而产生不同的风格与特点，赋予跆拳道技术打法的无限技巧。因此，在选择动作上应加深对跆拳道比赛本质规律和特点的认识，从整体上全面解析技术动作间的内在联系与对应关系；要根据临场情势的具体状态，随机应变，选择最简单、最直接、最有效和成功率高的动作来进行进攻与反击；“人无定势，水无常形”，跆拳道比赛中技术动作没有固定不变的模式，也很难按照赛前预定的技战术程式来进行，一切只能视情而定，在对手变化的瞬间，抓住时机快速果断地予以击打。

比赛中，双方运动员总是在相峙或不断移动中寻找最佳的进攻与反击的时机，一旦抓住时机，就会从各种技术动作中选择出最适宜的动作和击打方式，以最快的速度予以攻击或反击，那么，随之而来的就是击打什么部位（有效得分部位）最有效、最有价值。也就是说应选择对手暴露面大、不易防守或来不及防守的部位；能够击打分值高的部位如头部，就不去选择分值低的部位如躯干等。在选择击打部位时，要充分考虑击打后自己身体所呈现的态势和与对手的站位，是否有利于对手反击？容易造成对手反击的动作选择，无疑是得不偿失而不可取、不可为的。动作选择没有唯一性，只有最佳，这是因为当时机出现时，你的选择呈现出多样性，可供选择的动作有许多，可是最佳的选择只有一个，那就是最直接、最容易、最有价值（得分分值最高）的攻击动作。

在跆拳道技术训练过程中，不同的阶段有不同的规律、特点、层次、目的与任务。我们将整个技术训练过程大致分为三个阶段：

第一阶段是基本技术的训练阶段。在这个阶段中，因为没有外部因素的干扰，一切训练均是以自我为中心的重复性训练过程，技术训练的主要任务是规范技术动作；尽可能多地掌握技术动作的种类与数量；提高技术动作质量和熟练程度；形成稳固的运动动力定型。当基本技术趋于成型、稳定之后，完成动作过程中出现的问题，一定要在快速中去纠正、改正。只有在快速中解决问题，才能在实战中有所体现，才具有实战意义和实效性。这一阶段训练具有个人强化技术动作训练的特点。

第二阶段是技术运用的训练阶段。在这个阶段中，技术训练的主要任务是将技术动作上升到运用层次，在技术动作的运用方法与手段上，较少考虑对手的因素，多以组合形式出现，其目的是形成自己独特的技术风格、特点与打法，能够熟练地掌握和运用组合进攻技术、反击技术、反反击技术等。这一阶段训练具有自我设计攻防技术组合动作和形成技战术意识的特点。

第三阶段是视情应变的训练阶段。在这个阶段中，技术训练的主要任务是将自己的技术动作纳入到对手动作状态的变化之中，强调技术动作的灵活性、可变性、适应性和实效性。可以认为，此阶段的一切训练都是围绕对手而展开的、以战胜对手为目的的。基于此，熟悉、了解对手的实际情况是这一阶段训练需要解决的首要问题，只有充分了解对手的真实现状，训练才有针对性，才能“制人而不制于人”。这一阶段训练具有以对手为中心的差异性训练特点。

第二节 跆拳道技术训练的方法

跆拳道技术训练，包含着基本动作的基本技术和动作的运用能力两个方面的内容。无论是提高基本动作的质量，还是提高其运用能力，作为一个有着天然联系、不可分割的整体，从训练方法上来讲是不能截然分开的。从动作要素到技术要素，都一定是围绕着实战而进行的，只是在实战这个整体构架下的各个环节，其训练方法有着不同的实施过程而已。动作要素训练侧重于基本动作的规范、质量与熟练程度，技术要素训练侧重于实战中的运用与变化。侧重点不一样，训练内容就会随之改变。动作要素训练的内容侧重于掌握基本动作的合理性，技术要素训练的内容侧重于基本动作在比赛实战动态条件下运用的有效性。

跆拳道技术技能训练所采用的方法应本着从易到难，从分解到完整，从简单到复杂，从个人操控、模拟操控、条件实战到比赛实战对抗这样一个循序渐进的原则进行。

一、自我练习

在充分了解和熟练掌握动作要领后，多采取原地反复练习来不断强化、巩固正确的动作，面对镜子或同伴帮助，边练习边检查，善于运用身体感觉来重点体会动作的运行路线、方向、角度、用力技巧与击打的准确性以及动作的空间感，对动作的力量、速度暂不作强调。在练习中要及时发现并纠正错误，特别要防止动作击打前出现预兆，尽量提高动作的隐蔽性；逐步加大练习的强度和密度。通过这种反复练习，不断强化运动员的动作意识，使之形成正确的动力定型。

二、结合步法练习

在经过不断强化原地练习并掌握了动作规范之后，应结合相应步法进行单个动作的练习。其目的是使运动员能够保持在动态中的平衡和提高行进间完成各种攻防动作的能力。训练的重点就是要解决身体各部位的协调配合、完整一致、步到腿到。可采用先移动再进攻；或进攻、移动再进攻等方式进行，保证快速、隐蔽、准确地完成各种攻防动作。

三、空击练习

空击练习是假设想象对手运用某种攻防方法或身体所处状态，从比赛实战需要出发，根据自身实际情况，选编一组或几组进攻与防守反击的打法，进行徒手空击的练习。空击练习不仅能有效地提高和巩固掌握技术动作的熟练程度，还能使神经传导通路即：感觉器官→传入神经→运动中枢→传出神经→肢体运动这一复杂的信息传递过程得到改善和加强，提高反应能力和动作速度。空击练习可根据掌握技术的程度和不同的训练要求而分阶段、分步骤来实施。单个技术动作空击：通过对某一种攻防技术动作（腿法或防守动作）结合步法的反复练习，来提高动作质量和熟练掌握技术动作的水平；组合技术空击：将进攻和防守的动作运用方法串连成组合形式进行反复练习，来提高组合技术运用的协调能力及动作间的衔接转换速度。随机组合空击（自由空击）：借助想象来假设对手将要采取的各种行动，运用随机组合的技术动作，进行想象中的攻防练习，来提高技术动作的运用能力和临场应变能力。

空击其本质是属于自我设计假想目标的训练。一是可以自由地选择攻、防、反三种形式，自主地设定这三种形式的配置、组织、转换的实施；二是有利于形成几套符合个人技战术特点的组合技战术动作，最大限度地发挥个人特长，逐步建立完善个人的技战术储备；三是在无干扰的情况下，确保空击练习中的身体整体性、上下协调性及身体重心与运动方向、趋势的一致性，表现出动作的自然、协调、轻松，让人赏心悦目。

进行空击练习应注意“4、3、2、1”：

“4”代表前后左右移动的四个方向。比赛是一个不断移动的过程，空击中要强化移动的主动性，善于利用空间位置来找寻攻击时机和防守空间（左躲右闪，控制距离）。

“3”代表攻防反三种形式的即时转换，无论是进攻还是反击或者是防守，主动性是前提，必须做到有预案、有准备、攻防反运用自如，恰是信手拈来。

“2”代表两个目的，一是整合已掌握的技战术动作组合，在此基础上强化技战术动作质量，完善自身的技战术体系并有所创新。二是通过空击练习储备技战术动作的数量，针对对手的实际情况和水平能力，在不断的筛选、检验、淘汰、细化中，逐步形成符合个人技战术特点的组合技战术动作，直至绝招。

“1”代表一个能力，即临场应变能力。运动员技战术储备越多并善于视情运用，其临场应变能力越强。因此只有经过不断训练、筛选与强化的技战术动作组合，随着训练的不断深入与持久和运动员适应比赛能力的逐渐加强及比赛经验的不断积累，应变能力将日趋完善。

四、相向空击练习

相向空击练习是指两人间隔一定的距离（以不接触为标准），面对面进行攻防练习的方法。它要求双方运动员要视对手的反应而做出与之相对应的合理反应。其特点在于双方并无身体接触，因而给双方运动员的技战术动作无限自由发挥的空间，能够放开大胆地去做自己想要做的动作，特别是一些难度较大或创新的技战术动作，使之能够在这种反复的练习中，接受不断的检验而逐步提高，日臻完善。其目的是培养运动员的观察力、判断力，提高运动员辨别和掌控时机的能力和快速果断的反应及反击能力。它采用的形式可以是一攻一防的练习，可以是互为攻防的练习，也可以根据训练需要而指定或自由进行单个或组合技术动作的进攻、防守、反击的练习。也可以采用一人进攻，众人反击。在众多的反击形式中，通过甄别、比较，筛选出若干个适应不同类型技战术特点的反击动作来。采用这种方法来启发学生拓宽思路，开阔视野，在比较中学会甄别，从而找出符合自己技战术风格特点的攻防反方法。无论哪种形式的练习，由于双方身体不接触，因此完成动作的速度、力量要按比赛实战的标准去要求。

相向空击训练目的在于：一是提高判断能力，也就是要识别对手动作的真假、何种攻击动作？攻击的形式？攻击的方向、角度、路线等。二是提高反应能力，作出判断后能够快速反应，即时应对，避免失分。三是提高合理选择能力，能够根据对手的动作快速反击，其反击形式与动作具有多样性、适宜性、准确性和实效性。四是检验效果。每次练习结束后都要进行评估，检讨反击的实效性(是否得分)、存在的问题、是否最佳方式等。

五、踢靶练习

踢靶练习是跆拳道技术训练中的重要方法与手段，是为提高运动员某种技术动作（单个或组合）的运用能力，由教师或队友依照规定的方法给运动员递靶进行反复强化训练的练习方法。它要求运动员必须按照出靶的具体情况做出与之相对应的攻防动作，借助于此来提高对各种情势的反应速度并建立稳固的条件反射，直至动作技术完全自动化。按靶的类型可分为踢击脚靶和护具靶；按练习形式可分为踢击固定靶和活动靶；按练习要求可分为技术靶、战术靶和素质靶。不同的类型、不同的练习形式、不同的练习要求都具有不同的目的。

脚靶练习与护具靶练习都具有提高技术动作质量并使之达到自动化的作用，其差别在于两者的距离感，当运动员在踢击这两种靶时，由于人对距离的判断，总是以较大物体作参照物，所以长时间的脚靶或护具靶练习，易造成运动员对距离判断的误差，因此，这两种靶要交替使用，尽可能地减少误差的产生。进行固定靶练习主要是提高技术动作的击打力度和耐久性；进行活动靶练习主要是提高运动员的反应速度、距离感和击打的准确度。技术靶是通过踢靶来体验和规范单个动作或组合技术的练习方法，它可以是原地练习来提高动作质量或击打速度或击打力量；也可以是行进间的移动练习来提高技术动作在运动中的运用能力等等。战术靶是根据假设情况有针对性地进行练习的方法，它是以培养战术意识、提高战术能力为目的的，如以调动对手为目的的练习、以模拟对手为目的的练习等。素质靶则是以提高动作速度、击打力量和专项耐力等为主要目的的练习方法。如单位时间内完成某一动作的数量或一定数量的动作在规定时间内完成的练习（速度靶）、在一定时间内尽全力完成一定数量的踢击练习（力量靶）、较长时间的单个或组合动作踢靶的重复练习（耐力靶）等等。

踢靶练习无论是脚靶还是护具靶，都应注意在练习中一是不要等待，即踢击后站立不动的等待靶的下次出现。完成一次踢击后要立即进入下一轮攻击的准备，通过步法来调整与目标的距离，使身体处于随时待发状态。二是不要紧张，在训练的初级阶段极易出现的是由于动作熟练程度不够，同时又想尽力展现出踢击的速度与力量，但由于身体的过度紧张而产生极度不协调，影响动作质量和训练效果。要把身体放松，身体呈现出一个轻松自然的状态，但不是随意。三是不要放弃，即当判断失误时千万不要因自责而放弃、分神，特别是在自由靶、战术靶练习中。没有谁可以是绝对的判断正确，失误是难免的、也是客观存在的，当判断失误时，我们必须快速地进行补救、转换，即便是破坏性动作也是可取的。养成随时防止对手乘虚攻击的习惯。

六、条件实战

条件实战是指有一定条件限制的实战练习方法。这是由基本技术、组合技术向比赛实战运用技术过渡的必由之路；同时也是根据阶段训练内容、任务以及为提高运动员的某种能力而设置的一种常见的训练手段。如为提高一方对横踢的防守技术，规定另一方只能以横踢进攻；为提高一方的后撤反击能力，另一方必须向前攻击等；在这个过程中，还可有目的、有意识地根据运动员的身体条件或技战术特长，培养、提高和巩固他们的得意技，形成绝招等。它具有较强的针对性，对提高各类技战术动作的运用能力有着至关重要的、不可替代的地位和作用，是进行实战训练的基础。

条件实战训练首重条件的设计，不同的条件有着不同的训练目的，其任务、形式、方法、手段不尽相同，会产生不同的训练效果。制定的条件有两类，一类是针对自己的，旨在提高自身形成各类型技战术特点而进行的训练；另一类是模拟对手技战术特点的适应与破解训练。二是条件的真实性，作为模拟训练，无论属于上述哪种类型的，给予的条件是否真实？是否符合训练目的？是否有助于提升训练效果？同时与运动员及对手的身体条件、身体能力、技战术风格是否相符？这都要求我们在设计条件时应该加以筛选检验，尽可能地符合运动员的实际情况和保证训练双方的能力水平在相同的层次上。三是严格按照条件方案实施训练，但又不拘泥于此，应根据训练进度、评估结果随时调整、视情更新。

七、实战练习

实战练习是指严格按照规则的要求，在近似比赛的条件下运动员之间进行的实际对抗训练的方法。实战是检验运动员一切技战术动作的运用能力及其实效性的唯一标准。它既能全面检验以往各种训练方法的训练成果，又能在实战环境下对运动员在智能、技能、体能、心能（心理能力）等各方面存在的问题进行诊断，为比赛和今后的训练提供真实详尽的第一手资料。实战练习从训练方法与手段上来讲，最能满足一切从实战出发的客观条件，使运动员能够直接感受到实战动态变化的真实情况，并能根据这些变化，构建和完善自己的技战术体系，形成牢固的运动动力定型。每次实战训练结束后要认真进行全方位的总结与检讨，教练员要对运动员进行全面的评估，提出不足，为今后的训练指明方向。值得注意的是：过多的实战练习，运动员容易产生运动损伤和厌战的心理障碍，过早地进行实战练习，技术动作易变形，不利于改善动作技术。

不同的训练方法有不同的作用，应根据运动员的实际能力与水平以及训练的目的、任务、内容，将各种训练方法交替进行且有机地结合，科学合理地安排，才能达到预期的训练效果。

第三节 跆拳道技术训练的要求

跆拳道技能训练的根本目的，就是基本技术要求建立合理规范的动作动力定型，不断提高技术动作的数量和质量，不断提高专项动作的速度、力量和耐力。而且在比赛双方运动员的方向、距离、角度和姿势状态不断变化的动态条件下，使用技术动作进攻、防守和反击，从观察、判断到操作思维，从内动打抢攻，小动打迎击到大动打反击，从选择战机、选择动作到选择部位等，完成一系列复杂的动作操作过程要求达到准确有效。

在这个操作过程中，对方的动作姿势状态是诱导信号，而对自己针对对方的诱导信号所采用的相应方法是一个效应结果。对方的动作在不断的变化中。因此，诱导信号具有不可预测性，在对方不可预测的诱导信号出现的瞬间，自己完成这种复杂的动态操作过程，主要依赖于人体生理的的第二信号系统的动作条件反射能力。这种动作条件反射能力比建立基本动作的正确动力定型的复杂程度和训练难度要大得多。为了有的放矢地提高技能水平，使运动员尽快掌握和形成这种动态条件的反射能力，形成自动化达到本能条件反射的水平，训练时必须提出严格的训练要求来规范运动员的行为。

一、细致入手重在纠错

出现错误，是指运动员的行为违背了技能的要求。虽然，跆拳道运动员在平时训练过程中，面对庞大的技术体系，复杂的操作过程，动态对抗的条件反射，出现动作不规范的错误，出现观察、判断、选择战机、选择动作、选择部位等方面的错误是客观存在的。但是，错误是正确的对立面，不消灭错误就不可能建立正确。正因为如此，跆拳道的技能训练，教练员决不能对运动员技术和运用上的错误听之任之，运动员对自己存在的问题也决不能放任自流。

跆拳道技能训练的任务，在某种程度上就是要通过减少或者消灭运动员出现错误来完成的，错误越少运动员进攻或者反击的成功率越高，错误越少运动员正确的条件反射能力建立越快，跆拳道技能训练的过程就是一个减少错误的过程。这个就和学生学文字写文章一样，在消灭错字病句中进步和提高。

从另外一个角度来分析，运动员每出现一次操作动作的错误，不但自己不能得分，而且给对方提供了一次得分的机会。在跆拳道技能训练过程中，尽量减少运动员出现错误可以作为技能训练的一个硬性指标。一旦运动员出现动作规范上的简单错误，教练员应该及时地提醒纠正，如果出现观察、判断、选择战机、选择动作、选择部位等较为复杂而且不容易纠正的错误，要及时地进行技术原理上的分析或提示，使运动员知其然还要知其所以然，才能提高运动员改正错误的主动性和自觉性。

一般来讲，动作规范性的错误容易改正，因为，运动员可以通过本体感受器来进行自我控制和调整。在比赛中需要人体第二信号系统来完成的动作条件反射性的错误，由于受人体第一信号系统动作条件反射能力的干扰，重新建立依靠第二信号系统来完成的动作条件反射能力特别困难。教练员应该保持清醒的头脑，克服习惯成自然、视而不见、麻木不仁的心态，要有纠正错误不厌其烦的态度，要有运动员不建立正确的动力定型和动作条件反射能力决不罢休的意志，而且要在训练方法技巧上加以改善，从细节入手，同时加强运动训练过程的控制与诊断，强化加深运动员第二信号系统动作条件反射的痕迹，直到对某种诱导信号建立正确的效应结果达到自动化的程度之后，某一个错误才有可能消失。

训练中必须值得重视、贯彻落实的是：当基本技术趋于成型、稳定之后，完成动作过程中出现的问题，一定要在快速中去纠正、改正。只有在快速中解决问题，才能在实战中有所体现，才具有实战意义和实效性。

二、练为战用抓漏补空

漏动作，是指战机出现以后没有采取对应措施的行为。根据跆拳道动作与动作之间相生相克的原理，根据运动员在实战中动作姿势状态存在的动作规律，经过比赛实践过程的探索和研究，对运动员所有活动的过程，总结出了“内动打抢攻，小动打迎击，大动打反击”的具体行动方案。通过这些行动方案，可以得出跆拳道运动员任何时候都可以进攻，有进攻就有反击的结论。

运动员要想在比赛中达到结论所表述的情况，关键在于教练员和运动员，对各种动态、各种战机，如何采取相应对策的理论认识深度，同时还必须培养出运动员相应的能力。二者缺一不可，没有理论认识的深度，就不可能有培养运动员这种能力的训练追求，也就不可能建立相应的训练手段；有了理论认识的深度如果没有达到目标的训练手段，也不可能培养出运动员的这种能力。

目前，运动员在比赛过程中，为了等熟悉的或者说有把握的战机出现之后再采取相应的行动，经常对各种战机的出现没有任何反应，长时间对峙或消极等待，一方面浪费了大量得分的战机，另一方面严重阻碍了跆拳道运动员动作条件反射能力的形成。

在跆拳道技能训练过程中，提出“不能漏动作”的要求，就是针对这一状况，迫使运动员在任何情况下多抓战机，多出动作，多争取得分，主动进攻，果断顽强；迫使运动员对每一种动态，每一次战机的出现都要有相应的动作对策，尽快建立动作条件反射的能力，在训练中不准漏动作是多快好省而且有效地提高跆拳道技能水平的关键所在。

三、防守有度控距慎退

后退，是指对方运动员向前移动或发出进攻时，己方向后移动的行为。俗话说："一退三空"，不管对方向前移动或者用什么动作进攻，只要在进攻动作发出的瞬间往后移动，不但容易做到而且容易躲过对方的攻击，单从防守的角度来讲，后退是一种防守方法。但是，退防的最大缺点就是浪费了一次"小动打迎击""大动打反击"的得分机会。由于光后退防守而不争取直接迎击或反击得分，从采用技术的角度来看，与相生相克地选择相应动作进攻或反击的原理是背道而驰的。

后退的实质就是漏动作，技能训练已经提出了尽量不漏动作的要求，为什么还要提出不准后退的要求呢？根据前苏联运动生理学专家巴甫洛夫对人体生理条件反射第一信号系统和第二信号系统的分类，后退躲闪属于人体的第一信号系统天生就具有的动作条件反射能力，只要对方发出进攻动作，运动员本能地就会掌握退防技术。跆拳道技能训练要求不准后退的目的，就是要改变退防不得分的落后技术，强化建立需要人体第二信号系统支配的、能够直接得分的复杂动作条件反射的能力，较好的体现跆拳道技术与运用的先进性。

不能后退，主要是对跆拳道技能训练时的要求，针对运动员能够直接使用"小动打迎击"，"大动打反击"得分时，不采用迎击或反击动作而采用退防动作。当然，合理的后退防守接反击动作，或者在比赛中为了调整比赛的节奏，调整自己的体力，避开对方的锋芒等，具有技术需要或战术目的闪躲后退，不属于不能后退的要求范畴。

第五章　跆拳道运动员的体能训练

体能是运动员在训练、比赛过程中身体形态、机体机能、运动素质的综合体现。是各种竞技能力整体结构中的最基本的竞技能力。它是由运动员的身体形态、身体机能、运动素质三个部分构成，其中运动素质是核心部分。三个构成部分既各自具有相互独立的作用，又彼此制约，相互影响。其中任一因素的发展水平都会影响运动员体能发展的整体水平。运动素质是体能能力的外在表现，身体形态、身体机能的好坏，最终通过运动素质来体现。跆拳道运动员的体能，是特指跆拳道运动员机体的运动能力。它是支撑跆拳道运动员在训练比赛中发挥技战术能力和作用的物质基础。

体能训练是指运用各种有效手段与方法，对运动员身体施加积极影响，从而增进身体健康，改善身体形态，提高机体机能和发展运动素质的练习过程。它与技术训练、战术训练、智能训练、心理训练具有密切的联系。科学的体能训练是提高技术、战术训练水平和运动成绩的基本环节，是运动员承受高强度负荷训练和比赛的基本条件，是获得、提高、稳定良好心理状态的基本途径，是有效预防伤病、延长运动寿命的基本保证。在运动实践中，运动员的体能训练是以发展运动素质作为体能训练的主要内容，并以发展运动素质为途径进而间接达到改善身体形态、提高机体机能的目的。因此，我们通常所说的体能训练的内容主要包括力量、耐力、速度、柔韧和灵敏等。

不同的运动项目，不同的技能表现形式，对身体体能要求存在较大的差异。因此，只有充分而深刻地理解跆拳道专项的体能需求特点，才能克服训练的盲目性，才能有的放矢地、科学合理地安排训练内容，从而保证训练的方法与手段符合跆拳道运动规律、技能表现形式和比赛实战的特点。

竞赛规则既能规范运动员的比赛行为，又能引导技战术发展的方向。跆拳道比赛是以击打对方有效部位得分的多少为主要胜负标志的。运动员在比赛过程中，始终处于不断的移动中，频繁使用腿法、拳法进行有效的进攻、防守、反击等，在遵守规则和安全第一的前提下，最大限度地展现出人体的格斗技能之美。因此，它对跆拳道运动员的身体体能的要求特别高，突出表现在全面性方面。所谓全面性就是：凡是体能训练能够涉及到的多种运动素质，跆拳道运动对此都有着较高的要求。如击打需要力量，有力度才能得分和使对手有所顾忌，甚至一记重击而产生 KO 效果；动作需要速度，有速度攻防动作才能迅速，移动、转换才能敏捷，才能做到“拳打人不知”；一整天的多轮次比赛需要耐力，没有良好的耐力素质，再好的技战术都无法运用与发挥；击头分值高（规则规定：击头有效得3分，旋转技术击头追加1分)，需要较好的柔韧性，才能踢击出高腿而击中头部；比赛中的攻防进退、衔接转换、闪躲堵截等需要灵敏性。

作为一个多元动作结构类变异性的交手对抗项目，其身体机能指标同样反映出全面性的特征。它既反映了跆拳道项目的运动特点，又是提高和深化跆拳道项目体能训练的依据。比赛实战中单个动作或快速的组合动作击打，爆发力是其必备的首要素质，因而运动员的ATP-CP代谢能力必然要强；每场比赛三局、每局2分钟的持续激烈地对抗和一天多轮次的比赛，运动员需要具有最大的乳酸代谢能力；在有限的时间内要保证完成动作的数量和质量，运动员需要较好的乳酸耐受能力；运动员在寻找战机伺机进攻的相对对峙时、动作间短暂的间歇期（为给下一次进攻积蓄能量)，需要较好的有氧代谢能力。速度、力量、耐力、柔韧、灵敏这些运动素质都会在比赛实战中综合反映出来。基于此，在训练过程中不能偏向某一个因素而忽视另一个因素，应该充分认识和考量各种因素，保证其均衡性，此长促彼长，彼此互相促进，采用适合的训练手段使它们同步增长，这是跆拳道科学训练必须把握的一个重要环节。

第一节　力量素质练习

力量素质是指人体肌肉工作时克服内外阻力的能力。跆拳道项目的力量素质主要体现在完成攻击动作需要的击打力量、步法移动需要的下肢力量、组合技术动作衔接转换需要的综合力量、抗击打力量等四个方面。跆拳道训练和比赛，需要各种力量素质的综合表现，而不要过分单一地发展其中某个力量素质。否则会影响和制约其他力量素质的发展。跆拳道不同的动作对力量类型有不同的需求，因此跆拳道运动员的力量训练要避免单一的训练方法，保证各种力量素质的均衡发展。

一、最大力量训练

最大力量是指肌肉通过最大随意收缩抵抗无法克服的阻力过程中所表现出的最高力值。它取决于传入肌肉的神经冲动的强度和频率，取决于肌肉收缩的内协调能力和关节角度的变化。跆拳道项目的最大力量主要体现在相对力量上（动作的击打力量）。

（一）通过改善神经调节机制，提高肌肉协调能力来发展最大力量

跆拳道比赛按运动员的体重分级进行，增大力量而不增加体重尤为重要。而这种训练途径符合跆拳道运动的特点，能够满足跆拳道比赛的要求，即有效地提高最大力量却不增加肌肉体积。训练时可以采用以下几种方法：

1. 肌肉收缩→放松的训练

“文武之道，一张一弛”。运动员在发出动作之后回收的过程中，或动作间的

间歇中（跆拳道比赛中，双方运动员有较多的相对对峙），应尽量使肌肉保持合理的放松，克服较长时间的紧张僵硬状况，在击打过程中肌体要遵从放松→紧张→放松的原则，如此，才能有利于肌肉迅速补充能量物质；有利于神经调节机制得到缓冲，为下个动作出击积蓄力量；有利于减少对抗肌对主动肌、协同肌的负面影响。从而保证每一个动作能够发出最大力量。

2. 保持对肌肉刺激强度的训练

在训练过程中，除了掌握、改进、模拟技战术动作之外，无论是空击还是踢靶（护具靶）、打沙包等，都应强调运动员用最快的速度和最大的力量完成每一个动作来强化神经系统的兴奋性，提高参与工作肌肉的刺激强度，保证技术动作的训练质量与效果，促进运动员最大力量的增长。

3. 整体发力的训练

跆拳道比赛中，完成击打动作时应充分调动大肌肉群的参与，要克服只有局部肌肉参与工作的弊端。如横踢击打，发力顺序依次是击打腿蹬地→向前提膝→同时转髋、扣膝、支撑腿旋转→小腿由屈到伸鞭打，是由髋带动大腿、大腿带动小腿，聚集全身之力协调一致而发出击打动作，决不能由小腿带动大腿，这样的结果是不利于充分调动全身能够调动的主动肌、协同肌参与完成动作，呈现出动作不协调、击打不完整而使力量分散。同时，在击打的瞬间要发声助威，以气催力。因此，在训练中跆拳道运动员要善于学习和掌握全身整体协调一致的发力方式和技巧，保证每一次训练、每一个动作都严格按照完整发力的要求去完成练习，保证动作能够发出最大力量。

4. 保持击打合适距离的训练

跆拳道动作产生的力量大小与动作运行的距离有关。同样的肌肉质量，动作运行距离短力量相对较小，动作运行距离长则力量相对较大。腿法或拳法动作在不产生预兆的前提下，为了发挥动作的击打力量，应该随时调整好适宜的击打距离来保证击打能够发挥出最大力值。调整距离主要依靠步法的移动或动作本身姿态的调节，以保证动作发出最大力量所需的最适宜的距离。

5. 提高动作击打准确性的训练

跆拳道动作可以分为启动、运行、击打落点三个部分。动作在三个不同的运行过程中，击打的速度与力量有较大的差异：动作启动时，初速度小，击打力量也小，随着动作继续向前运行，速度加快，力量也迅速增大；在接触击打部位的瞬间达到最高值；在动作收回的瞬间力量为“零”。因此，训练中要确保击打部位与动作击打力量最高值的力点相吻合，恰到好处，以此来保证发挥动作的最大击打力量。

（二）增加肌肉的生理横断面提高最大力量的训练

1. 负荷强度

采用运动员最大负重的60％～85％的强度进行重复练习，能够促使肌肉功能性肥大，增加肌肉的生理横断面。根据跆拳道的项目特点，100%的极限负荷强度应慎用，防止肌纤维过分粗壮或运动员受伤或加大运动员的心理负担。一般每周视情可穿插 1～2 次。

2. 练习的重复次数与组数

根据运动员的实际情况和能力水平，可安排每组 4～8 次，每次练习 5～8 组或更多。应特别强调最后几组和重复练习的次数必须保质保量地认真完成，只有这样才能加大对肌肉的刺激强度，使肌肉的能量供应得到改善与提高，促进肌肉横断面的增大。这是因为最后的几组练习，参加工作的运动单位达到最高且身体机能有所下降，此时的练习与完成极限负荷的用力相似。

3. 练习的持续时间

可以放慢每次练习的动作速度，完成动作的过程中要动作自然连贯，无停滞现象，约 4 秒钟完成一次练习。这样有利于参与工作的肌纤维变粗，肌肉横断面增大。

（三）组间间歇时间

以上一组练习后肌肉所产生的疲劳基本得到消除之后，再进行下一组练习为标准。高水平运动员一般组间间歇 2～3 分钟，力量水平较低的运动员可适当延长间歇时间。在间歇过程中可做一些短促的快速动作练习（如 10 米左右的冲刺、5 秒钟以下的高抬腿或左右提膝等）和放松练习，加快疲劳恢复。

4. 最大力量训练的要求

（1）最大力量训练应采用克制性和退让性相结合的动力性练习。

（2）在发展最大力量训练时，最大负荷不宜过多采用，一是因为最大负荷只能重复 1～2 次，其效果不如重复 8～12 次的好；二是因为最大负荷的练习中，极易受伤而引起运动员的心理障碍。

（3）最大力量的训练内容和方法要符合运动员的实际情况。把一般性力量练习和有针对性的专门力量练习相结合，合理安排，并将一般性练习放在前面进行。

（4）最大力量训练要把大、小肌肉群的练习结合在一起统筹安排，先安排大肌肉群的最大力量练习，再安排小肌肉群的快速力量练习，避免小肌肉群受伤。

（5）跆拳道是以体重分级的交手对抗项目，需要发展相对力量。因此，在最大力量训练中要严格注意控制体重，多以提高肌肉内的协调能力的方法来发展最大力量，既增加了相对力量，也使体重不因力量增大而增加。

二、速度力量训练

速度力量是力量和速度有机结合的一种特殊力量素质，它具有速度和力量的综合特征。运动员在完成动作时所用的力量越大，速度越快，所表现出的速度力量就越大。

速度力量水平的高低可用速度力量指数来进行评定和衡量。肌肉负荷与收缩速度的关系是：负荷越大，速度越小，当负荷趋于极大值时，速度趋于极小值；当负荷趋于极小值时，速度趋于极大值。

科学研究和运动实践证明：只有促进最大力量和速度这两个方面都提高，才能取得速度力量训练的最佳效果。因此，速度力量训练要处理好负荷重量与动作速度的比例关系，使之能与跆拳道项目的要求相一致。无论是降低动作速度而增加力量，还是减少力量而提高动作速度，或者是同时增加力量和提高动作速度来发展速度力量，核心问题是要处理好练习负荷与动作速度的优化选配比例。

速度力量是跆拳道项目首选的力量素质。运动员在比赛中频繁使用腿法，需要的是速度力量。此时起主要作用的不是肌肉体积而是取决于肌内和肌间的协调性以及肌纤维的快速收缩能力。因此，跆拳道的速度力量训练重点是提高肌肉收缩工作过程中各参与工作肌肉间的协调能力和动作快速运动能力。

（一）速度力量训练的练习强度和量的安排

1. 肌肉工作的方式：发展速度力量主要采用动力性的工作方式，包括克制性的、退让性的等动和超长的工作方式。

2. 负荷强度的大小：负荷强度可以在较大的范围内波动（30%～100%），应视练习的性质和目的而定。如动作难度较高、参与工作的肌肉较多的速度力量练习，负荷强度可以达到最大力量的 70%以上；专项动作如负重的踢击练习则可用最大力量的 30%～50%。总之，重点发展爆发力时，负荷强度要大一些，而提高动作启动力量时，负荷强度则要小些。

3. 动作的练习速度：如果训练的主要目的是提高爆发力，可采用次极限速度；如果训练目的是提高出腿的速度力量，可采用极限速度。若采用等动练习法，则力求在 150 弧度/秒以上的角速度条件下完成动作。

4. 完成单个练习的时间：每个练习的持续时间，一次不宜过长，这是因为此类练习对动作速度和中枢神经系统的兴奋性要求较高。应该保证在不降低动作速度和不出现疲劳状态的情况下完成动作，通常每组练习的重复次数可在一次到五六次之间波动。每组练习中工作的持续时间在 3～4 秒钟至 6～8 秒钟之间。具体持续时间的长短取决于练习的性质、负荷的大小、训练的水平和练习的结构等。

5. 组间间歇：组间休息必须保证机体工作能力的恢复和非乳酸性氧债的清除。局部肌群投入工作的短时性（3～4 秒钟）练习之间的间歇时间可以在 30～40 秒钟；全身性肌肉工作或单个练习的时间较长，间歇时间可在 3 分钟以内，个别情况可达 3～5 分钟。在间歇中可视情做一些适当的放松运动，保证在下一个练习前使身体调节至最佳恢复状态。

6. 一次课练习的组数：练习的组数和重复的次数不宜过多，应根据练习的性质和负荷的大小来确定，应遵循不降低动作练习速度为原则。负重量大，练习强度大，则重复次数少，反之则多。普托拉诺夫总结当今优秀运动员发展速度力量的训练实践后认为，一次课的练习组数在2～6组内波动。德国的比勒和他的小组则认为，当负荷强度为30%～50%的等张练习时，练习的组数为5组。

（二）发展速度力量的常用训练方法

根据跆拳道运动的特点和训练实践，在速度力量训练常采用以下方法：

1. 负重练习法

在跆拳道训练中，经常使用负重和专项动作相结合的形式来发展速度力量，提高动作速度。如负重条件下（沙袋、沙腿）的各类腿法的踢击练习、高抬腿练习、左右提膝练习、短距离冲刺练习等；借助橡皮筋弹性的各类腿法的踢击练习；利用杠铃进行的各种练习等。

负荷重量：在进行负重的速度力量训练中，如果负重过大，影响完成动作的速度；反之，负重过小，又难以体现出速度力量。通常多采用运动员最大负重的40%左右与专项动作相结合，兼顾力量和速度两方面的共同发展。练习中应要求运动员尽全力保证以最快的速度来完成动作练习。

练习的次数和组数：计时练习一般每组5～8秒，重复5～10组；计数练习一般每组重复10～15次，重复5～8组。练习组数多与少的确定，应以运动员完成动作练习的速度为准，动作完成的速度没有降低，可以相应增加练习组数，一旦练习速度下降，则应停止练习。

组间间歇时间：间歇时间应保证有充分的休息，但不宜过长，通常为2～3分钟。过长的间歇时间，易导致中枢神经系统的兴奋性下降，影响下一组练习及练习质量。

2. 徒手练习法

此方法主要是采用各种练习形式结合专项动作来克服自身体重的练习方法。如：台阶跳、收腹跳、蛙跳、高抬腿、左右提膝、直腿收腹交换跳、连续双飞踢、左右快速横踢等。

一般性的徒手练习，通常采用计数进行练习，根据运动员的能力水平和训练的目的与任务，视情每组安排15～20次，重复3～5组。结合专项动作而进行的连续快速的徒手练习，一般计时进行练习，视情每组3～5秒或6～8秒（与比赛中的一次组合进攻的时间大致相当），练习组数根据运动员的实际情况重复5～8组不等。无论哪一种形式的练习，在练习中一定要促使运动员尽全力保证以最快的速度完成每组练习。

（三）速度力量训练的要求

1. 速度力量训练中要使局部的和整体的速度力量训练相结合。全身速度力量水平的提高，有利于局部速度力量的提高。基于此，在训练中要把单个动作的速度力量练习与组合动作的速度力量练习相结合，将大肌肉群与小肌肉群的练习相结合。

2. 训练过程中应针对跆拳道的特点重视提高最大力量（特别是相对力量）。速度与力量的提高，相比而言，提高速度远比提高力量要困难许多，所以，提高速度力量素质的侧重点应放在提高力量素质特别是相对力量的最高值上。

3. 速度力量训练中特别是结合专项动作的练习，要强调动作质量，确保动作练习的快速性，并在练习中表现出最大力量水平，产生最大的速度力量效果。

4. 在速度力量训练中，速度与力量这两种训练作用因素的最优组合，应根据项目特点来筛选确定。一般有三种方案可供选择：

动作速度不变，增加练习负荷，称之为“力量性”速度力量训练。

练习负荷不变，提高动作速度，称之为“速度性”速度力量训练。

练习负荷与动作速度同时增加和提高，称之为“全面性”速度力量训练。

在跆拳道专项的速度力量训练中多采用“速度性”的快速力量训练，全面提高攻防击打和步法移动的速度。

三、力量耐力训练

跆拳道运动员的力量耐力，反映的是一种在规定时间内反复完成比赛动作所要求的高水平的肌肉收缩能力。跆拳道运动员力量耐力水平取决于多种因素。其中最主要的是保证工作肌耗氧和供氧的血液循环和呼吸系统的机能能力；无氧代谢的机能能力和工作肌有效地利用氧的能力；以及比赛训练中运动员本身所反映出的意志品质。简而言之，跆拳道运动员的力量耐力水平取决于运动员本身的最大力量水平、身体机能的能量供应系统的强弱和肌肉的抗疲劳能力。

选择发展力量耐力的练习时，其练习条件应接近与跆拳道比赛特点相适应的环境氛围，采用的练习在内外结构上应与比赛相近似，并力求体现出明显的力量特征。例如，多次重复的腿法练习，除动作速度外，应力求表现出高水平的启动力量和爆发力；多次重复的组合脚靶（护具靶）或踢沙袋练习，则应尽可能地发挥出最大力量和爆发力，提高运动员对反复完成比赛技术动作的相应力量性工作的适应能力。

（一）力量耐力训练的练习强度与量的安排

1. 负荷强度

跆拳道运动员在比赛中频繁重复地使用各种腿法、步法技术动作，所需的力量耐力较全面，既有最大力量耐力，又有速度力量耐力。因此，负荷的重量可以在较大的范围内变动。但训练时的负荷强度不宜过大，也不能太小。在专项力量耐力练习中，提高步法和腿法动作的力量耐力练习，负荷强度略超出比赛时的5%～10%；提高组合动作的力量耐力的训练，则可等于比赛时的负荷强度或超过10%～30%。在一般性力量耐力训练中，发展最大力量耐力，可采用50%～80%的负荷重量重复练习；发展速度力量耐力（不负重或负重较小的空击），可采用30%以下的负荷强度进行重复练习。

2. 练习的次数与组数

每组练习的次数一般要求达到最高次数，直到运动员因疲劳不能正常完成动作练习为止。根据跆拳道运动实践，我们通常采用计时练习来控制练习量，提高出腿力量耐力的每组练习时间可为30～60秒，重复练习4～6组；空击、组合踢靶、踢击沙袋等发展最大力量耐力的练习时间，可在30秒～2分钟的范围内波动，重复练习5～8组。

3. 组间间歇时间

练习中组间间歇时间的长短，取决于练习的性质、负重的大小、练习时间的长短和投入工作的肌肉的数量。若练习的时间较短，需通过数组练习才能达到极限疲劳，组间间歇应在身体未完全恢复的状况下进行。例如，发展腿击动作的肌肉耐力的力量训练，练习持续时间常为30～60秒，间歇时间短于练习时间5～10秒。练习的持续时间较长，并希望每次练习都达到较满意的训练效果，间歇的时间应长到足以使机体恢复至训练的初始水平或接近初始水平。

4. 练习的速率

在提高一般性肌肉耐力能力的负重练习时，完成动作的速率要适中，过分追求动作速率会导致动作功率的降低。在发展专项肌肉耐力能力的练习时，动作的速率应尽可能与比赛时的动作速率一致。

（二）发展力量耐力的常用训练方法

1. 专项练习训练法

此方法主要发展专项力量耐力，是针对在比赛中承担主要工作负荷的肌肉群的力量耐力，使之达到更高水平的专项训练练习。在跆拳道专项力量耐力训练中，通常采用接近比赛条件（所选择的动作组合在动作结构上、运用上及用力方式与比赛时相似）的动力性重复练习，如组合攻防技术动作的空击练习、踢脚靶或护具靶练习、运用各种进攻技术动作踢击沙袋的练习、两人的相向空击以及高抬腿、左右提膝、连续双飞踢等练习形式，也可以在进行上述练习时采用较轻的负荷（10％～20％的负重），来提高、发展运动员的专项力量耐力。每种练习方式的练习时间大多数情况下控制在30秒～2分钟之间，如有特殊要求，也可以延长至3～5分钟甚至更长。

2. 循环训练法

现代循环训练法已从最初的一般性身体锻炼，发展成为一种全面完成的训练方法。通过变换力量练习的训练学参数，可以把循环训练设计成发展力量、速度、协调能力，以及爆发力、肌肉耐力等综合能力的各种训练计划。

运动实践证明，循环训练法是提高肌肉耐力的主要方法。有国外运动训练专家根据不同运动项目的需要，提出了两种不同方式的循环训练：

第一种方式：大强度间歇循环训练。

此方法练习时，动作重复练习的速度要快，采用最大力量50％～80％的负荷，重复在10～30次之间。休息间歇应是用力时间的2～3倍。这种方法主要用于短距离高速度项目（短跑，游泳，短跑道滑冰等）、跆拳道、散打、摔跤、拳击、橄榄球及其他球类项目的肌肉耐力训练。

第二种方式：低强度间歇循环训练。

此方法采用较低负荷（30%～50%），完成动作的速度适中或较慢，但动作重复练习次数增加（达到最高重复次数）。休息间歇比大强度的循环训练时间要短。这种方法主要用于发展周期性运动项目的肌肉耐力，如武术套路、长跑、长距离游泳、越野滑雪、赛艇等。

跆拳道作为非周期多元变异结构的交手对抗项目，有其自身固有的特点和要求，一般采用大强度间歇循环训练的方法来提高专项动作肌肉的力量耐力（单个动作或固定组合动作的快速重复练习）。根据比赛需要和运动员的实际情况，有时也采用低强度间歇循环训练的方法（单个动作或自由组合动作的重复练习），来发展全身一般性的肌肉耐力。

制定循环训练计划时，应注意的问题。

（1）一组循环练习的时间可短（4种练习），可适中（6种练习），可长（8种以上练习）。总持续时间在20～30分钟之间。通常循环练习重复3～5组。具体练习的持续时间、重复次数与组数以及间歇休息时间，应根据运动员的训练水平和准备发展的身体部位和运动素质来确定。

（2）循环训练要循序渐进、因人而异、科学合理地安排各“站”的具体内容，逐步提高身体负荷。

（3）由于循环训练中各“站”都是事先安排且是固定的，所以可以组织多名运动员分编成几组，同时参加训练，带有一定的竞争性，以提高运动员练习的兴趣，活跃练习气氛。

（4）循环练习中各“站”的内容安排要有全面性，均衡发展身体各部位的肌肉群，一般练习的顺序是：下肢、上肢、腹部、背部。

（5）训练负荷量可用准确的时间或重复次数表示，但也可灵活安排：可以没有组间间歇、或没有练习时间限制、或不安排间歇休息，但必须确定一组或三组循环练习的时间要求；提高训练要求的方法是重复次数和负荷不变而减少完成每组循环练习的时间、增加负荷或增加重复次数；可以用计算心率的方法控制间歇休息时间一旦心率下降到每分钟120次时，即可开始下一次循环。

（三）力量耐力训练的要求

1．在发展运动员力量耐力的同时，运动员的心血管系统和呼吸循环系统的机能能力应与之同步得到发展并日益完善。

2．在进行专项力量耐力训练时，动作练习的速率要与比赛时的动作速率要求相近似。

3．练习中，组间间歇时间不宜过长，应在机体尚未完全恢复时就进行下一组练习，以达到疲劳积累、发展力量耐力的目的。当运动员达到相当的疲劳程度时，可视情适当延长组间间歇时间。

4. 跆拳道一场比赛3局，每局3分钟（女子2分钟），一天比赛若干场，直至决出冠亚军，对运动员有较高的力量耐力要求。因此，跆拳道运动的力量耐力训练要注重提高绝对力量耐力。

5. 在进行力量耐力训练时，应注重培养运动员顽强拼搏、克服疲劳的良好意志品质和心理素质，强调保质保量地完成每一次练习，全面提高机体的力量耐力。

四、跆拳道力量训练具体方法与手段

（一）一般力量素质的方法

1. 下肢力量

（1）跳绳

单脚连跳、双脚连跳、花式；

组别数量：规定次数或时间，如一组要求连续跳400～600次，练习6～8组；或是连续跳3～5分钟为一组，练习6～8组。

要求：协调连贯，轻松自然。

（2）负重连续跳或跳障碍物

双腿负重如缚沙袋，或身穿沙衣，或肩杠铃，或手持重物进行（半蹲、深蹲、提踵跳）、跳台阶等障碍物、平地梯形跳等；

组别数量：规定时间或次数，依据不同训练任务和要求，练习6～8组。

要求：保持上体正直，练习时身体完全舒展。

（3）负重杠铃深蹲或半蹲

肩负杠铃；

组别数量：采用中等重量（70％～90％）、组数为4～6组、次数为4～6次、以最快速度进行的练习。

要求：杠铃负在肩上，腰背挺直，抬头收腹，膝盖方向朝前，平稳屈膝下蹲，向上扛起时要求快速站起；半蹲则要求屈膝下蹲至大腿近水平时，随即伸腿起立。

（4）负重专项技术练习

腿部缚沙袋或进行横踢、后踢、劈腿、侧踢、前踢等技术练习，然后再去掉沙袋，用以提高动作速度。

组别数量：10次为一组，约8～10组，空击每组约为5次；

要求：动作规范，启动快捷，力量完整，快打快收。

（5）各种方式的蹲跳

纵跳、立定跳远、跳高、空中交叉跳、各个方向的分腿跳、跳山羊、单足跳等；

组别数量：每组 15～20 次，8～10 组；

要求：尽可能地跳起，保持重心稳定，减少地面接触时间。

2. 躯干力量

躯干各肌群主要发展髂腰肌、腹直肌、腹外斜肌等。

（1）负重或不负重的仰卧起坐（两头起）

组别数量：每组 30 次左右，6～8 组；

要求：动作规范，快起慢落。

（2）固定腿的仰卧起身（一头起）

腿部可垫高、两手可持重物、可左右转体、可大小腿折叠

组别数量：每组 20～30 次，6～8 组；

要求：动作规范，快起慢落，负重适度。

（3）俯卧挺身（背肌一头起）

固定腿部，可徒手也可负重练习。

组别数量：每组 20～30 次，6～8 组；

要求：确保动作质量，身体向后上尽可能伸展。

（4）立卧撑收腹跳

可徒手也可负重练习。

组别数量：每组 15～20 次，6～8 组；

要求：卧撑时双腿同时后伸，屈膝收腹至胸前，快速连贯。

（5）仰卧举腿（直腿或屈腿）

可徒手也可负重练习。直腿：双腿同时起落或左右交叉上下起落；屈腿：呈 30 度斜角做左右蹬腿练习，

组别数量：每组 20～30 次，6～8 组；

要求：双脚悬空，尽可能贴近地面进行。

（6）收腹举腿

悬垂于肋木，直腿上举双腿。可徒手也可负重练习；

组别数量：每组 10～20 次，6～8 组；视情可增减；

要求：双腿上举过头，大腿贴近胸部，快起慢落。

（二）专项力量素质训练的方法

1. 跆拳道运动中最大力量训练

（1）静力性力量训练方法

静力性力量训练是肌肉在紧张用力时其长度不发生变化的力量训练，又称等长收缩，一般采用较大重量的负荷以递增重量的方法进行练习。如站桩练习等，它还特别适用于伤后恢复阶段的训练。

（2）动力性力量训练方法肌肉紧张可以通过克服或对抗重量来获得，克服重量的训练方法称为克制训练法，对抗重量的训练方法称为退让练习法。两种练习

对发展最大力量的作用没有显著差异，不论采用何种方法都必须保持较慢的动作速度，否则训练效果会向发展速度力量的方向转变。大负荷慢速度的训练主要提高等长状态下的最大力量。

(3) 极限强度法，又叫“保加利亚法”或“阶梯式训练法”，为保加利亚功勋教练阿巴杰耶夫所创。他采用这种方法使保加利亚举重队于20世纪70年代崛起于世界举坛，其显著特点是：非常突出强度，几乎每周、每天、每项都要求接近、达到甚至超过本人当天最高水平，然后减10kg做2组，再减10kg做2组。从递增重量开始，直至当天最大重量，再递减重量。在计划规定的时间内要求组数越多越好，整个全年训练都是这样安排，不作大的调整和变动。

(4) 极端用力法，要求训练时做极限数量的重复，即每组练习允许重复8～10次这一最大力值，直到完全不能完成为止，致使参加的肌群再也不能收缩，肌肉越来越疲劳，需要从大脑皮层发出补充神经冲动去激发新的运动单位，把每块肌肉都充分调动起来，并去激发新的肌群，即兴奋过程的扩散。这种训练方法对举重运动员的身体产生着最为深刻和全面的结构性以及机能性影响，并成为大幅度提高运动成绩的基础。实践证明，这种方法能极为有效地发展最大力量。

跆拳道运动跆拳道技术属于开放性、多元变异组合结构的临场对抗交手项目，双方运动员始终处于一个不断运动的过程，总是在频繁地调动、移动、调整中寻找时机。力量训练特别是最大力量训练是跆拳道训练的基础，使之具备充沛的体能，保证其在不断移动中能够快速地打出有力一击。

2. 跆拳道运动中快速力量训练

(1) 上肢力量的训练方法

①俯卧撑

屈臂时胸部几乎触底，伸臂时肘关节完全伸直。

组别数量：每组15～320次，8～10组；

要求：确保动作质量，快速连贯。

②杠铃屈臂

以肘关节为轴做两臂的屈臂动作，到两肘完全屈收，杠铃横置锁骨部位，再放松伸臂至大腿前。重量3～5kg；

组别数量：每组10～15次，6～8组；视情增减；

要求：确保动作质量，保持躯干正直。

③卧推杠铃

两臂伸直与肩部同宽，双手正放松屈肘，杠铃至胸前，但不能接触胸部，然后双臂用力上举，至伸直位置。极限重量的60％～70％；

组别数量：每组6～10次，6～8组，视情增减；

要求：确保安全，动作连贯。

④爬绳或爬杆

室内长度约5米，锻炼力量的灵活性和耐力性；

组别数量：上下为一组，6～8组；

要求：确保安全，身体尽量保持平衡，控制摆动幅度。

⑤负重拳空击

1～2kg哑铃，各种跆拳道的拳法组合的空击练习；

组别数量：每组20～30秒，8～10组；

要求：确保动作质量（以拳法规范为标准），快速、有力、连续。

（2）以躯干各肌群的训练方法

①仰卧起坐（两头起）

徒手；

组别数量：每组10次，6～8组；

要求：确保动作质量，快速无停滞。

②仰卧起身（一头起）

徒手；

组别数量：每组10次，8～10组；

要求：确保动作质量，快速连贯，一气呵成。

③站立负重左右转体，体前屈

肩负杠铃杆；

组别数量：每组10次，6～8组；

要求：身体旋转时保持正直，体前屈时注意腰部不要形成弓形。

④立卧撑

徒手；

组别数量：每组8～10次，6～8组；

要求：确保动作质量，大腿快速蹬伸与收腹。

⑤负重仰卧举腿

小腿缚沙袋（1kg）；

组别数量：每组8～10次，6～8组；

要求：快速连贯，保持角度。

⑥高抬腿

徒手，左右交替；

组别数量：每组6～10秒，8～10组；

要求：快速连贯，身体正直，大腿尽量贴近胸部。

⑦左右提膝

徒手，左右交替；

组别数量：每组6～10秒，6～8组；

要求：快速连贯，身体正直，大腿尽量贴近胸部。

（3）下肢力量的训练方法

①负重杠铃深蹲或半蹲

极限重量的 30%～50%；

组别数量：每组 8～10 次，5～7 组；

要求：确保安全，重心垂直，快速完成。

②单脚或双脚十字跳

以十字为中心，前后左右无规律跳动；

组别数量：每组 10～15 次，8～10 组；

要求：身体重心稳定，快速移动。

③低桩纵跳

低桩或橡皮绳，高度 30～50cm，间隔 50cm 设一桩，单、双腿重复跳越；

组别数量：20 米为一组，15～20 组；

要求：身体重心稳定，快速越过，触桩重来。

④台阶跑

徒手、负重皆可，依据训练不同，选择 1、2、4、6 级及以上楼梯；

组别数量：一次往返为一组，5～10 组；

要求：快速、迅捷，充分休息后重复。

⑤沙袋、橡皮条的腿法训练

沙袋 1kg、小腿缚橡皮条，然后迅速去除负重进行腿法的练习（前踢横踢劈腿侧踢等）；

组别数量：每组为负重 6 次徒手 3 次，10～12 组；

要求：确保动作质量，快速完成腿法踢击练习。

（4）站点式间歇训练法

站点式间歇训练法是将若干个练习动作（通常为 6 至 8 个）编为一组，每个练习时间不超过 20 秒，然后间歇 10～20 秒再进行下个动作的练习。如此循环。

要求：首先要选择简单、能够快速完成的动作，要确保每个动作都是最快速度完成；其次是严格控制时间，特别是每个动作间的间歇时间，同时保证每个循环练习后充分的休息时间；再次是可以是专项素质的配置也可以是专项技术动作的配置，如不同腿法的串连。

（5）结合力量的快速反应综合性训练

这类练习是利用手靶、脚靶、沙袋等辅助器材，结合专项技战术动作进行的速度、技能与反应的训练。

①手靶练习

教练员或同伴手持手靶，让运动员进行攻击性拳击练习，练习时可以先从固定靶开始，逐步过渡到结合步法的自由靶。

②脚靶练习

由多名同伴持不同高度、不同放置角度的固定靶，站在相距每人不超过 2 米的两条直线，由练习者从一端打向另一端。要求练习者根据靶位的高低和靶位的角度，选择不同的方法击打，而被击打的同伴旁边那位手持拳靶的同伴应主动向练习者攻击。练习者以最快速度击打完后，还要迅速反应防守未被击打的同伴反击。培养运动员防守反击的能力和临场应变能力。

③变换练习

在攻击半途突然停止称为“半次攻击”，它常可诱使对方做出整个的防御动作，然后自己可再突然继续原先之动作去重创对手。也可以是故意做出迟缓的动作或缓慢前进，以麻痹对方警觉性。还可以是先用快速的虚招动作，然后再以较迟缓的动作做攻击，最后可再用真实的攻击去重击对手。这类练习其本质就是节奏变换结合假动作诱导反应训练，旨在提高动态中击打准确和掌握动态中最大击打力量的方法。有氧、无氧训练以练习时间来界定。

④多个沙袋训练

将多个沙袋吊在不同的位置，间隔距离在 1 米左右，要求运动员快速躲闪沙袋的袭击，再以最快的速度踢击沙袋，此训练方法可以对快速反应和快速力量的训练有提高作用。

⑤自由靶练习

脚靶或护具靶均可。根据不同的训练任务安排不同的内容。无氧训练：每组 10 秒，以腿法为主，快速无间歇的踢击重复多次；有氧训练：每组 2 分钟，结合步法、防守动作的腿法踢击，多次重复。

3. 跆拳道运动中力量耐力训练

（1）有氧耐力训练

主要采取强度小，负荷时间长的各种练习方法：

①4000～12000 米匀速跑：心率控制在 150 次/分左右保持匀速跑完全。

②越野跑：利用公园。山川或环境较好的地方进行 30 分钟以上的越野跑，心率控制在 150 次/分。利用环境调节心情，降低疲劳感。

③10 分钟跳绳：利用跳绳进行耐力练习。在 10 分钟内保持跳动频率不变，但可变跳动方式，进行单脚跳或双脚跳；

④10 分钟组合踢法动作练习：连续 10 分钟进行运动员已掌握的技术组合练习，即练习动作的熟练程度，又练习耐力素质。

⑤三对一或四对一的车轮战：练习者与 3 位或 4 位陪练逐一对抗。但限定强度和力度，每人 3 分钟，进行一轮次或两轮次的条件实战练习。

2. 无氧耐力训练

无氧耐力训练即采用负荷时间短、练习密度大、间歇时间短的练习方法。常用以下几种方法和手段：

①30 米、60 米、100 米冲刺跑；

②400 米、800 米变速跑；

③跳木马提膝——左、右侧滑步扶地；

④两人一组短时脚靶练习（组时 10 秒钟以内）；

⑤左右横踢 50 次（中、高）；

⑥左两次、右两次横踢 30 次（中、高）；

⑦单腿横踢（50 次、40 次、30 次、20 次、10 次）递减法（中、高）；

⑧跳踢（50 次、40 次、30 次、20 次、10 次）递减法。

4. 跆拳道运动中核心力量训练

跆拳道运动中核心力量的训练，主要是指创造一个不稳定的外部环境，训练神经肌肉系统的平衡和控制能力。训练跆拳道运动员核心区域的稳定性，是为了使跆拳道运动员身体在频繁的移动中更加稳定，达到平衡和准确的目的。跆拳道这项运动具有项目自身的特殊性，动作难度较高，动作幅度大，快速运动中的平衡显得尤为重要。核心力量训练是一个循序渐进的过程，跆拳道运动员的核心力量训练主要是针对核心区域，对浅层大肌肉群以及深层小肌肉群，进行具有严格顺序、侧重点的训练。核心力量训练的整个过程划分为三个不同阶段：第一个阶段为核心稳定性训练阶段；第二个阶段为核心力量训练阶段；第三个阶段为核心爆发力训练阶段。跆拳道运动中核心力量训练包括徒手练习和器械练习两种。

（1）徒手练习

在核心力量训练的初期也就是第一阶段中，运动员要充分体验领会核心部位用力和有效控制身体，这是最基础的核心力量训练手段。

①仰握起手抱膝举腿，主要训练肌群：腹直肌、阔筋膜张肌、髂腰肌、缝匠肌、股直肌。3～4 组，每组 15～20 秒。

②仰卧提臀抬腿，主要训练肌群：腹直肌、竖脊肌、臀大肌、阔筋膜张肌、长收肌、股薄肌、股直肌、髂腰肌、缝匠肌、股二头肌。4 组，每组 15 次。

③仰卧踢腿，主要训练肌群：腹斜肌、阔筋膜张肌、髂腰肌、臀大肌、三角肌。左右各 3～4 组，每组 15～20 次。

④侧卧肘关节支撑顶髋，主要训练肌群：腹斜肌、三角肌、竖脊肌、臀大肌、股二头肌。左右各 3～4 组，每组 15～20 次。

⑤屈臂侧卧内收腿伸手支撑，主要训练肌群：棘肌、髂肋肌、腹外斜肌、腹内斜肌、短收肌、长收肌、大收肌、股薄肌。3～4 组，每组 15～20 秒。

（2）器械练习

核心力量训练器械器材最初都是源自于健身与康复的力量训练器械器材中，所以其器材用品与传统力量训练器械有所不同，具有自身的创新性和独特性。采用的器械包括有：瑞士球、悬吊器械、博速球、拉力带等等。瑞士球具有不稳定性，在核心力量训练中可以刺激核心部位不同肌肉群之间协作用力，使其协同维持身体平衡、稳定。以下主要选择在瑞士球上进行力量训练。

在核心力量训练的第二阶段中，应逐步提高核心区域的核心力量，为第三阶段的核心爆发力训练打下必要的坚实基础。

①仰卧两脚拉瑞士球，主要训练肌群：三角肌、背阔肌、竖脊肌、臀中肌、臀大肌、肱二头肌、股直肌、髂腰肌。3～4 组，每组 15～20 次。

②仰卧单腿压瑞士球交叉腿，主要训练肌群：腹外斜肌、臀大肌、三角肌、背阔肌、竖脊肌、臀中肌、腹直肌、股二头肌。左右腿交换，3～4 组，每组 15～20 次。

③侧卧单肘支撑夹球，主要训练肌群腹外斜肌、腹内斜肌、髂腰肌、三角肌。左右各 3～4 组，每组 15～20 秒。

④俯卧瑞士球单臂单腿支撑，主要训练肌群：三角肌、肱三头肌、竖脊肌、臀大肌、肱二头肌。3～4 组，每组 15～20 秒。

⑤两腿压球单臂支撑，主要训练肌群：三角肌、斜方肌、竖脊肌、臀大肌、肱二头肌。3～4 组，每组 15～20 秒。

在核心力量训练的第三个阶段主要发展核心区域爆发力，达到为专项服务的目的。

①仰卧屈腿夹球转髋，主要训练肌群：髂腰肌、臀大肌、臀中肌、臀小肌。3～4 组，每组 15～20 次。

②一人抱球另一人对抗，全身协调用力。3～4 组，每组 15～20 次。

③单腿弓步滑行，主要训练肌群：臀大肌、股直肌。3～4 组，每组 15～20 次。

五、跆拳道力量训练中易忽视问题

1. 重下肢轻视上肢

跆拳道主要是以脚法为主、以拳法为辅的运动项目，许多教练员在练习的时候重视发展下肢肌肉的力量（如髂腰肌、股四头肌、股直肌和小腿三头肌等），而忽视了上肢肌肉力量的练习（肱二头肌、肱三头肌、三角肌等）。因此我们经常看到一些跆拳道运动员下肢肌肉比较发达，力量也很大，而上肢肌肉干瘪，不发达，力量也较薄弱。而在跆拳道实战中，上肢的力量同样重要，所以在发展下肢的同时也不能忽略了上肢肌肉的练习，做到协调练习才能发挥出更好的技术水平。

2. 重向心轻离心

跆拳道运动员向心收缩和离心收缩同样重要，肌肉向心收缩有助于加快出腿速度和重心移动的速度。因为在比赛中，特别是进攻时，不是每一腿都能击中对方的，如果出现踢空腿，那么就必须立即克服极大的惯性进行制动，并控制重心。克服肢体运动的惯性和身体重心移动要靠肌肉离心工作完成。在跆拳道运动中肌肉离心收缩和向心收缩比例相当，因此，训练中要重视离心运动。训练时做到启动和制动速度相结合、踢靶训练和空踢训练相结合，上坡跑和下坡跑相结合，并时刻注意他们的制动练习。

3. 重主攻腿轻支撑腿

一些教练员在训练过程中，时刻都盯在运动员主攻腿的力量练习上而忽视支撑腿的练习，甚至不去进行练习。主攻腿做动力性工作，易发现其功能和工作方式；支撑腿做静力性工作，易被人们所忽视。而在进攻时支撑腿同样承受着巨大的负荷，支撑腿的股四头肌为维持膝关节处于伸位，保持重心不下降要用力；为提高身体重心，支撑腿小腿三头肌又要努力提踵等等。所以，支撑腿的肌肉力量同样重要，训练时不可偏颇。

第二节 速度训练

跆拳道运动的速度是指运动员快速完成动作的能力。“快打慢”是跆拳道运动实际存在的一个客观规律。因此，运动员的速度能力在跆拳道比赛实战中起着至关重要、无可替代的作用。不管是跆拳道专项运动员所需要的智能、技能甚至于体能，在某种意义上来讲，都是以速度为中心，以不同的速度形式表现出来。决定跆拳道运动速度的实效性是综合性力量和速度的最高强度水平。表现的强度决定于发展高强度的力量素质（动力性和速度性力量）和速度素质（反应时间、单个动作的时间）及在完成具体动作条件下它们的综合性反应能力。速度能力是决定跆拳道技、战术动作在比赛中能否自如运用、充分发挥、获得预期效果并最终战胜对手赢得比赛胜利的根本保证。

一、速度的分类

跆拳道比赛对抗紧张激烈、瞬息万变；攻防衔接流畅、转换迅速；动作变化快速敏捷；击打准确有力；攻中有防，防中蕴攻。因此，速度能力的表现具有多变性和复杂性。跆拳道速度表现形式可分为反应速度、动作速度、动作频率和位移速度。

（一）反应速度

反应速度是人体对外界信号刺激所做出的应答能力。它反应了神经冲动在神经系统中的传导速度。跆拳道运动员的反应速度包括简单反应速度和复杂反应速度。简单反应速度是运动员对特定动作或信号做出反应的快慢，复杂反应速度是对对手动作的变化做出相应动作的反应快慢。跆拳道运动员在场上比赛的反应速度主要是复杂反应速度，而且是瞬间选择性反应，要么对来自对手的动作做出闪避、退让或反击，要么中止已经开始了的进攻或防守转入其他的动作方式。此反应过程包括对移动目标的预判性反应和快速选择最适宜的相应动作的反应。

（二）动作速度

动作速度是指运动员身体完成单个动作或一组攻防动作的时间长短。它反映了机体完成动作的整体快速能力。也就是跆拳道运动员出腿、出拳的动作速度。跆拳道比赛体现的是“以快制胜，以智取胜”，对运动员的动作速度能力要求极高，无论是先发制人的进攻和后发制人的反击，还是攻防的衔接转换、进退闪躲的步法移动，都要求运动员具备良好的单个或组合动作的快速能力。

（三）动作频率

动作频率是指单位时间内完成动作数量的能力。跆拳道运动员所表现出的动作频率不同于周期性项目的单一动作重复，它的表现往往是多个不同动作的组合，如拳法与腿法组合，步法与腿法的组合，真假动作的组合等，要求以最短的时间完成一套动作组合，发挥出最大的动作频率。

（四）位移速度

位移速度指单位时间内身体移动距离长短的能力或身体通过一定距离所需时间长短的能力。虽然跆拳道运动员在场上每次位移的距离不长，仅1～2米，但绝对要求快速敏捷，保证在远距离时能够“进得去”，占据有利的攻击位置并迅速发出动作；或在进攻后、相持状态时能够迅速地“撤出来”，摆脱对手的反击或追击。比赛中，位移是身体整体的多方位的移动，在其他条件不变的情况下，步法与身体整体协调配合是决定位移速度的关键。

二、速度训练的练习强度和量的安排

（一）负荷强度

无论选择何种练习强度，做出如何安排，速度训练都必须使运动员的机体产生适应性的变化（提高运动员的速度能力）。练习强度合理，有助于速度能力的适应性变化。有运动训练专家（博姆帕）认为：为了有效地提高速度能力，练习强度应在次最大强度和最大强度之间。普拉托诺夫进一步认为，运动员以最大速度能力的90％～100％完成较短时间的运动，有利于提高速度能力。如果低于这种速度，会大幅度降低训练的实际效果。

应严格注意：进行大强度直至极限强度的速度性练习时，应选择运动员已经熟练掌握且运用自如的动作，使他们的注意力完全集中在将要完成动作的速度上而不是去考虑动作是否正确。否则，运动员的注意力会首先集中到动作的技术层面上，从而对速度性练习产生破坏性的干扰，根本无法达到速度训练的要求与目的。

（二）练习时间与组数

反应速度练习和两人配合反应练习的持续时间不必作出硬性的规定，只要运动员处于适宜的兴奋状态，练习就可继续进行。对于动作速度和动作频率的训练，练习持续时间在5～20秒内，是理论上保持最大速度能力的最佳练习持续时间。在跆拳道训练实践中，通常情况下，单个腿法的快速重复练习、步法与腿法固定组合的快速重复练习或自由组合动作的快速练习，每组的练习时间在10～

20 秒。20～50 秒的较长快速练习，运动员也能保持极限强度和次极限强度工作的状态（主要用于提高运动员的速度耐力）。练习组数的控制以保持最大速度能力为准则。当疲劳出现，不能继续保持最大速度时，应停止练习或转向其他内容的练习。

（三）组间间歇

在训练中，无论是高强度多次重复的步法、腿法的快速练习或结合专项进行的其他练习（单个动作重复练习或组合动作练习），组间间歇应安排充分的休息，确保运动员得到最佳的恢复。根据练习的强度和练习的目的，跆拳道快速练习的组间休息时间一般为 2～3 分钟，一定要控制好休息时间，间歇时间过短，疲劳未恢复；间歇时间过长，会导致中枢神经系统兴奋性的降低，这两者都会影响下一组的训练效果，无法达到快速练习的目的。

三、发展速度常用的训练方法

（一）信号反应法

运动员通过视觉或听觉，完成规定的单一性应答动作。主要提高运动员的简单反应速度。例如：报动作名称练习，教练员报出动作名称，运动员根据动作名称在最短时间内做出相应的动作；报号击靶位，若干队员持靶编为不同的靶号位，运动员根据教练员报号的位置，分别击打不同的靶位；移动中出靶击打，两人移动练习，教练员以哨音为信号，听到哨音后持靶队员突然出靶，运动员根据靶形做出相应的动作。

（二）运动感觉法

在跆拳道比赛中，运动员主要靠视觉来判断对手的进攻方向、进攻形式和攻击动作的运行路线、角度等，随之果断确定适宜的攻防动作，快速运用各种步法、格挡、堵截等防守方法来保护自身或以各种动作反击对手。这一过程属于复杂反应过程，是建立在简单反应训练（信号反应练习法）的基础之上的有针对性的专项运动感觉训练的方法。严格地讲，它属于运动技术、战术训练的组成部分，是对抗性项群技术、战术训练的重要内容。其核心是缩短思维过程的选择、判断时间。为此，练习时要特别注意加强“预判”能力的培养，积极捕捉外在刺激可能出现的“隐式信息”，如对手的姿势、面部表情、动作预兆和假动作等，积极训练对付各种变化的相应动作，并尽可能多地使运动员掌握应答动作的种类和数量。在跆拳道训练中，这一方法主要用于复杂反应过程中，提高运动员观察对手动作变化的反应能力和选择反应能力。在具体实施中可以分步骤进行。

步骤一：通过两人配对练习，观察队友出腿的方法，判断对方发出动作的类型、方向、路线、高度和击打位置，提高对“隐式信息”的判断能力，即“预判能力”。

步骤二：在步骤一的基础上，对队友发出的某一技术动作做出一至两个常规的、与之相对应的反应动作或简单的反击动作。

步骤三：随着运动员对某一技术动作的常规反应动作的掌握和熟练，不断增加新的反应动作练习，使运动员掌握对某一攻击动作进行正确防守和反击的多种攻防技能，提高运动员在复杂多变的比赛中选择反应的能力，准确地选择有效的行动对策。

（三）重复训练法

重复训练法是提高跆拳道运动员动作速度和动作频率的基本方法，它通常制定最高或次最高的动作速度指标，固定一定的练习时间、练习次数和练习难度，多次重复某一技术动作（或固定组合动作）。重复法不只是用于提高速度能力，也可用于改善运动技能和技术动作，技术动作只有经过多次的重复练习，才能形成稳固的动力定型。

速度性练习的效果，很大程度上取决于运动员完成动作的强度和最大限度动员机体机能的能力。因此，运用重复法进行速度训练时，应充分动员和调动运动员的练习积极性，使运动员将练习的注意力完全集中到以最快速度完成技术动作方面，并力求超过自身的最大速度能力。

（四）变换训练

变换训练法是指在动作速度练习中有目的地合理变化速度和加速度；或改变练习条件和要求，并按适当的比例和程序结合在一起的练习方法。其作用在于避免因长时间进行极限强度的重复练习，形成有碍速度能力提高的动力定型和导致出现“速度障碍”。如果出现这两种情况，仍采用相同的训练方法和训练强度，很难使速度能力进一步提高。

所谓的“速度障碍”就是由于在速度练习时反复进行某一动作的练习，这种多次重复的练习形成了动作的动力定型，使动作的各种指标相对稳定，使之在动作的空间特征和时间特征上如动作的幅度、方向、速度、频率都相对稳定，间接使运动员在不自觉的情况下出现维持原有动作练习速度的现象，阻碍了动作速度的进一步提高。在跆拳道运动的训练实践中，我们针对上述两种情况，通常采用外力训练和结合专项动作变换练习速度的方法来解决。

外力训练法：借助外部力量来提高动作速度的练习方法。如：一般性训练中的下坡跑、追逐跑、顺风跑、“领跑”等；还有增加一定负荷的专项动作的练习，如：先进行一组负重沙袋的腿法练习，然后去掉负重进行相同腿法练习；再如：利用橡皮筋进行各种腿法练习，再进行无橡皮筋牵拉的腿法练习等，都有助于突破原有的速度定型模式。利用这些辅助的、自然的外部条件，赋予动作加快速度的力量，使动作速度加快，从而改善和提高神经系统的灵活性。

变换速度法：在一组练习中（单个动作或固定组合动作），把练习时间分成若干段，给每一段赋予不同的练习速度，以新的练习形式来强化对运动员的刺激，给运动员一种新的速度感觉，从而引起运动员生理上和心理上的新变化，使中枢神经系统和神经肌肉协调重新适应新的要求。变速训练法既可打破极限强度训练单一化，又有利于运动员更轻松省力地完成技术动作，是有目的、有计划地提高速度能力和预防“速度障碍”的有效训练方法。

（五）节奏引导法

教练员通过掌声、哨音或节奏器鸣响发出速率指令，运动员以尽可能快的速度跟上信号的节奏，完成步法、腿法、拳法的单个或组合动作，努力适应和建立更快的速度节奏。在节奏的运用上，以中速节奏开始，逐步加快节奏直至极限。运动员在练习中可以借助发声呐喊来激发斗志，振奋精神，提高神经系统的兴奋性，以抵御疲劳。教练员也可在练习中，以语言和行为来刺激、鼓励运动员以最快的速度来完成每一组练习，提高训练效果。

四、速度训练的要求

（一）速度训练应与专项高度结合

速度素质训练应结合运动员所从事的专项运动进行，跆拳道运动员的反应速度应侧重于视觉反应速度的训练；而动作速度和动作速率则应着重提高运动员肌肉的运动感觉的复杂反应速度。

（二）速度训练应在训练课的前半部进行

速度素质训练应在运动员精力充沛、情绪饱满、运动欲望强的情况下进行。因此，速度训练应安排在课的前半部。

（三）速度训练应采用极限强度

速度素质训练是以极限强度的无氧代谢为主的活动，但是必须以一定的有氧代谢为基础。通过一定的有氧代谢的训练，可以提高体内含氧量及输氧能力，并有利于机体恢复。

（四）应防止过早产生速度障碍

“速度障碍”是速度发展中的一种现象，即在速度素质提高到一定程度时，就会出现停滞的现象。其产生的主客观因素很多，如过早发展绝对速度、基础训练不够、技术动作不合理、训练手段单调片面、心理感觉无新意刺激、负荷过度且恢复不好都会导致这一现象产生。因此，在训练上应注意：首先，优先发展一般耐力，为发展专项速度耐力奠定基础；其次，多采用一些发展速度力量的练习手段，培养运动员在短时间内快速用力的能力；再次，在采用“极限负荷强度”练习时，应特别注意肌肉的放松训练；最后，一旦出现“障碍”，应积极采用外力手段予以突破。

五、跆拳道速度训练的具体方法与手段

（一）反应速度训练方法

1．简单动作反应速度的训练。

按动作的技术规格要求进行单个或简易组合动作的训练，简单反应速度的提高，主要取决于运动员对动作熟练的程度。要提高跆拳道简单动作反应速度，主要利用以下几种具体方法：

（1）移动目标训练：培养运动员在视野中预先观察到运动的客体及观察移动方向，通过专项的训练，培养敏锐的观察力，如：一定距离的模拟实战，刺激主要来自对手的进攻动作。

（2）摸肩训练：运动员与陪练配合，陪练用手触摸对方的肩部，运动员迅速进行防守或反击。

（3）任意靶训练：教练手持脚靶，不断变换靶的方位或高度，突然喂靶，练习者根据靶的方位或高度，用最快的速度击打。

（4）号令训练：由陪练或同伴发出信号或声音信号，让练习者进行快速反应，如运动员背对陪练，听到发出信号后迅速跳起转身进行冲刺跑。

听教练或同伴发出信号后进行快速反应。例如随教练或同伴击掌的声音，迅速做出具体动作如横踢、后踢等；听信号后进行前进、后退跑、扶地转身往返跑等练习。

（5）防守反击训练：陪练用腿法主动进攻，练习者采用相应的方法防守，同时采用适当的动作反击，根据教练或同伴做出的进攻动作，迅速做出防守、防守反击、直接反击动作。例如看到对方做出左横踢进攻动作，迅速利用跳换步接后踢反击，当教练或同伴在不同高度和不同部位亮出脚靶时，快速做出反应判断，利用合适的技术动作快速进攻。教练员或者同伴可以在运动员攻击后用脚靶进行反击，让运动员迅速做出防守，并做好再次进攻的准备。

2. 复杂动作反应速度的训练

（1）随着训练时间的增加和反应速度的巩固与提高，就要进入专项训练阶段。专项训练时通常采用分解法和变换法。

分解法：是指在较容易完成动作的条件下，通过提高分解动作的速度来提高反应速度。如练习右臂内格防守，接跳换步左后旋踢反击的动作组合，训练时先练左势站立用右臂向内格挡防守连续顺势跳换成右势站立，然后再练习右势实战姿势向左后转体用左脚后旋踢的反击动作，来提高两部分动作的速度。

变换法：则是指根据动作的练习强度，用具有时间变化的信号刺激，明显改变练习形式来提高简单动作的反应速度。如临近比赛时的条件实战，以及通过消除运动员心理障碍等方法来提高简单反应速度的训练方法均属此列。

（2）比赛法：跆拳道比赛攻防激烈，对于复杂动作的反应速度有着更高的要求。因此复杂动作反应速度的训练最重要，最有效的方法就是通过条件实战、实战和参加邀请赛、对抗赛、甚至正式比赛去具体完成训练任务。选择的动作是否正确、有效，只有在实战运用中才能得到证实。因此，根据教练员事先设计好的训练意图进行实战对抗和比赛，在对抗中练习掌握复杂动作的速度和时机，从而提高复杂动作的反应速度是高水平运动员训练所必须的方法之一。

通过实战和比赛训练运动员的反应速度。实战和比赛是训练贻拳道运动员复杂反应的最好方法，并且要经常与不同的对手进行实战，以变化对运动员的刺激，提高运动员随机应变、适应不同对手的能力，提高运动员的反应速度。

(3) 空当训练：陪练与练习者进行实战式的练习，陪练不定时地露出得分点，练习者根据“情况”迅速击打目标。

(4) 练习者使用假动作技术，在对方做出相应反应时，练习者选择有效的技术进行攻击。可以先规定假动作、反应动作和攻击动作，然后逐渐过渡到任意的假动作、反应动作和攻击动作。

(二) 动作速度训练方法

在进行专门练习时，可采用将不同特点的两、三个动作或组合连续运用的方法，提高完成不同动作的速率。例如做左横踢—右横踢—转身左后旋踢组合，接做腾空左前劈腿—右侧踢组合，将原地的、旋转和腾空的动作结合起来熟练后会提高不同形式动作的单个速率和变化速度，从根本提高动作的速度。

1. 垂直跳起：从慢跑开始，尽可能地向上跳起，注意膝盖的上抬，一条腿落地后继续从地面跳起。

2. 向外跳跃：这项训练与垂直跳跃很相似，只是脚要横向地落到正常落地位置的外侧，身体要向外摆，向上，向前。

3. 向内跳跃：这项训练和向外跳跃很像，只是脚要横向地落到正常落地位置的内侧，身体要向内摆，向上，向前。

4. 提臀练习：从慢跑开始，位置较低的腿要往回抬并离开臀部。位置高的腿不要移动太多，但脚后跟要碰到臀部。

5. 高抬腿练习：膝盖在一个较高位置上，运动员把脚放下再抬起。重点在于脚蹬地并迅速抬起以尽力减少脚与地面的接触。在地面上，要尽力使脚提高到膝盖的高度。升降十次一组。

6. 下压腿练习：像跨栏一样，腿在身前伸展，运动员运用爆发力下压腿和地面接触。每腿做 10 次为一组。

7. 非洲舞练习：向前跑时，运动员把腿抬起，小腿向后踢并接触身体，并用手拍一下脚后跟。跑 30 米为一组。

8. 击脚练习：向前跑时，运动员把脚向内旋转到身体的中线，并在中线时用手拍脚后跟。跑 30 米为一组。

9. 牵引练习

(1) 长度为 6～7 米的橡胶带的一端用带子系在运动员的腰部，另一端可以系在另一运动员或其他固定物体上。运动员退回拉伸弹性带并在拉力下以 3/4 全速往前跑，直到他们能调整和掌握平衡。

(2) 在拉力的作用下，运动员带着橡胶带向固定物方向跳，每次练习重复四次，两次以 3/4 全速跳，两次以全速快跑。在另外三次速跑中，运动员每次另加后跳 5～8 次的练习，以增强拉力和速度。

10. 高速踏车短时快骑练习。

11. 在规定时间内完成规定的跆拳道技术动作次数，或者动作次数不变逐步缩短完成动作的时间。单位时间内完成数量越多，效果越好，但一定要保证动作的规格和质量。如 1 分钟或 30 秒，进行快速跳高抬腿、快速踢腿技术等。

12. 利用负重法进行技术训练：练习时练习者可以穿上沙护腿、沙背心等具有一定重量的辅助器具。重量 5～10kg，然后进行各种技术动作的完整练习，熟练后去掉负重，会提高动作的速度。

13. 利用比赛法进行训练：利用比赛时运动员高度兴奋，出现最大速度可能大大增加，进行专门训练。可利用测验赛、选拔赛、邀请赛、对抗赛等形式，提出明确的任务和训练意图，提高复杂动作的快速完成能力。在进行结合专项身体素质练习时，可采用将不同特点的两、三个动作或组合连续运用的方法，提高完成不同动作的速率。例如，左横踢—右横踢—转身左后旋踢组合，接做腾空左前下劈腿—右侧踢组合，将原地的、旋转和腾空的动作结合起来熟练后会提高不同形式动作的单个速度和组合动作的连接速度，从根本上提高完成各种技术动作的速度。

14. 击打训练：在规定时间内（1 分或 30 秒），练习者通过快速击打沙包或脚靶，规定时间内完成动作次数越多，效果越好，但要保证完成动作的质量。

15. 组合动作训练：练习者按教练提前做好的规定动作进行组合练习，如：前腿下劈—右腿抡踢—旋风踢—后旋踢熟练后会提高单个速度和变化速度。

16. 冲刺跑训练：各种距离的冲刺跑，如：40 米、60 米等。下坡跑：30 米、50 米等。

17. 阻力训练：运动员在踝关节处系上皮筋，使皮筋另一端与器材固定，快速完成提膝出腿动作，或听信号快速完成提膝出腿动作。

18. 在专门性训练时，可将带有转体、进步接各种技术动作的组合反复训练，会提高动作的速度和击打力度。如：将转体后旋踢的动作，结合身体加速时本体感觉，把最快速度和最大力度体现在最后用力上，从而提高后旋踢的动作速度和击打力度。

（三）位移速度训练方法

1. 信号位移训练：陪练与练习者练习时应明确信号所代表的方向。如陪练做出向前的手势，练习者应做撤步动作，陪练给出向左的信号，练习者应做出向右上步的动作。

2. 综合性位移训练：陪练与练习者配合进行模拟实战。如：陪练做上步，练习者做撤步；陪练向左上步，练习者向右上步等。

3. 实战训练：练习者与陪练或队友进行实战训练时，陪练以各种腿法进行攻击，练习者应根据情况迅速做出判断，积极调整步法以便进行反击和防守。

4. 转身加速跑训练：运动员做原地高抬腿动作之后进行高抬腿转身 3～5 圈，立即向前做出加速跑动作，也可听信号进行加速。

5. 跳绳训练：规定时间内快速完成跳绳的数量，并在原地基础上增加难度，可做前进、后退、左右移动等跳绳，规定时间内完成的数量越多效果越好，但要注意保证动作的质量。

6. 减阻训练：在外部有条件的情况下完成高频率的练习，如下坡跑、下台阶跑、顺风跑、缩短频率的跳绳等。

第三节 耐力训练

耐力素质是指人体在长时间活动或抵御神经、肌肉疲劳的能力。它是一种重要的基本运动素质。耐力素质对跆拳道运动的影响十分显著。跆拳道比赛要求运动员在一天内必须完成参赛级别的比赛任务。必须具备一场三局的多轮次比赛，直至决出冠亚军（从上午可打到晚上，轮次多达 6 轮以上）。充沛的体力，确保比赛中技、战术的充分发挥与运用并坚持到比赛的最后，没有良好的耐力素质是无法达到的。耐力素质的训练，除对肌肉耐力和心血管机能的提高具有高度影响外，还决定着肌肉疲劳后恢复的快慢。耐力素质越好，疲劳后迅速恢复的能力越强，这是跆拳道比赛对运动员保持高强度运动能力不变的特殊要求。

一、耐力训练的分类

跆拳道运动员耐力素质的训练包含有氧耐力和无氧耐力以及体力训练。

有氧耐力是指人体在氧供应充足或吸、耗氧量处于平衡情况下克服疲劳的能力。高水平的有氧耐力有助于跆拳道运动员承受大运动量负荷的训练，并在训练中有效地抵抗疲劳，尤其是有益于训练和比赛中间及结束后的快速恢复。恢复得快，运动员再运动或比赛的能力就强，这对跆拳道运动员具有重要的训练和比赛意义（一天多轮次、多场次比赛）。

无氧耐力是指人体在供氧不足并产生氧债的情况下克服疲劳的能力。它取决于肌肉保持机能活动水平不变的持续运动能力。无氧耐力训练能有效地提高非乳酸能和乳酸代谢系统的供能能力，提高机体对酸性物质的耐受能力。前者保证了跆拳道技术动作重复高强度运动的工作强度，后者则保证了技术动作不变形。

体力有别于无氧耐力和有氧耐力。无氧耐力和有氧耐力都是以一定的强度持续工作的能力，体力则是在断续、反复的高频变化的强度运动中，保持工作强度不变的运动能力。体力主要取决于心脏的最高机能水平和心脏对高变强度运动的适应能力。跆拳道运动员在进行短时、高强度运动时的运动强度，主要取决于肌肉的机能水平，肌肉在高强度的腿法、步法工作后必须尽快恢复，而且要恢复至相当水平，才能保持再次高强度运动时的强度不变。而肌肉的恢复主要取决于心脏的最高机能活动水平，并且心脏对高频变化强度运动的适应能力越强，越能使心脏在重复高频变化强度的运动中，保持最高机能活动水平不变，保证高强度的腿法、步法、拳法重复更多的次数。

二、耐力训练的练习强度和量的安排

（一）练习强度

发展有氧耐力的练习强度一般控制在最大速度能力的 50%～70%，运动心率可以控制在 140～170 次/分之间，如果运动心率低于 130 次/分的负荷刺激，不能有效地发展有氧耐力。

发展无氧耐力的练习强度，通常以运动员最大能力的 90%～95%为主，也可采用以次最大强度至最大强度的各种负荷强度的交替运用（视情而有所不同）。

发展体力的练习强度同发展无氧耐力的练习强度基本相同。

（二）持续时间

有氧耐力训练的持续时间变化范围较大，应根据不同的训练阶段、不同的训练水平和专项训练的需要程度来安排，原则上不少于 20～30 分钟。

高强度、高密度和短间歇的无氧耐力训练，练习的持续时间为 10～30 秒（也可以 5～8 秒，但应重复较多组数），次最大强度的持续性无氧练习的持续时间为 1～3 分钟。

发展体力的周期性练习的持续时间为 6～10 分钟，而发展体力的专项练习的持续时间应以接近比赛时间为原则（3～5 分钟）。

（三）间歇时间

有氧耐力训练的休息间歇时间不宜过长，过长会引起后续训练机能能力的降低。可用心率控制间歇时间，当心率下降到 120 次/分时，开始下次练习。

大强度的无氧练习，在每组练习之间应安排较长的休息时间（3～5 分钟），以保证经训练堆积的乳酸得以氧化、排出，使运动员在基本恢复时开始下一次练习。

体力训练则应缩短间歇时间，使机体建立起具有跆拳道比赛特征的适应机制。一般为间歇 30～50 秒（接近比赛时的局间休息时间）。

三、耐力训练的方法

（一）提高有氧能力的训练方法

1. 长时持续训练方法：是指运动员以比较恒定的强度持续不间断地进行长时间练习的方法。在跆拳道训练中一般安排为 20 分钟左右，负荷强度的运动心率指标约为每分钟 150 次。用于提高心脏保持机能活动水平不变的持续活动能力，发展运动员有氧代谢系统的供能能力，是发展一般耐力的最有效的运动形式。

2. 短时持续训练方法：持续时间为 5～8 分钟，负荷强度的运动心率指标控制在每分钟 160 次左右，完成 2～3 组，组间间歇时间充分，用于发展有氧强度状态下的供能能力。例如以原地跳跃配合全身各部位运用动作的有氧跆搏操、跳绳、结合攻防动作的组合空击等。不仅能有效地提高有氧运动的强度，而且能提高运动员的节奏感、协调性和步法的灵活性。

3. 有氧间歇训练方法：主要用于发展运动员有氧代谢系统的工作能力。练习的负荷时间为 6～10 分钟，负荷强度的运动心率指标为 170 次/分左右，组数较少，间歇充分，例如间歇跑 400～1000 米。

（二）提高无氧能力的训练方法

1. 极强性间歇法：例如 60～100 米的间歇跑、100～400 米的间歇跑和具有专项特点的快速高抬腿、快速左右提膝和快速的连续双飞踢等。负荷时间通常在 10～60 秒钟内，负荷强度的心率指标可达到 180 次/分。这种方法主要用于提高非乳酸能和乳酸能系统混合供能能力和提高速度耐力。

2. 强化性间歇法：负荷时间通常在 60～120 秒，负荷强度控制在心率指标 170～180 次/分，练习数组（3～5 组），间歇时间不充分，待心率降至每分钟 130 次左右，即可进行下一组（次）的练习。如：将步法、腿法、拳法结合在一起形成自由动作组合来击打沙包或脚靶的练习。这种方法主要用于发展乳酸能系统的供能能力和提高在无氧供能状态下技术动作的稳定性和实效性。

（三）提高体力的训练方法

1. 12 分钟跑：是提高心脏最高机能水平的有效练习，要求在 12 分钟内达到 2800～3000 米距离，随着训练水平的提高，逐步增加距离。

2. 变速跑：主要用于提高心脏对高变强度运动的适应能力。应用中可采用快跑 20～40 米，接着进入 40～60 米的慢跑，如此重复 6～10 次，完成 2～3 组，组间充分休息或不充分恢复。

3. 模拟比赛的练习：模拟跆拳道每局比赛的时间特征、运动强度变化特征和运动形式特征，将攻防动作组合成不同类型的动作组合，以空击、踢击脚靶或护具靶等为主要形式进行反复的练习，以提高机体对跆拳道比赛供能机制和运动强度等特定条件的适应能力。一般练习 3～5 分钟，重复 3～4 组，间歇 1～3 分钟。也可以采用车轮战的形式，由一人轮战几人进行条件实战或实战比赛，在对抗中发展运动员的比赛所需的体力。

4. 极限强度的重复训练法：跆拳道比赛中，技、战术动作的运用和发挥的速度很快，每次攻击持续时间短（有统计数据表明：每次攻击时间最长 6 秒左右，最短 1 秒左右，平均 3 秒左右），但爆发力强，攻防转换很快。因此，训练的强度、训练的时限接近或等同，甚至超过比赛时的要求，才能最大限度地动员机体的生理和心理能量。通常采用跆拳道专项的动作如三种腿法形成固定的组合动作，以最快的速度在规定的时间内完成最多的练习次数。练习时间 10～15 秒/组，组数为 3～5 组，间歇时间以保证机体能充分地恢复，以利下一组的练习。

跆拳道运动员的耐力训练是一项复杂的任务，跆拳道比赛既要求运动员有很高的有氧能力，也要求高水平的无氧能力，因此，必须采用多种训练方法，全面提高机体的耐力水平。在全年的训练安排上，要分阶段、系统和有侧重地进行各种耐力训练，以保证获得最佳的训练效果。

四、耐力训练的要求

1. 耐力训练应遵循能量代谢系统规律

不同耐力素质是以不同种能量供应形式为基础的，要提高短时耐力水平，就必须提高人体的无氧代谢能力；要提高中时耐力水平，就必须提高有氧、无氧混合供能的能力；要提高长时耐力，就必须提高糖元，尤其是游离脂肪酸的有氧分解释能水平。这是耐力训练必须遵循的基本原则。

2. 中时耐力的能量供应方式呈多元化

中时耐力的能量供应方式比较复杂，所包含的运动项目种类繁多，所采用的训练方法及手段也多种多样，因此，必须仔细分析、认真规划、科学安排负荷。

3. 耐力训练应当与技术训练高度结合

对于非周期项目的跆拳道运动来讲，负荷强度、运动形式以及能量供应方式经常处在不规律的变化之中，因此，其耐力训练必须注意要以有氧耐力训练为基础，无氧耐力训练为目的，以随机变化的负荷强度为练习安排的主要方式，并寓技术练习于耐力训练之中。这样既有利于提高专项耐力水平，又确保技术动作在长时间的操作过程中具有稳定性。

4. 耐力训练应以发展有氧耐力为基础

耐力训练应以发展有氧耐力为基础，混合代谢供能能力和无氧代谢能力为训练目的。同时，应根据负荷时间与能量消耗的关系确定训练重点。

五、跆拳道耐力训练的具体方法与手段

（一）有氧耐力的训练方法

有氧耐力可采用持续训练法及间歇训练法。采用持续训练法时训练强度较小，心率控制在 145～170 次/分，次训练强度时对提高运动员心脏功能，改进肌肉的供血能力有较大意义。目前有氧训练常采用持续性练习和间断性练习两种方法。间断性练习又包括间歇训练和重复训练两种。根据跆拳道运动及比赛特点，最好的方法应是间歇训练。同发展力量一样，发展耐力也必须遵循“渐进的极限负荷”原则，换句话说，当训练水平提高时，身体负荷也必须随之提高，这样才能获得更大的耐力。负荷可采取以下四种方式进行调整：①增加重复次数；②增加每次重复的时间；③提高每次重复的强度；④缩短间歇时间。值得注意的是，在使用以上方式时，选择适当的训练强度是最为重要的。工作强度及所能持续时间二者又是相互制约的。强度较低的工作能持续长的时间，但又不能充分动员人

体的呼吸—循环机能，有效地发展有氧代谢系统；相反，强度过高时，持续时间缩短，供能特点可能发生改变，且没有凭据证明是无氧过程有助于发展有氧耐力。所以如何选择合理的训练强度是十分重要的。心率可用来作为表明适合训练负荷的一种标准。间歇训练的具体方法如下：训练次数：每周 3～5 次。训练强度：心率维持在最高心率上下 10 次范围内。练习时间：每一次 3～5 分钟。间歇时间：3～5 分钟或少于 3 分钟。

1. 越野跑

在运动中控制心率在 150 次/分，符合时间为 30～60 分钟。为避免枯燥的影响，锻炼最好在自然环境中进行。

2. 台阶跑

选取连续长台阶，每组进行 15～20 分钟，共做 2～3 组，组间休息 3～5 分钟。

3. 跳绳训练

采取匀速方法跳绳。保持频率不变，可变换跳动方式，每组进行 10～15 分钟，共做 2～3 组，组间休息 3～5 分钟。

4. 空击及脚靶训练

采用多种进攻和防守技术动作进行练习，运动员对已掌握的技术组合练习，既强化了熟练程度，又提高了耐力素质，要求动作快速、连贯、协调、间歇时间短。每组时间为 2～3 分钟，每次训练做 5～8 组，间歇时间为 1 分钟。

5. 三对一或四对一车轮战

训练队员一人连续不间断地与体力充沛的队员进行实战，一般应连续进行 3～5 局，每局 2～3 分钟。局间歇 1 分钟，进行一轮次或两轮次的有条件实战练习。

（二）无氧耐力的训练方法

无氧耐力是指人体在供氧不足并产生氧债的情况下克服疲劳的能力。即采用负荷时间短、练习密度大、间歇时间短的练习方法。无氧耐力训练强度大，为 80%～90%。一次训练持续时间为 1～2 分钟，训练的组数应确保运动员最后一组练习也能以规定的负荷强度完成训练。训练中心率应在 170 次/分钟以上。

1. 60～100 米、100～400 米间歇跑。以提高非乳酸能和乳酸能系统混合供能能力和提高速度耐力。

2. 间歇法专项技术训练

（1）提高提膝训练

（2）快速连续双飞

（3）左右横踢 50 次

（4）左两次、右两次横踢 30 次

（5）单腿横踢（50 次、40 次、30 次、20 次、10 次）递减法

（6）跳踢（50次、40次、30次、20次、10次）递减法。负荷时间为15～60秒

3. 脚靶训练

三人一组脚靶练习。

（1）横踢前后腿中高位横踢各10次

（2）劈腿前后各30次

（3）后踢20次

（4）后旋踢20次

（5）旋风踢20次

（6）双飞踢20次。负荷时间为1～2分钟，每次训练做3～6秒。

4. 模拟实战

（1）移动脚靶4分钟为一次进行4组，间歇40秒钟，第二次重复前两的两次，间歇20分钟，共做2～4次。

（2）1分钟为一次进行4组，两人循环无间歇；40秒4组，两人循环无间歇。

（3）车轮战：采用实战或条件实战，由练习者一人连续打3～5局，每打一局换一名体力充沛的同伴，局间歇1分钟。

第四节　柔韧训练

柔韧素质是指人体各关节活动范围的大小、肢体运动的幅度和肌肉、肌腱、韧带等软组织的伸展能力。跆拳道比赛对抗激烈，动作转换迅捷，击打动作幅度大、速度快，对运动员的肩、肘、腕、腰、髋、腿、踝关节的柔韧素质有着很高的要求。柔韧性的训练不足，会造成肌肉、韧带僵硬、动作幅度小，这不仅直接影响跆拳道技能的提高，而且阻碍着力量、速度、协调能力的发展，极易使运动员在训练中发生损伤。柔韧素质分为一般柔韧素质和专门柔韧素质。对跆拳道运动而言，柔韧素质在训练比赛中具有重要意义。

一、柔韧训练的练习强度与量的安排

（一）练习强度

柔韧训练的强度，表现在运动员拉伸肌肉、韧带时用力的程度和负重量的大小。对于前者，跆拳道训练实践中常以运动员的自我感觉为练习强度控制的量度：当肌肉感到胀痛时可稍加用力或保持用力的程度，当肌肉感到酸时可减少用力的程度，当肌肉感觉麻时则应停止练习。采用负重方式进行柔韧训练时，完成强制性慢动作拉伸的负重量可相对大些，但不能超过拉长肌肉力量所能达到的50％的负重量（以运动员最大忍受程度为限），在完成负重快速摆动练习时，其

负重量因人而异，约在最大负重的10%左右。

（二）练习时间与组数量

练习的重复次数、组数及持续时间，取决于关节的特点、运动员的年龄和性别以及动作的性质和动作的速度。

在一堂训练课中，每组练习一般重复10～12次，摆动动作每组练习的持续时间一般为15秒钟左右，被动训练的静力性拉伸视情可持续2～3分钟，少年运动员的练习量应比成年运动员少50%～75%。

（三）动作的练习速度

柔韧训练的拉伸练习，可用缓慢的速度，也可用急骤的速度。慢速的拉伸能有意识地放松对抗肌，较少引起牵张反射，训练效果好；急速的拉伸则体现了跆拳道专项的特点和竞赛特点（爆发式的发力击打）。在跆拳道柔韧训练中，两者应有机地结合，以提高柔韧素质的质量，满足训练比赛对柔韧性的要求。

（四）间歇时间

间歇时间的确定，以保证运动员在完全恢复的条件下进行下一组次的练习为基本原则。间歇中应安排肌肉放松练习，使有关关节得以充分放松。

跆拳道运动员的体能训练，确实是一项全面、复杂、精细的系统工程。在实践中要做到有序地进行训练，使各种身体素质互相促进，形成合力，共同为跆拳道专项技能服务，并不是一件容易地事情。因此，跆拳道运动员各种素质训练的目的要明确，关系要清楚，思路要清晰，方法要得当。其指导思想可定为：以速度素质为中心，以力量、柔韧素质为基础，以耐力素质为保证，发展力量、柔韧素质要为提高速度素质服务，体能训练的一切方法手段要以速度素质为龙头，带动促进其他素质同步增长。

二、柔韧训练的方法

（一）静力拉伸法

该方法是指通过缓慢的动作，将肌肉，韧带等软组织拉长到某一限度时，暂时保持动作静止，使软组织处于拉长状态的练习方法。它最大功能是使软组织的伸展性有足够长的时间得以锻炼，有效发展一般柔韧素质。

（二）动力性拉伸法

该方法是指有节奏的通过多次重复同一动作的练习使软组织逐渐地被拉长的练习方法。它最大的特点是主动性拉伸时，肌肉张力变化的高峰值约为静力拉伸的两倍。能够最大限度地发展柔韧素质，扩大动作伸展幅度。

动力拉伸法和静力拉伸法又有主动训练和被动训练两种方式。主动训练是运动员依靠自己的力量完成拉伸练习，如自我进行各种压腿、劈叉、横叉等维持最大幅度拉伸的静力练习等；负重或不负重的各种踢腿、摆腿等练习。被动静力拉伸是借助外力（同伴、器械、体重等）如队友帮助进行压腿、劈叉、横叉的练习；负重压腿、垫高脚部进行负重的劈叉、横叉的练习等。柔韧训练中常将动力拉伸与静力拉伸、主动训练与被动训练结合起来进行，使拉伸练习有动有静，动静结合；有主动有被动，主动与被动结合，提高柔韧训练的质量。

三、柔韧训练的要求

1. 柔韧训练要与力量训练适当结合

柔韧训练需与力量训练相结合，这不仅旨在保证两者素质同时增长，更重要的是可以避免或消除两者之间的不良转移。要十分注意柔韧性训练后的放松练习，使肌肉练得柔而不软、韧而不僵。

2. 柔韧素质训练应以专项要求为准

柔韧素质的最佳发展程度，不能以运动员争取达到骨骼装置确定的最大限度为原则。对跆拳道项目来讲，柔韧素质发展到能够满足专项技术的需要即可。倘若发展过度，则会引起肌肉失去弹性、击打无力的不良后果。

3. 柔韧素质训练应当坚持不懈进行

柔韧性的发展比较容易见效，但一旦停止一段时间的训练，则极易使柔韧素质消退。因此，柔韧素质训练要经常进行，特别是专门柔韧素质训练更需要如此。

四、跆拳道柔韧训练的具体方法与手段

（一）正压腿：主要用来发展腿部后侧肌肉的柔韧性。面对横木或一定高度的物体站立，一腿提起，把脚跟放在横木上，脚尖勾紧；两手扶按在膝关节上，两腿伸直，腰背挺直髋关节摆正，上体前屈并向前、向下做压振动作。两腿交替进行。

动作要点：两腿都要伸直；上体向前、向下压振时腰背要直。压振时幅度由小到大，直到能用下颏触及脚尖。

（二）侧压腿：主要用来发展腿部内侧肌肉的柔韧性。侧对横木或有一定高度的物体，一脚支撑，另一脚抬起，腿跟放在横木上，脚尖勾紧；两腿伸直，腰背保持直立，髋关节对前方，然后上体向放在横木的腿侧倾倒压振。左右腿交替进行。

动作要点：上体保持直立向侧、向下压振；压振幅度逐渐加大，髋关节一直正对前方。

（三）后压腿：主要用来发展腿部前侧肌肉的柔韧性。背对横木或有一定高度的物体，一腿支撑，另一腿后举起，脚背放在横木上，腿和脚背都要伸直，上体直立、髋关节正对前方，上体向后仰并做压振动作，左右腿交替进行。

动作要点：两腿挺膝，支撑腿直立且全脚着地站稳；挺胸、展髋、腰后屈；后压振幅度逐渐加大。

（四）盘腿前俯：主要用来发展腿部后侧肌肉和髋关节的柔韧性。练习者两腿屈膝盘坐，两脚掌相对，两手握住两脚，上体前俯用力下压，感觉大腿内侧韧带拉伸至最大幅度时还原，还原后再次重复，交替进行。

动作要点：脚掌要相对，尽量把髋关节打开至最大幅度。

（五）仆步压腿：主要用来练习大腿内侧和髋关节柔韧性。具体方法：两脚左右开立，左腿屈膝全蹲，全脚着地；右腿挺膝伸直，脚尖内扣，尽量远伸。然后，上体不起来；起来，将身体重心从左脚移至右脚，成另一侧的仆步。可一手扶，另一手按另一膝，向下压振。亦可两手分别抓住左右脚，做向下压振和左右移换身体重心的动作

动作要点：挺胸塌腰，下振时逐渐用力，左右移动时要低稳缓慢。开胯沉髋，挺胸下压，使臀部和腿内侧尽量贴近地面移动。

（六）竖叉：主要用来练习大腿前后侧和髋部柔韧性。具体方法：两腿前后分开成一条直线，前腿的脚后跟、小腿腓肠肌和大腿后肌群压紧地面，脚尖勾紧上翘，正对上方；后腿的脚背、膝盖和股四头肌压紧地面，脚尖指向正后方；髋关节摆正与两腿垂直，臀部压紧地面。上体正直。可做上体前俯，压紧前面腿的前俯压振动作、亦可做上体后屈的向后压振动作，增大动作难度和拉伸幅度，动作幅度由小到大，逐渐用力。

动作要点：挺腰直背，沉髋挺膝；前俯勾脚，后屈伸踝。

（七）横叉：主要用来练习大腿内后侧和胯关节柔韧性具体方法：两腿左右一字伸开，两手可辅助支撑；两腿的小腿后侧着地，压紧地面，两脚的脚跟着地，两脚尖向左右侧伸展或勾紧，胯充分打开，成一字形。可上体前俯拉长腿后侧肌肉并充分开胯；亦叫上体向左右侧倒，可以拉长大腿内后侧肌肉并增大胯的活动幅度。

动作要点：挺腰立背，开胯沉髋；挺膝勾脚，前俯倾倒。

第五节　跆拳道灵敏素质

灵敏素质是指在各种突然变换的条件下，运动员能迅速、准确、协调、灵活地改变身体运动的空间位置和运动方向，以适应变化着的外环境的能力，是跆拳道运动员反应速度和动作速度的综合体现。跆拳道比赛要求运动员要具有高度的灵活性才能完成一些高难度动作或组合动作，因此，灵敏素质是协调发挥各个身体素质能力、提高技术动作质量、获得理想的技术效果及创造优异运动成绩的重要条件。

一、影响因素

（一）生理因素

1. 神经过程的灵敏性的提高

灵敏素质的高低决定于大脑皮质综合分析的能力。动作经过反复练习，使技术动作熟练化、自动化，同时使大脑神经过程兴奋和抑制的转化能力加强，这样就有效提高大脑神经过程的灵活性，从而使运动员在任何环境中都能把技术动作熟练地表现出来。

2. 条件反射形成后的强化

当掌握动作之后，还必须反复练习，不断强化，使之形成“动力定型”，灵敏素质才能不断巩固和提高。如不予强化，暂时神经联系就会中断，条件反射会消退，灵活性也会降低。

3. 前庭器官的机能增强

人体的内耳中有前庭器官，包括椭圆囊，球囊和半规管，能感受直线加速和减速运动的刺激以及旋转运动开始和终止时的刺激。因此，利用一些特定动作练习，对发展灵敏素质有所裨益。

（二）年龄、性别

1. 年龄

从幼儿开始学习走路到6、7岁，平衡器官得到充分发展；从7岁到12岁，灵敏素质稳定提高。该年龄段中，进行体育锻炼有利于提高动作频率、反应速度及单个动作速度；13岁到15岁为青春期，身高增长较快，灵敏素质相对有所下降，以后随年龄增长又稳定提高，直至成人。

2. 性别

在儿童期，男孩和女孩灵活性差不多，在青春期，男孩比女孩稍灵活些，在青春期以后，男子的灵敏素质高于女子。女子进入青春期，由于体重增加，有氧能力下降，内分泌系统变化，灵敏素质会一度出现明显的生理性下降趋势。根据这一变化规律，在青春期以前就应加强女子的灵敏素质练习，使之得到充分发展。

（三）疲劳程度

疲劳将导致中枢神经系统灵活性与机体活动能力降低。由于大脑皮质的能源供应不足，从而产生保持性抑制，使肌肉力量不能发挥、反应迟钝、速度下降、动作不协调等，灵敏性显著降低。

（四）情绪

人的情绪在高涨时显得特别灵敏，而情绪低落时，灵敏性也会降低。由于比赛因素及其他生理、心理等原因都会导致情绪的变化，可能会出现过度兴奋，使中枢神经的兴奋扩散不能集中，造成身体失控；也可能会引起过度抑制、精神不振，导致动作无力和不协调。

（五）运动经验

实践证明，掌握基本技术越多且越熟练，表现出的灵敏素质也越高。因此，应丰富运动员的运动实践经验，增加身体素质和技、战术动作“储备”以促进运动员灵敏素质的提高。

二、提高跆拳道运动员灵敏素质练习的主要手段

（一）根据老师或教练发出的信号或手势做急跑、急停、各种步法练习及结合标志筒、栏架、踏板等道具进行的相关灵敏练习。

（二）各种变化方向的追逐性游戏，如贴膏药、转圈抢球、十字变向跑等。

（三）通过具有针对性的腰、骨盆、髋部的核心力量训练，以提高运动员的运动平衡能力、调节动作的控制能力，不仅有效提高跆拳道运动员的灵敏素质，还可有效预防运动损伤。

（四）技术组合练习。将不同的技术动作组合在一起，高低结合、纵横结合进行练习，提高练习者的协调及灵敏能力。如：横踢＋下劈＋后踢，双飞＋侧踢＋拳击打等。

（五）当下流行的软梯训练可在最短时间内提高运动员神经肌肉的兴奋性，降低肌肉粘滞性，提高肌肉温度和弹性，对提高运动员的灵敏性、协调性、速度能力是一种很好的训练方法。

三、跆拳道灵敏素质训练的具体方法与手段

（一）一般灵敏素质练习

1. 15米往返跑1分钟/间歇1分钟×（8～10）组发展蹬腿发力的动作速度、步法移动变换能力。

2. 翻滚30秒/间歇30秒×（4～6）组发展背肌、腰腹部肌肉的协调能力和遭重击后身体抗击打平衡能力。

3. 跳背钻裆1分钟/间歇1分钟×（4～6）组发展上肢关节、腰腹部肌肉、膝关节抵抗目标的反作用力。

4. 十字蹦跳1分钟/间歇1分钟×（2～4）组发展下肢耐力、脚踝膝关节小肌群力量，以及步法移动变换能力。

5. 5米三向折返跑1分钟/间歇1分钟×（6～8）组发展运动员连续蹬腿、转腰出腿等身体屈伸动作时肌肉群的协调能力。

（二）专项灵敏素质练习

1. 盯人与摆脱练习：两人面对面站立相距1～2米，摆脱者向前跑，盯人者后退跑，前者在跑动中要通过作各种假动作来想办法越过对手，后者则要尽力盯住对手，练习要尽全力。

2. 蛇形绕杆跑：杆数在15～20根左右，杆距1米，要求在规定时间内跑到终点。此方法结合专项可以将杆子换成拿脚靶的队员：5个运动员左右交叉拿5种不同跆拳道腿法的脚靶分两列站开，前后左右相隔1米，其他运动员在最短时间内有效完成这5种腿法并迅速回到起点。

3. 灵敏循环练习：跆拳道的比赛区一般为8米×8米的正方形蓝色垫子，在比赛区域外均铺有至少一块红色或黄色的垫子（保护区）。教练员选择四个运动员每人拿两个脚靶依次站在最外侧红色或黄色垫子的四个角落处的垫子上，随机选择一个角落作为起点，要求运动员顺时针或逆时针以最快速度完成先完成起点的脚靶腿法，然后再去向完成第二个脚靶腿法之前在垫子上先完成教练员的规定动作（如前滚翻、匍匐前进、蛙跳、鸭子步等），以此类推直至回到起点。当运动员可顺利完成此项训练时可加大难度，要求规定时间内完成或把四个角的固定脚靶改为随机变换脚靶以增强运动员的反应速度及灵敏素质。

4. 通过悬吊训练法增强跆拳道运动员核心区域的稳定性及灵敏性：如运动员俯卧双腿悬挂并维持，待稳定后慢慢屈膝，练习3～4组，每组5次。

5. 软梯训练法：

软梯训练作为一种有效的提高运动员灵敏性的训练方法，可按以下原则进行训练。

强度：中等或中等偏上为宜，持续时间为10～20分钟，1～2次、2～3组，每组之间保证运动员完全恢复或基本恢复。要求心率达到150～180次/分，动作完成既轻松又协调。

软梯训练常用方法。

（1）直线方向训练法：直线方向训练方法有小步跑、高抬腿、快速垫步前（后）跑、垫步抬腿、两腿伸直跳、内跨步向前交叉腿、内跨步向后跳、两腿前交叉向前（向后）跳、左右碎步往前（向后）跑、刹车跑、剪刀式向前（向后）跳、框内外向前（向后）小步跑、单腿蹬跳、转髋跳、后交叉步单脚前（后）移等。

（2）水平方向训练法：水平方向训练法有交叉分腿平移、平行侧移高抬腿、平行前后侧移步、快速小步平移跑、两腿内外跳平移、框里框外并步侧移、侧向单脚换两脚跳、快速踏框分腿平移、侧向前后跳、臀部扭转侧移跳、侧向跨步跑左（右）腿、卡里奥克舞、分腿垫步横向跑、左腿前交叉垫步跳、侧向前后并步分腿跳、单腿侧向跳、单腿侧向前后跳等三十多种方法。

（3）直线方向和水平方向结合训练法。常用的有并腿向前跳、并腿向右后跳、宽跨步后踢腿向前（后）跳、前交叉向前（后）跑、左右跨步向前（后）跑、Z型单腿后踢往前（后）跳、单腿前（后）跳等四十多种方法。

四、跆拳道运动员灵敏素质训练的注意事项

（一）注重质量而不是数量。质量是跆拳道灵敏训练的关键，在灵敏训练的过程中要严格按照练习的要求进行，注重训练的质量而不是负荷量的大小。

（二）负荷量、强度和间歇时间。跆拳道灵敏训练的强度一般较大，速度较快，次数不宜太多，时间不宜太长。练习强度应依据个人特点和所处训练阶段的

不同而有所不同。练习间间歇充分，使机体能够完全恢复或基本完全恢复，但又不能时间过长而使神经兴奋性下降，练习与休息的时间比可安排为1：3。

（三）在进行跆拳道灵敏训练之前必须进行充分的热身。将灵敏训练安排在课的前半部分或准备活动中进行，此时运动员神经兴奋性高，肌肉未疲劳，练习强度和训练质量能够得到有效保障。每星期安排练习课的次数是根据阶段的不同或具体需要来定制的。在准备期或赛季前可安排2～3次/周，在赛前或赛中可安排1次/周。

（四）抓住灵敏训练的敏感期。跆拳道灵敏训练要根据不同年龄段的灵敏素质发展规律来安排不同的训练比重，6～12岁左右提高平稳；11～12岁是发展灵敏素质的高峰期，在青春期后要注意对灵敏素质的保持和进一步发展。

（五）在进行灵敏训练的过程中一定要注意对肌肉的放松，避免肌肉过度紧张，这样才能使身体在运动过程中保持良好的动态平衡，运动员的动作则会更加放松、协调和准确。

（六）力量是灵敏训练的重要基础。在训练的开始阶段要先发展强大的力量和爆发力作为基础将会使灵敏训练获得更大的效益，以提高训练效果同时有效预防不必要的伤病。

灵敏素质是人体五大素质重要组成部分，它是多种运动技能和身体素质在运动中的综合表现，是一种较为复杂的素质。与其他素质共同决定了人体运动的能力。发展灵敏素质的训练要把握好最佳发展时机，方法要多变。熟练基本动作、循序渐进、与其他素质共同发展等原则。

第六节　抗击打练习

抗击打是指人体对外界击打的承受能力。跆拳道是一项对抗性很强的竞技格斗体育运动，是身体与身体的直接对抗。它不仅要求运动员有良好的力量、速度、耐力、柔韧、灵敏等素质，而且对运动员抗御击打的能力同样有很高的要求。较强的抗击打能力也是一名优秀跆拳道运动员所必备的基本素质之一。

在紧张激烈的跆拳道对抗中，从上场伊始，遭受对方的击打是在所难免的。如果抗击打能力较弱，一旦被对手的重击击中，就会影响技术动作的运用和发挥，从心理上产生畏惧感，动摇取胜的信心，进而导致技术失调，受制于人。更为严重的是，如果没有足够的抗击打能力，在遭受到对方重击后，就很可能被对方击倒，并由此而失去整个比赛。而较强的身体抗御击打的能力则能使自己在遭受击打后仍能保持较清醒的头脑，身体不至于受伤，并能很快地进行自我调整，从而化解对方的攻势，改变不利局面，为最终取得比赛的胜利提供有力的保证。

抗击打训练就是为了提高运动员的抗击打能力而进行的专门训练，是跆拳道运动的一种专门练习形式。通过抗击打能力的训练，能使机体肌肉变得结实、坚硬，有效提高运动员的自我保护能力和比赛的自信心，避免和减少运动损伤的发生。

一、抗击打能力的训练方法

抗击力训练的手段有很多，常用的方法有以下几种：

(一) 拍打训练

1. 自我拍打

自我拍打可徒手对自己的要害部位、进攻“武器”（拳和脚）和易受击打部位如对头部、腹部、背部、上肢、下肢等进行拍打练习以及通过脚踢沙袋或较硬的脚靶，来提高脚踝部的承受能力。亦可利用特制的器械对身体部位进行拍打或撞击，如用手靶击打面部，用特制木棍敲打，碾压胫骨、手臂和脚踝部等。

2. 相互拍打

拍打练习也可与队友一起进行，相互拍打或撞击身体相关部位，如靠臂练习、相互拍击、撞击胸腹部，用拳法或腿法相互踢打身体相关部位等。也可在同伴的帮助下利用特殊器械对身体各部位进行相互拍打、碾压，如让同伴戴手套击打面部和胸腹部，用实心球抛击胸腹部，用脚靶或木棍等硬物拍击，碾压腹部、背部、下肢和脚踝等。

(二) 模拟实战训练

为提高运动员的抗击打能力，可在一定条件下进行模拟条件实战练习。如规定一方结合步法运用各种高腿击头动作进行具有针对性的进攻，另一方则针对击头动作进行专门的防守练习，旨在提高头部的防护能力；或采用随意性的进攻，在移动中用重腿重点击打腹部和背部，以提高运动员的抗击打能力和被击中后的应变能力。

二、抗击打能力训练的要求

1. 循序渐进

抗击打能力训练要科学合理地安排好运动量，根据运动员的实际能力和水平，切实掌握好击打的力度，要量力而行，由轻到重，循序渐进，不可急于求成。进行抗击打能力的对抗实战比赛训练要慎重，切不可不切实际而草率行事。

2. 全面击打

进行抗击打能力的训练，要注意身体的全面性，应特别注意加强前臂、小腿、脚踝部和易受伤部位的抗击打能力的练习。

3. 持之以恒

人体机能的改变需要一定的过程，不是在短时期内可以奏效的，它对训练的适应必须通过机体自身各个系统、器官、肌肉的变化来逐步实现。值得注意的是，机体在负荷作用下所获得的一切能力，在停止训练后也会较快地消退。因此，提高运动员的抗击打能力必须系统地、不间断地进行，保持与运动技能的同步发展。

4. 针对性强

抗击打能力的训练要针对运动员不同的个人实际情况及不同训练阶段的任务与要求，采取相应的手段，同时还要注意训练与实战相结合，一切从实战出发，根据技、战术的需要进行有针对性地练习。

5. 加强恢复

进行抗击打能力训练后，必须要有行之有效的恢复过程。可采用按摩、沐浴、热敷、心理暗示等手段进行恢复练习，也可以结合合理的膳食营养与药物，以促使机体尽快得到恢复。针对跆拳道运动的特点，每次训练课后，用添加具有消炎止痛、活血化瘀的中草药药水，对前臂、小腿、脚踝部进行泡浴，实践证明，这是一种行之有效的恢复方法。

第六章　跆拳道战术

第一节　概　述

跆拳道战术是在比赛中根据双方临场的实际情况，充分发挥自己的特长，限制对手的长处，为战胜对手而采取的计策与方法。

在跆拳道比赛中，紧张激烈的一对一对抗，始终贯穿着发挥与反发挥、限制与反限制的争斗，比赛双方为力争主动、取得比赛胜利，总是通过合理有效的战术行动来实现。一方面扬己之长，避己之短，即充分发挥自己的优点与特长，弥补自己的不足与短处；另一方面，抑彼之长，攻彼之短，即限制对方的长处，扩大并利用其弱点。跆拳道战术就是跆拳道运动的灵魂。

战术的实质就是一种谋略，一种诡诈行动。《孙子兵法》曰："兵者，诡道也"。在跆拳道比赛中，双方总是利用一切可以利用的技战术动作来欺骗对手，误导对手的判断，引诱对手暴露弱点，出现破绽，然后抓住时机迅速予以打击。

跆拳道战术的作用在于能把运动员获得的身体、技术、心理等方面的能力，在比赛中以最优化的形式充分展现出来。其核心就是"制人而不制于人"。在与对手身体、技术、心理等能力旗鼓相当、势均力敌的情况下，战术常常是取得比赛胜利的重要保证。一个合理正确的战术，能充分发挥自己身体、技术、心理的潜能，抑制对手技术地发挥，扰乱对手的心理状态，分散对手的注意力，破坏对手的技战术意图，削弱其斗志，丧失其战斗力，导致其错误而致其最终失败。

一、跆拳道战术的特点

（一）具有独立性

跆拳道运动是一对一的攻防格斗对抗，其战术是个人战术，是由自己个人独立战胜对手而采取的各种计谋与行动。它区别于其他项目的战术，具有独立性，是以自己的智慧、强烈的战术意识、审时度势的判断、顽强的拼搏精神，运用自己的身体、技术、心理等能力与战术紧密结合，快速有效地去击打对手，从而取得比赛的胜利。比赛中，个人的一切行动必然受到对手的抵抗与制约。因此，进攻与防守要积极主动，攻防转换要快速敏捷，在整体攻防上要有预见性，知己知彼，判断准确，巧于心计，思于谋略，善于应变，方能克敌制胜。

（二）具有灵敏性、应变性

比赛战术是根据自己与对手的实际情况来制定的，在比赛运用时，应根据临场的情势灵活地进行，当情势发生变化时，就要做出相应的调整，这就是战术的机动灵活性和应变性。任何机械地去执行赛前拟定的战术计划而不加区别地照搬运用，都是不可靠和不可取的，不但不能取得预期的攻击效果，适得其反，极易造成自己的被动而使自己无所适从。因此，这就要求运动员要不断地了解对手的弱点，发现新的破绽，适时把握住进攻时机，采取行之有效的动作方法进行突袭，才能在比赛中争得主动而赢得胜利。任何迟疑与犹豫，都将贻误战机，失去极好的攻击时机，甚至可能因一时大意而导致失败。

（三）具有预见性、隐蔽性

跆拳道战术是比赛的核心与灵魂，是建立在对对手情况充分了解的基础上而做出的合理的预测与判断，从而采取相应的计谋和行动，是智慧的较量。预测、判断的正确与否，直接关系到自己战术意图和行动的实施效果，一切战术行动必须立足于事先的正确预见和判断，这样的战术行动才能真正做到有的放矢，一击必中。但这种预见与判断不是凭空的，是依赖于对跆拳道运动规律、比赛特点、双方技战术优劣、临场情势变化的充分了解等诸多方面，进行预测、判断而得出的，见微知著，才能作出有效的攻防及应变的行动。

战术的隐蔽性，就是要把自己真实的战术目的、意图、行动、规律及方法巧妙地隐藏起来，不暴露给对手，以假示人，使对手始终揣摩不到自己真正的战术意图，总是以诡诈的打法和假动作去扰乱、迷惑、欺骗对手，给对手制造假象与错觉，令其真假不辨，防不胜防，一旦对手受骗上当，迅速给予打击，不给对手任何喘息的机会，当对手醒悟时，已无法组织有效的防守而被击中。

二、战术与技术、体能、心理的相互关系

跆拳道的竞技能力是由跆拳道的技术、战术、体能、心理等能力组成的；是运动员训练水平的综合反映。战术能力的作用在于把运动员已获得的技术、体能、心理等训练水平，在比赛中根据临场情势，合理、正确地运用和充分发挥，从而取得比赛的胜利。因此，战术与技术、体能、心理有着密切的关系。技术是战术的基础，体能是提高技术、战术和实施技战术的先决条件，而心理则是技术、战术得以充分发挥的保证。同时，战术的提高必然促进技术、体能和心理水平的更快更高地发展。

（一）战术与技术的关系

在跆拳道运动中，战术与技术是紧密相关的。技术是战术行动的手段，任何战术行动都是通过技术动作来实现的；技术是运动员完成动作的方法，战术是技术动作方法的合理运用，也就是说，战术是告诉运动员某种技术应该在什么情势下使用？如何使用？对不同的对手应该采用何种技术才是合理而有效的。因此，战术与技术是相辅相成的。技术是战术的基础，考虑战术时应以技术基础为出发点。运用一种战术要有一定相应的技术能力，两者是相互依靠的。没有技术就没

有战术，没有战术，技术就没有生命力，也就没有实效性。这表明战术是技术的生命，是充分发挥技术实效性的保证。

战术的使用，不能超越运动员本身的技术能力、技术范围和熟练程度的限度，当运动员对某一种技术动作的掌握不够熟练或欠缺时，他就不可能运用与这个技术动作有关的战术，战术总是在不断地对技术提出更高的要求，运动员对技术的掌握越全面、多样、精细、熟练且实用，就对实施战术意图与行动提供了保障，才能使战术呈现多样化，并衍生出变化莫测的战术行动来。

战术的掌握远比技术要困难许多，它需要根据本人特点和对手特点而因势变化，可以说技术是个人行为，具有主观性，而战术则相反，在比赛中它将受到来自自身与对手各方面的制约。因此，要提高战术能力就必须在技术动作的练习中，对每一个技术动作的要素进行精雕细琢，特别是每个技术动作所包含的使用意图。相同的技术动作，在不同的情势下，其使用目的会有所不同。任何技术动作只有变异（因比赛情势而变化），才能发挥出其应有的攻击效果。结合战术知识来加强技术动作的练习，使之更快地掌握具有战术性质的技术，以此来丰富和完善运动员的技术能力与战术知识。从这一角度出发，技术练习就要善于开动脑子，仔细分析所练技术的效果和优缺点，使技术朝着战术方向发展；而战术训练中则需要依据当时的具体情势，对所实施的技术做出具有针对性的变化，因此，战术和技术是相互促进的。

运动员在最初的技术练习中，是纯技术性质的，是为了掌握好一种技术而不断重复进行练习，其训练层面主要是技术动作的要素而非战术。当技术训练进行到巩固提高阶段后，所有的技术训练就带有一定的战术性质了。我们会要求运动员在练习中去提高技术动作的实效性，如动作节奏、攻击时机、动作间的转换与配合以及临场的应变能力等。这样的训练要求，明显地带有战术的意图，是为实战比赛的需要而展开的。可以说，丰富多彩的战术需要有娴熟、牢固、运用自如的技术动作为基础。

（二）战术与体能的关系

跆拳道比赛对运动员的身体条件与能力有着很高的要求，良好的体能是高水平比赛取得胜利的前提，是掌握、提高技战术和实施战术的物质基础。战术动作的选择是否恰当，在一定程度上会限制运动员身体条件与能力的发挥和无谓的体能消耗；而没有具备相应的身体条件与能力，技战术就得不到应有的实施和发挥。

跆拳道作为一个近距离的对抗性项目，比赛总是在相对静止和突然快速启动的反复过程中发挥技战术能力的；在这个过程中，就需要运动员具备极快的反应和灵活、快速移动的能力，因此，速度素质是一个优秀的跆拳道运动员必须具备的首要素质，突出表现在爆发式的快速能力上（移动速度、动作速度）；步法移动迅捷灵活，击打快速准确，才能在瞬息万变的比赛中真正做到攻防兼顾，以快制胜，在对手还没有反应时已被击中。击打力量是衡量运动员击打是否得分的重要标志，击打力量大，可以遏制对手的进攻，使之不敢轻举妄动，同时也是对对手产生威慑力和心理压力的手段之一。跆拳道比赛要求一天之内完成一个级别所有轮次的比赛直至产生出冠亚军，这无疑对运动员的耐力素质提出了严峻挑战；它是运动员在长时间运动中抗疲劳的能力。一方面表现在心血管及物质代谢系统的持久工作能力和身体在连续的高温下持久的运动能力；另一方面是能在长时间的非周期的运动中，保持四肢的耐久负荷能力（肌肉的力量耐力）；特别是在高水平的决赛中，临场紧张激烈的氛围，扣人心弦的争夺，巨大的心理压力，特别是经过多轮次的角逐，体能的大量消耗，无疑要求运动员有着良好的耐力素质，才能完成如此艰辛的比赛直至最终取得比赛的胜利。灵敏是跆拳道运动员在比赛、训练中必须重视的素质之一，灵活敏捷、进退自如的步法，动作流畅无滞的衔接、转换，全身协调顺达的发力，都与运动员的灵敏素质有关，它是运动员能够在瞬息万变的比赛中自如运用技战术动作、转换迅捷流畅的保障。作为一个以腿法著称的对抗搏击项目，动作大开大合，其四肢的伸展无疑应是柔软而富有弹性的，特别是完成一些击头或高难度的动作（如旋转的旋风踢、后旋踢、双飞、摆踢等击头的动作），因此柔韧素质是跆拳道运动员必备的基本素质。一个连腿都无法抬起的人，如何去攻击别人呢？恐怕自己还会摔跤吧！

运动员体能训练水平的高低，将直接影响到技战术的发挥，没有良好的体能，在紧张激烈且多轮次的角逐中，是无法保证技战术动作能够取得实效的，再好的战术如果没有良好扎实的体能做基础，也是无法达到预期设计目的的。以上所有的素质对跆拳道战术的实施有着举足轻重的影响，是提高技战术能力的重要先决条件和物质基础。

（三）战术与心理的关系

心理是战术意识的基础，是战术形成的条件之一，是技战术和身体能力得以充分发挥的保证。同时心理本身也是一种战术。在紧张激烈、充满变数的跆拳道比赛中，当双方运动员在技术、战术、体能水平旗鼓相当时，心理素质将会起到决定性的作用，特别是高水平运动员在重大比赛时，胜负往往取决于心理优势。从某种意义上讲，跆拳道比赛不仅仅是所谓“狭路相逢勇者胜”，更是心理水平、心理优势的大比拼。在跆拳道比赛中，赛场上的任何情势变化都会引起运动员的心理变化，使之产生心理波动。因此，运动员要善于自我心理调控，排除干扰，才能保持最佳心理状态，形成最佳竞技状态，保证技战术得到充分发挥。

心理素质是一个内涵丰富而广义的概念，在现代体育竞技运动中，其主要表现在运动员的意志和在紧张激烈的对抗中心理的承受能力和控制能力。一个运动员具备良好的技战术技能能力，并不表明在赛场上就一定是比赛的主宰者，往往因为其心理能力欠缺，在高水平比赛中或遇到对手顽强抵抗或技战术变化强烈时，极易产生惧怕、焦虑、恐慌、厌战等心理障碍，使之不能正常发挥出应有的技战术水平而导致比赛失败；而一个具有良好心理自控能力的运动员，无论临场出现任何情势变化，都能处之泰然，从容应对而无所畏惧、敢打敢拼，表现出良好的心理承受能力、调控能力和敏捷的思维、灵活多变的技战术能力而使自己立于不败之地。因此，战术的制定要全面考虑双方运动员彼此不同的心理素质，有针对性地制定出合理、正确而完善的战术预案，并在比赛实践中不断修正，使之更加符合比赛双方的临场情势。

第二节　跆拳道战术内容

跆拳道的战术内容是由战术指导思想、战术知识、战术意识和战术行动四个方面紧密联系而共同组成的。因此，跆拳道战术是以已制定的战术指导思想为基础，依靠已掌握的战术知识，根据比赛中临场情势的变化所产生的战术意识来支配，按照一定技术要求而产生的有目的、有针对性的行动。

一、战术指导思想

战术指导思想是根据比赛双方的实际情况而确定的比赛作战的思想方针。是制定战术行动方案所依据的准则，是整个战术内容的核心。比赛中所采用的战术是否奏效，能否战胜对手，关键在于指导思想是否正确。而正确的指导思想来自于赛前、赛中对对手真实情况的充分全面的了解，正如我国古代兵法家孙武所说："胜兵先胜而后求战"。只有赛前对对手的充分了解，找出制胜的道理与原因，所制定出的战术计划方案，才能是合理、完善而具针对性的。

战术的制定在于以己之长制彼之短，《孙子·谋攻》篇曰："知己知彼，百战不殆"，生动鲜明地阐述了要战胜对手，就必须要了解对手，否则，制定的战术就是盲目的，没有针对性，也就谈不上战术的实效性。确立战术指导思想前，应对对手的技术状况、攻防类型、擅长战术、身体能力、心理素质等各方面的情况做深入细致的了解，甄别其真假，针对这些情况作出合理正确地判断，再来确定自己应该制定何种战术方案更符合彼此的技战术水平与能力。

二、战术知识

战术知识是指运用战术的基本原则，各种攻防战术形式及其作用和优缺点，战术的发展、演变和趋势，对付各种战术的对策和其有效范围，运用战术的条件与原则，规则对战术的要求与限制，对手在技术、战术、身体、心理、习惯、训练比赛特点等有关的理论知识。

理论是行动的指南，掌握丰富的跆拳道战术理论知识，是制定跆拳道合理战术的需要，它有助于战术意识的提高，有助于迅速掌握多种战术形式和迅速提高战术质量，有助于更合理地选择战术，灵活、机动、有效地运用战术并形成自己独特的绝招和新战术。战术知识越丰富，战术意识越强，在比赛中自己的战术行动越能心明眼亮，成竹在胸，才不会被对手所蒙骗，误入歧途，陷入圈套。

三、战术意识

战术意识是指运动员在复杂多变的比赛中，及时准确地观察、判断对手的临场情势，随机应变，迅速而有预见地决定对付对手策略的思维活动。战术意识总是和战术行动结合在一起的，战术意识支配战术行动，战术行动结果的好坏又反过来评价战术意识的强弱，运动员就是在这种反复的支配和评价中，逐步提高战术意识和战术行动的。丰富的战术知识，能有效地提高战术意识。战术意识是表达战术能力的最基础、最重要的内容。战术意识是其他方法不能代替和弥补的，只有随着运动员对跆拳道运动理论知识的丰富完善，比赛经验的不断积累，才能提高战术意识。

战术意识体现在对各方面情况判断的准确程度和及时性；考虑到各种战术行动的可能性；预见到可能产生的多种对策和效果。为完成战术行动，有目的地采取隐蔽和欺骗手段，有创造性地采用别人想不到和未曾采用过的新措施、新方法和新手段。总之，战术意识反映在：行动的预见性、判断的准确性、攻防的主动性、技术的目的性、动作的隐蔽性、配合的一致性、战术的灵活性等诸多方面。

四、战术行动

战术行动是指为完成预定的战术计划和意图，取得最佳攻击效果的一种活动。或者说是战术的具体动作、打法，是与对手交锋中的具体内容手段。它依赖于战术指导思想、战术知识、战术意识、技术、身体、心理等方面的水平。它不是一种无目的的单纯的身体活动，而是一种具有特定技术、身体、心理等要求的有目的、针对性很强的行动。

战术行动首先要选择符合自己特点的战术，它容易掌握并可达到有效使用的目的。熟练是提高战术质量和有效完成战术行动的保证，各种战术的自动化程度越高，在比赛中就能随心所欲，运用自如。其次战术有相对的先进和落后之分，而且战术的先进程度也不是一成不变的，同时对手在比赛中也会不断变化战术形式，因此，要不断学习、研究，提高战术的质量，不断赋予战术新的内容，更多地掌握先进程度高的战术，提高应变能力，争取战术行动的主动权。拥有更多、更新的战术数量，比赛中选择的机会就越多。三是要拥有战术上的绝招，包括别人没有的新的战术或在某种共有的战术打法上比别人有独到之处，能够使对手难以应付，成为自己取胜的有利武器。四是战术的创新可以突出提高战术能力，在比赛中以其突然性而造成对手一时束手无策，不能适应而陷入被动。

第三节　跆拳道战术形式

跆拳道战术形式是指为了完成战术意图而由各种动作组成的具体方法。跆拳道以它丰富的技术内容和相生相克、相互制约、相互转换的技术规律，为跆拳道多姿多彩的战术形式提供了先决条件。它大致可分为进攻战术、防守战术、反击战术和在特定情况下的特殊战术。

一、技术战术

技术战术是指在没有虚晃或假动作的掩护下，直接使用动作方法进攻对方。它要求运动员具备技战术全面的特点，并能娴熟灵活地运用自如，善于变化使用各种技术动作，发挥得意技，单刀直入，不给对手喘息的机会，牢牢地掌握比赛的主动权。使用技术战术的时机、条件：当自己的反应速度、动作速度、位移速度强过对手时；当对手的防反技术欠缺或熟练程度不够时；当对手体力明显不足时（特别是最后几轮的比赛）；当对手在防守上或动作转换中出现空隙破绽时；当自己比分落后而比赛时间所剩无几时。

二、强攻战术

强攻战术是指使用动作硬性突破对手的防守后发起的进攻。采用强攻战术，目的在于扰乱和破坏对手的心理平衡、战术准备和距离感，于乱中得分取胜。但强攻技术的猛冲猛打并不是盲目蛮干，而是通过这一战术手段，充分发挥自己的长处以实现击打对手的目的。使用强攻战术，要确认自己在身体体能如力量、速度、耐力等素质较对手强而技术稍逊一筹，同时也因自己的比赛经验欠缺不能与对手在比赛技巧方法上一较高下时，利用自己的身体优势或技术优势来弥补不足。强攻战术对于心理素质较差的对手具有不可忽视的威慑作用，它能够使对手不敢轻易发动攻势或近身逼打，客观上起到了防守作用，减轻了压力，放慢了比赛节奏，而使自己有时间、有机会去思考技战术的更有效的攻击方法与手段，从而争取攻防技战术最大的实际效果。

三、假动作战术

假动作战术是指有目的地造成对手的错觉，把对手引入歧途，实现真实进攻的一种方法与手段。其实质就是利用身体的、步法的、表情的假动作来迷惑对手，达到调动对手的目的，在对手的运动过程中寻找破绽予以攻击。一般将其分为：

（一）身体假动作

利用身体的动作来引诱、迷惑、调动对手的方法。如有意暴露身体的某一部位，引诱对手进攻，而自己则采用预先设计好的动作迅速反击；利用身体前后左右的虚晃，调动对手，促使对手产生某种反应而改变原有的防守姿势，加以利用，果断反击。

（二）步法假动作

利用步法的移动来调动对手，分散对手的注意力。如先使用后撤步来调出对手，引诱其向前进攻，自己则迅速以后踢迎击。

（三）表情假动作

利用眼神或面部表情来迷惑对手，使之受骗上当。如利用眼睛，视左击右，视上击下等；故意抚摸身体某一部位，伪装受伤，骗其攻击，然后根据对手的不同反应，采取相应措施，迅速予以反击。

使用假动作，首先必须了解对手的习惯动作或对某一种进攻动作的习惯性反应，依据对手的实际情况而采取相应的手段，才能提高假动作战术的实效性。其次要求假动作必须逼真，假动作的“假”应视为一个未完成的真动作（一个完整的真实的击打动作，在完成一半后转换成另一个击打动作），目的在于使假动作更具真实性，以达到调动对手、迷惑对手、扰乱对手的目的。只有这样才能使对手相信并上当，如果假动作不逼真，让人一看就知道是假的，不但不能起到假动作的作用，反而会招致对手将计就计地一番穷追猛打。因此，假动作必须真真假假，真假难辨，要做到这一点，必须分散、转移对手的注意力，让对手束手无策，无计可施，这时的突然攻击就能取得意想不到的效果。三是随着技战术水平的提高，特别是在高水平运动员之间进行的高水平比赛，双方的辨伪能力强，不会轻易上当受骗，单一的假动作已不容易引起对手的关注。因此，只有采用综合地、连续不断地假动作才有可能分散对手的注意力，扰乱对手判断的准确性从而调动对手，实施真实的击打。四是要求假动作到真动作的转换速度要迅速快捷，两动间的衔接要流畅无滞，一动快似一动的连续组合动作，使对手无暇辨清真假已被击中。

四、反击战术

反击战术是待对手发出攻击动作后，在防守后及防守中给予对手反击，或不防守直接进行反击的战术行动。反击战术在对抗格斗类项目中历来备受推崇，讲究“以静待动”“后发先至”，这是因为采用主动进攻需要改变原来的实战姿势，就有可能因改变身体某一部位的位置而暴露出防守上的空隙和薄弱环节，给对手造成可乘之机，如果能在防守的同时进行反击，甚至直接抢攻或迎击，则能避免出现上述弱点，弥补其不足，争取比赛的主动权。应对急躁情绪的对手，反击战术无疑是最佳选择，可以采用各种技术动作来挑逗、刺激对手，使其更加急躁，自乱阵脚，为反击创造有利条件。选择反击战术要在双方对峙中有着充分的思想准备、正确的判断、敏捷的反应和快速果断的击打，这样才能确保反击质量，提高反击的成功率。

五、限制战术

限制战术是指采用相应的技战术方法，限制对手技战术特长的发挥。每一个运动员都拥有自己的技术特长和具备身体某一方面的优势。这种技术特长或身体优势是运动员得分取胜所依靠的主要手段。在比赛中要针对对手的特长优势制定相应的克制战术，使其特长和优势不能正常发挥，被迫改用其他技战术动作，这无疑将对手置于一个完全“陌生”的比赛情势中，它能够打乱其阵脚，干扰其心智，破坏其技战术意图，使其无法组织有效的进攻与防守。在使用这种战术时，要求运动员本身具有较全面的技战术能力，有足够多的技战术动作储备以应对不同类型运动员的不同技战术风格，并能在瞬息万变的比赛中视情运用，视情变化而不拘一格。

六、击弱战术

击弱战术是指集中力量专门针对对手的技战术弱点或身体部位的薄弱环节进行重点攻击的战术行动。每个运动员既有自己的特长与优势，也存在着不同程度的弱点与劣势，即使是一个最优秀的运动员，同样也是如此，只不过因他的特长与优势太突出，弥补了自己的不足；或是善于利用自己的特长与优势来隐藏弱点与劣势而不易被人发现而已。因此，在比赛中要善于透过现象看本质，从对手的行为中发现其弱点与劣势，采取相应的技战术手段，抑其长，攻其弱，迫使对手处于想打的无法打、想防的又防不住的无奈中而束手无策。寻找对手的弱点与劣势，有赖于赛前对对手的充分了解和赛中的仔细观察。可以在赛前对对手的各种信息如技战术特点与风格、擅长动作、习惯动作、体能如何、是否受伤、心理素质、情绪状态等进行详细了解；可以通过以往比赛的录像或回忆来分析比较；也可以通过对手与他人的比赛来观察对照；通过对收集到的各类信息进行综合分析，更为重要的是在临场比赛中对对手的直接观察、亲身体验，迅速对对手的优缺点做出判断，及时调整自己的技战术手段，攻击对手的弱点与薄弱环节，在不断地变化中实现自己的技战术意图，确保比赛胜利。

七、KO 战术

KO 战术是指在规则允许的范围内，使用合理的技术动作和较大力量击打对手，令其丧失继续比赛能力的战术行动。它能使对手在身体上、心理上产生巨大的威慑力，也能给对手身体予以重创而使之产生畏惧，从心理上丧失比赛信心。实施 KO 战术，要求运动员具有较高的身体体能水平和全面的技战术能力，不但是击打力量大，而且击打要快速、准确、果断。因为在跆拳道比赛中，KO 击打的主要部位是头部，它的攻击路线长且有一定高度，需要快捷的击打速度来减少动作的运行时间，不给对手防范的机会；在防守上，由于头部目标小，灵活而移动迅速，在运动中不易捕捉，击头的机会概率较小，因此在比赛中要善于寻找、创造这种机会，一旦抓住这种瞬间即逝的时机，就要毫不犹豫地击打，并且一定要准确到位，一击成功（攻击路线长，收回或转换动作的路线必然也长，击打落空的后果不难想象）。当然，击打身体躯干也同样可以取得 KO 效果，只不过需要更大的击打力量而已。所以，加强击打的速度、力量及准确性的训练就必然是 KO 战术行动中的重中之重。

八、边角战术

边角战术是指当对手临近边界线时，将对手逼打出界而被判犯规失分或采取合理的技战术动作而得分的战术行动。这种战术包含两个方面的内容，一是利用规则，将对手逼打出边界线，受到警告而被判警告；二是利用对手害怕出界的不利心理状况，堵住正面，守住两边，逼使对手向前移动或进攻，而自己则采用各种技战术形式或攻击，或反击，或围而不打但步步紧逼，造成对手更大的心理恐慌而使技战术动作紊乱，失误更多，这时应抓住时机，果断、迅猛地加以击打，力争多得分。

九、得意技战术

得意技是指自己掌握熟练、运用自如、成功率高且新颖独特的攻击技术动作。而得意技战术是指充分利用自己的得意技不断进攻而得分获胜的手段。运用得意技战术首先要不断变化、更新来丰富自己的得意技技术动作，避免单一、重复使用某一种技术，而使对手摸清自己的规律；其次要不断提高得意技的动作质量和在不同情况下正常发挥的能力，确保成功率，只有这样才能使得意技名副其实，才能让对手产生畏惧心理且防不胜防；三是得意技的组合搭配要合理，对不同的击打部位、目标要有几种不同类型的动作表现形式，以适应不同击打目的的需要，也是针对不同技战术风格特点对手的需要，更是技战术变化的需要，其目的是让对手琢磨不透自己技战术规律、意图，无法跟进与变化，总是在自己的不断变化中无所适从而陷于被动，失去比赛的主动权。

十、心理战术

心理战术是指通过某些特定的方式、措施，造成对手心理上的压力进而引发其技战术思维紊乱，最终取得比赛胜利的方法。心理战术形式多样而富于变化，如赛前隐瞒实力而麻痹对手；故意露出破绽而造成对手错觉；激怒对手以扰乱其心智；示弱或伪装受伤以松懈其斗志等等，都是从心理上干扰对手心智的有效方法。同样，所有的战术形式或多或少都在不同程度上具有心理战术的因素，其目的就是在比赛中迫使对手产生紧张、急躁、恐惧、慌乱、气馁等不利于比赛的心理情绪，使之失去比赛信心，最终导致比赛失败。

跆拳道战术丰富多彩，在比赛中有时是以单一的战术形式出现，有时则是多种战术形式的综合运用，无论以哪一种形式出现，都要注重战术的实用性、有效性和灵活性，要遵循跆拳道技战术的规律和竞赛规则。同时，战术的灵巧多变要有针对性，否则，形式多样但华而不实，没有针对性，形式再多，也不能取得实际的攻击效果，也就无法取得比赛胜利。

第四节　跆拳道战术训练

一、跆拳道战术训练的要求

（一）培养战术意识

培养战术意识是战术训练的中心环节。比赛实战中的战术运用要依靠赛前对对手情况的真实了解来制定相应的战术方案，依靠教练员的临场决策指挥，更为重要的是在瞬息万变的情况下，需要依靠运动员的独立作战能力、战术思维能力和战术应变能力等一切与战术意识紧密相关的因素。突出表现在战术行动中的自觉性、预见性；判断的准确性、动作的目的性、攻防的主动性、方法的隐蔽性、战术的灵活性等诸方面。比赛中，运动员的每一个战术行动都受战术意识的支配，培养运动员的战术意识就是要使其具备在复杂多变的比赛中能够迅速、准确、有效地实施自己战术行动方案的能力。因此，在战术训练过程中，应通过各种途径（如比赛、观摩、录像、实战训练等）使运动员主动学会比较、分析、综合、判断各种繁杂的比赛情势和不同类型、不同技战术风格对手的特点，因势利导，促进战术意识水平的提高，厚积而薄发，在比赛中抓住时机，迅速、果断、大胆地使用战术动作。

（二）丰富战术知识

战术知识是运动员掌握战术和提高战术能力的基础，它包含着战术理论和战术经验两个方面的内容：战术理论是一切与跆拳道战术相关的各种理论知识；战术经验是运动员的跆拳道战术理论与方法通过在比赛中运用所获得的体验。在训练的全过程中，应通过各种途径（理论学习、训练比赛的实践体验等）使运动员全面详尽地认识、理解和掌握跆拳道运动的战术规律、运用原则、各种战术形式的作用及运用的条件与时机等。丰富的战术理论来源于战术经验的积累，从实践上升为理论，再用理论去指导实践，在这个不断反复的过程中，相互促进，共同提高。

（三）掌控战术行动

战术行动是运动员为实施战术方案而采取的各种具体的行为方式与方法。拥有丰富的战术知识和强烈的战术意识，最终要落实到战术行动上，它必须通过具体的战术行动来体现，否则空有一身本事而无用武之地。跆拳道战术行动中使用的具体战术动作和打法，都是与双方在对距离、时间、空间的瞬间观察判断紧密相联的，战术行动可能是预先想好的，可能是临时决定的，也可能是预先想好与临时决定相结合的。通常情况下，预先想好的主要是主动攻击战术行为；临时想好的主要是为有效地适应出乎意外的情势而采取的相应的战术行为，最为常见的是反击、反反击、迎击、抢攻等；而预先想好与临时决定相结合的战术行动，多数情况下有着复杂的攻防反击过程，开始的行动是预先想好的，但在使用过程中，情况发生了变化，对手的反应出乎意料，迫使自己只得随机应变而临时改变决定改用其他战术形式，以适应临场情势的变化，保证能够随时控制战术行动过程。如在使用假动作调动对手时，原本意在迫使对手向前移动进攻而我随之迎击，可对手并未前移而是后撤，这时我则必须改变战术向前追击进攻以适应这种变化。因此，只有储备大量不同类型的战术形式和具备快速灵活的反应能力，才能在瞬息万变的比赛中融会贯通，抓住时机，果断予以攻击。

（四）储备多种战术

在战术训练中，首先要求运动员精练几套基本战术，保证运动员在比赛中根据已掌握的战术动作，随着比赛临场情势的变化发展而能灵活运用。其次，还应根据自己的技战术特点，建立和形成对待不同类型、不同技战术风格特点对手的战术形式与方案，以适应各种不同对手、不同情势的需要。三是要对各种战术形式要全面详尽地理解与掌握，并对各种战术形式及其相互之间的衔接关系多加考量，同时对一些常用的和具有自己独特特点的战术形式要重点掌握，得心应手，运用自如，并且能在繁杂多变的比赛中将各种战术形式融会贯通，恰到好处地灵活运用。除此之外，在战术训练中既不能流于形式，华而不实，只求多而不求精，也不能把战术训练过于简单化，认为可有可无，只要把技术练好就行了，一定要深刻地理解和处理好技术与战术的相互关系，让两者相得益彰，齐头并进，只有这样才能在比赛中保证技战术得以充分发挥。

（五）提高战术质量

在战术训练过程中，不仅要求运动员全面掌握各种战术形式的具体使用方法，同时还应注重战术质量的提高，要严格按照比赛实战的要求去训练。对战术动作的力量、速度、节奏、方向、距离、角度等都要充分考量，保质保量，一丝不苟地去认真完成；对战术动作运用的时机及其判断、反应，都应在模拟真实比赛实战的环境中去体验、甄别，只有通过实践检验的战术动作形式，才能使其目的更明确，更具针对性，才能充分体现出战术行动的实效性。因此，把各种战术形式放置于不同比赛实战环境，并与不同类型、不同风格特点的对手，进行反复的练习、对比、求证，经过这样一个反复检验过程而形成的战术动作，才能在比赛中使战术行动做到有的放矢，行之有效，充分发挥战术动作本身的最大效应。战术训练的方法、手段、环境、气氛越逼真，越接近比赛实战，战术训练的质量、效果就会得到保障而迅速提高。

（六）全面协调发展

战术训练要同其他训练相结合，使一切与跆拳道运动相关的素质、能力得到全面协调地发展。战术训练的好坏，与身体训练、技术训练、心智训练等有着密切的关系。运动训练内容的各个部分之间是相互影响、相互联系、相互转化、相互制约、相互促进的，共同反映在运动员的身上。技战术好，可体能太差，无法完成技战术意图，达不到预期的目的，体现不出应有的效果；很好的时机，可应变能力欠缺，攻防总是慢一拍，错过了最佳攻防时机；技术动作变形，击打偏离正确部位，不但进攻失败，还极易造成对手的反击而受制于对手，失去比赛的主动权，这些问题的出现，都将无法实现战术目的。因此，战术训练必须同身体、技术、心智等训练相结合，全面提高运动员的综合实力和整体水平。

二、跆拳道战术训练方法

（一）假设训练

假设性训练是指利用丰富的想象来设计对手不同的技战术打法，自己则运用相应的打法的练习形式。它要求运动员精神高度集中，有一种身临其境，面对对手的实战态势。通过设想对手将采用的各种打法，来确定自己的技战术行动。这种行动可以是主动进攻，也可以是防守反击。在假设性训练中，可以是一个战术动作形式的反复练习，也可以是多种战术动作形式的变化练习；可以是单个动作练习，也可以是配套动作练习，无论采用哪种练习形式，都应根据比赛实战的需要和自身的战术能力水平而定。我们可以设想比赛实战中的各种情势进行想象空击，也可以面对沙袋、假人等目标进行假动作和闪躲进退的反击练习。这种想练结合的练习方法，主要目的是培养战术意识和掌握各种战术方法的具体用法。

（二）配合训练

配合训练是指由教练员或队友配合，一方按规定的攻击动作进攻，另一方采取相应的战术动作反击的重复练习的训练形式。在训练中应由易到难、由简到繁、由慢到快，循序渐进，从相对静态的原地练习，逐步过渡到能够在移动中灵活自如地实施战术动作；由固定、单一地进攻到一种进攻多种打法的变化，有序地层层深入，不断加大练习难度，提高各种战术动作的熟练程度和运用能力。

（三）模拟训练

模拟训练是指由教练员或队友根据不同对手的情况进行模仿而采取的具有针对性的专门训练方法。模仿不同类型、不同风格特点的对手，如模仿主动进攻型的对手以提高自身的防守反击能力；模仿防守反击型的对手以提高自身的突破能力和调动能力；模仿力量型的对手以提高自身的抗击打能力；模仿善踢高腿的对手以加强对头部的防范意识；模仿步法灵活的对手以促进自身的灵敏协调能力的发展和提高在移动中寻求战机突然攻击的能力。比赛是紧张激烈变化万千的，同一对手在不同场次的比赛中会表现出不同的竞技状态和技战术能力，特别是在技战术运用的方法上，更有不同的变化（即使是同一种技战术动作）；同时不同的比赛环境如气氛、灯光、场地条件、器材、观众的情绪及喝彩声等都会引起比赛双方在心理上的变化，进而扰乱双方的心智，影响技战术水平的正常发挥。因此，在模拟训练中要求模仿者动作逼真，尽可能地演示出比赛实战的真实情势，逐渐增加训练难度和有目的、有针对性地改变比赛环境，以提高运动员比赛中战术动作的适应能力、运用能力和应变能力。

（四）再现训练

再现训练是指通过观看比赛录像，选择典型战例，再现其战术特点和运用方法并对其进行综合、分析及判断的训练方法。战例的选择应是多方面、多层次的，既要选择成功的战例，又要选择失败的战例，借助声像再现，直观地去分析、研究自己或他人的战术特点、运用方法及出现的问题，培养运动员的综合分析与判断能力，提高运动员的战术能力与质量，使之在制定战术预案中能够做到心中有数，有的放矢；根据对手的实际情况准备几套行之有效的战术方案与实施方法，在比赛中视情运用且变化灵活，使战术的目的更加明确，更具针对性。

（五）条件实战

条件实战是指根据战术训练的需要，在规定使用的技术、战术动作范围内进行的对抗战术训练的方法。条件实战虽有实战的因素，但其目的不在胜负，无论训练内容如何界定与限制，目的都主要是训练和培养运动员的战术意识和战术运用能力。条件实战训练时可根据其任务和内容作一些规定与要求，如初期的条件实战训练，为了使双方能够灵活地运用技战术动作，防止受伤，可以规定点到为止；或只限于一次进攻与防守反击，不允许连续进攻反击；或规定击打部位和反击的方式；或规定只能使用某一种进攻方法和与之相对应的反击方式；或在教练员的监督指导下进行练习，教练员视情况变化而随时暂停，帮助双方运动员分析、纠正战术运用中出现的问题并指出其正确与否。条件实战应由易到难，循序渐进，待战术训练到一定程度后，可安排不同打法特点的运动员，轮流互换对手进行条件实战练习；或安排一个运动员轮战几个不同打法特点的对手；或不断提出新的任务与要求，有目的、有计划地变换训练场景，营造不同的实战氛围，来训练和提高运动员的战术应变能力。

（六）实战比赛

实战比赛是指按照比赛规则的要求与规定，在比赛的条件和环境下，通过实战对抗来训练和培养运动员运用战术的能力，丰富临场比赛经验的训练方法。在训练中也可根据从难、从严、从实战需要出发的原则，安排有特定条件的实战比赛：如不同体重、不同性别、不同技术水平的对手间进行实战比赛，重点训练较弱的运动员；或在一场三局的比赛中，一人每局轮战一个不同技战术特点的对手，借此来提高和训练运动员战术的合理运用及应变能力。实战比赛是训练和检验战术运用实际效果最有效的手段和唯一标准。同时在每次实战比赛训练后，应及时进行总结，养成研讨战术的良好习惯，树立牢固的战术观念，通过总结、分析，找出问题所在，制定相应的整改措施，以利今后的训练，并在比赛实战中贯彻实施。

第五节　跆拳道比赛信息的采集与处理

现代竞技体育比赛竞争激烈，比赛的不确定性因素贯穿于比赛的始终。特别是作为交手对抗性项目的跆拳道。紧张激烈的一对一对抗，始终贯穿着发挥与反发挥、限制与反限制的争斗，比赛双方为力争主动、取得比赛胜利，总是通过合理有效的技战术行动来实现。一方面扬己之长，避己之短，即充分发挥自己的优点与特长，弥补自己的不足与短处；另一方面，抑彼之长，攻彼之短，即限制对方的长处，扩大并利用其弱点。因此“知彼知己，百战不殆；不知彼而知己，一胜一负；不知彼，不知己，每战必殆”正是对比赛信息重要性的真实写照。我们知道，比赛信息的内容是庞大而繁复的。涉及面广，几乎与赛事相关的各类因素都与此有关联。因此，掌握对手真实、详尽的比赛信息，对于制定技战术方案等参赛要素及取得比赛胜利至关重要。可以认为：比赛信息的采集与处理同样是战术的范畴。

一、比赛信息的分类与内容

（一）赛前信息

赛前信息的内容主要是已知信息。是参赛队伍和参赛选手在赛前训练中通过各种方法和途径获取的一切与比赛相关的信息总和。包括：自己参加比赛的现实状况，如：技术、战术、心理准备、竞技状态、身体状况、场地适应等一切与比赛相关的因素；对手的比赛信息，如：对手的竞技状态、身体状况、技战术特点与风格、擅长的攻防反击技战术和假动作的运用规律、攻防动作在运行过程中的习惯、特别是动作启动前的先兆等；以及本次比赛的相关信息，如：竞赛规程、比赛规则的修订与变化、最新的、前沿的科学技术应用、比赛地的气候、饮食起居、风土人情等。

（二）赛中信息

赛中信息是即时信息。来自于比赛中自己和对手临场彼此传递的信息：比赛中双方临场技战术表现和对彼此攻、防、反技战术的反应等。

（三）赛后信息

赛后信息的主要内容是对本次比赛的总结与反思。包括比赛的得失、经验与教训、技战术运用实施效果与成功率、赛前技战术计划方案制定是否得当、对手对自己技战术的应对方法与措施等。

二、比赛信息采集的方法

（一）观察法

在交流训练、比赛现场获取信息。主要观察的是技战术类的信息。包括对手常用或出现频率高的攻、防、反技战术动作（单个或组合动作）；对对手攻、防、反技战术的习惯性反应；攻防反动作前的习惯性预摆动作；当前的训练状态和竞技能力等。

（二）查阅法

从新闻报导、网络及视频中获取信息。特别是知名运动员往往在接受采访时，会无意中流露出从其他渠道无法获得的信息。

（三）咨询法

通过朋友、队友、熟人获取相关信息。主要是了解对手的近况。包括身体状况、有无伤病、技战术状态、训练情绪甚至人际关系等。

（四）交谈法

在与对手直接交流过程中获取相关信息。作为相互的对手，彼此应该熟悉，通过相互交流，如咨询他对某一技战术的看法与见解，或征求他对其他运动员的评价，来了解他的技战术理念以及分析问题、解决问题的能力等。

（五）录像观察法

通过以往比赛的录像来获取信息。主要获取对手的技战术特点与特长；技战术类型的使用频率；处理攻、防、反技战术的方法、手段、形式及临场应变能力等。

（六）统计法

将以往采集到的信息与现在获取的信息进行统计学处理。

比赛信息的采集不能仅仅依靠某一种或两种方法来获取，我们应将几种方法综合起来使用，最大限度地将自己的各种资源调动起来，有意识、有目的地通过各种方式获取对手过去的、现实的和潜在的信息资源。

三、比赛信息采集的原则

（一）主动及时原则

有关赛前信息各队及运动员都会做好保密工作，尽可能使自己的训练处于一个相对封闭的环境。因此，与比赛相关的一切信息，我们要积极主动地动员一切可以动员的资源进行全方位地搜寻，以确保赛前训练计划地制定符合现实实际情况和参赛技战术方案的可行性、实效性。我们知道，信息自发生到被采集的时间间隔越短，就越及时，最快的是信息采集与信息发生同步（临场即时信息）。信息的价值就是在于被人们所利用。如果信息失去了利用机会，或者根本就不可能被利用，信息还有什么价值？这就是信息的时效性。如果超出了时间界限，再好的信息也是不会产生出效益的。同样，比赛信息的时效性会随着时间的推移而变化，从而影响信息的真实性甚至误导我们。因此要及时更新比赛信息。

（二）真实性原则

信息采集真实性原则是指采集的信息必须是真实对象所产生的，必须保证信息来源是可靠的，必须保证采集的信息能反映真实的状况。真实性原则是信息采集的基础。赛前信息保密是运动队至关重要的工作，各队之间不仅仅是做好本队的保密工作，同样也会采取各种方法来获取他队的赛前信息。与此同时还会故意散发一些虚假信息来误导他人。信息源越广阔，收集到的信息量就越大；信息源越可靠，收集到的信息就越真实可信。因此，为确保采集到的信息具有说服力，就应在选择信息源的时候，尽量选择可靠的信息源，力求信息来源具有多样性和代表性，避免从单一渠道获取信息。同时尽可能地拓展信息来源，在保证信息数量的基础上，去伪存真，确保信息的质量和真实性。

（三）准确性原则

准确性原则是指采集信息的人或渠道与对手关联程度比较高。关联程度越高，可信性越强，就越准确，从而保证信息采集的价值。也就是说，这个信息是什么人（渠道）在什么时间、什么地点、什么范围获得的？采集信息的这个人与对手是一种什么关系？和我又是一种什么关系？两者的熟悉和亲密程度孰高孰低？采集的时间与现在间隔多长时间？这个地方与范围是否能够或适宜谈论这些话题等等。

四、比赛信息的处理

比赛信息的处理分为赛前信息处理和赛中信息处理。赛前信息属已知信息，在到达赛地前应完成对此类信息的处理。赛中信息属即时信息，是到达赛地至比赛结束期间所产生的信息。这两类信息处理的方法与手段基本相同。唯在处理时间上后者比前者更具紧迫感。

（一）赛前信息处理

获取的原始比赛信息往往存在着繁杂、无序、分类不清等问题。因此，应对获取的原始比赛信息通过分类、筛选、统计、甄别等科学的方法进行处理。首先，将获取的信息进行分类，如高频率出现的技战术动作类、常用的攻、防、反组合动作类、习惯性地下意识地动作类（攻击的先兆、假动作运用规律等）、身体体能类、心理素质类 、场地器材类等等。其次，根据分类筛选出各类型的重点，其关键点就是对手的技战术特长与弱点。第三，对以往比赛录像和现时获取的信息进行统计学分析和对比处理，找出对手技战术动作、假动作运用的频率、概率、规律及过去与现在的差异。第四，将通过分类、筛选、统计后的信息进行甄别，这是至关重要的一环。我们知道，任何信息都是通过一定的形式对事物变化反映出来的一种现象。我们对已获取的比赛信息从理论上讲是客观的、真实的，但由于在获取、传播、处理、分析等过程中，受到影响的因素很多，往往会发生一些偏差甚至是误导，是在所难免的。从信息利用的角度去看，有可能是真实的，也有可能是失实乃至他人误导的。因此，必须将获取的信息放到整个比赛这个大环境中进行全面综合地分析与考量，同时进行必要的验证，应特别注意对手有意散布的虚假信息。将差异性较大或有可能产生失实与误导的信息从中剔除，去伪存真。

（二）赛中信息的处理

赛中信息属即时信息，是到达赛地至比赛结束期间所产生的信息。因此，这类信息有部分可能是预先获得但没有证实的，大多数却是在临场比赛中双方所表现出的攻、防、反技战术动作以及彼此对对手的临场表现所呈现出的应变能力。因此，它是随机、变化和不确定的。我们现在讨论的主要是临场比赛中的信息处理。它是一种信息传递、行动（反应）、反馈（反反击）的过程，而对双方参赛的运动员来说，其实质就是双方技战术、体能、心理等竞技能力斗智斗勇的较量，也就是参赛双方运动员彼此间对对手的技战术动作不断作出反应的过程。因此，我们对赛中（临场）信息的处理程序应是：对手行动（发出信息）→判断（接受信息并处理）→反应（对策与行动）……比赛始终都是在这样一个循环过程中进行直至比赛结束。比赛中彼此信息的传递是双向而等量的，这是因为：如果甲给乙信息，乙一定会有反应（这种反应有内、外两种反应）。一是乙被甲调动而有所反应（行动），一是乙不被甲所调动而无反应（身体外在表现无反应，而内心有活动）。因此大量的战术就会在此时产生，调动战术特别是假动作战术，无时不在地贯穿于整个比赛。

现代竞技体育比赛竞争激烈，同场交手对抗项目更是如此。众所周知，对主要对手、世界强手的了解要早于赛前，其针对性的训练更是早于赛前。这就是我们如此重视比赛信息的根本原因。赛中临场信息的处理能力取决于对对手真实信息了解的程度、赛前技战术方案制定的可行性程度、竞技能力、审时度势的应变能力等。而对比赛信息特别是对对手的真实信息的掌握与谋划，则是关系到所有参赛准备工作实效性的关键。因此，我们可以认为：对已知信息的处理是对即时信息处理的基础。已知信息表现出对手的技战术习惯和某些技战术的使用概率，具有参考价值。它可以作为自己技战术形式和数量储备的依据。对对手信息的处理，应以即时信息为主，根据已知信息结合临场情势加以变化来进行判断和处理。

综上所述，对比赛信息的掌握程度决定着参赛技战术方案制定的合理性、可行性、实用性和成功率；而技战术则是保证取得比赛胜利的基础，所有的对抗最终都是参赛双方技战术的较量。只有“知己知彼”才能在比赛中掌握主动权，才能“制人而不制于人”。

第七章 跆拳道心理训练

随着训练科学的不断深入发展和训练实践的日益丰富完善，人们对竞技体育运动的心理训练意义的认识更加清楚，过去人们习惯地认为训练、比赛主要是身体能量的消耗，只要具有良好的运动素质和娴熟的技战术，在比赛中就能取得理想的成绩。而现在运动实践科学证明：在训练和比赛中不仅消耗着大量的身体能量，同时也大量消耗心理能量。平时没有良好而扎实的心理训练，即使得到良好的身体训练和技术训练，在比赛中也很难取得优异的运动成绩。正如美国学者格鲁波指出的："对初、中级运动员来说，80%是生物力学因素，20%是心理因素，高级运动员则相反，80%是心理因素，20%生物力学因素"。

心理训练是指在运动训练过程中，教练员与相关人员有意识、有目的、系统地对运动员的心理活动共同施加积极影响的过程。就跆拳道运动而言，心理训练是指通过各种行之有效的手段，有目的、有意识地培养运动员良好的心理品质和个性心理特征，使之具备从事跆拳道运动所需的专项优秀心理素质和在训练比赛中能够有效调节与控制自己心理状态的能力，为取得比赛胜利而进行的心理准备过程。心理训练的目的在于：使运动员在紧张、激烈、复杂的比赛环境中能够保持积极健康的相对稳定的心态，以便竞技能力得到正常或超常发挥。目前，心理训练已成为跆拳道运动员训练过程不可或缺的组成部分。

第一节 跆拳道运动员的心理特征

跆拳道运动员的心理活动特征，是指在一定的遗传素质的基础上，通过长期的专项运动实践而形成和发展起来的、从事跆拳道运动所必须具备的各种心理活动特征。通过对跆拳道运动员所从事的专项实践活动本身固有特征的分析，可以在一定的程度上揭示其心理特征。

一、跆拳道运动的活动结构和活动条件

跆拳道运动的活动结构和活动条件决定了跆拳道运动员的专项心理特征。从跆拳道运动的活动结构上看，跆拳道运动是一种由运动员运用各种技术动作组合成错综繁杂的战术行动所组成的具有身体直接对抗和心理直接对抗性质的竞技运动项目。横踢、下劈、后踢、双飞、旋踢及步法等基本技术动作是跆拳道运动中的基本活动结构单位，也是实现各种战术行动的具体方法。构成跆拳道比赛的行动按其具体的目的可分为两大类，即进攻行动和防守行动，在实施进攻或防守行

动时，各种不同战术行动的运用与技术动作的组合方式，取决于对手的技战术特点、临场情势以及与跆拳道运动中各种具体的主观活动相关的条件，这就是跆拳道运动的活动结构。

从跆拳道运动的主观活动条件上看，在跆拳道运动中，运动员所要实施的各种技术动作、战术行动，都是在规定的场地上和一系列竞赛规则的限制下，在对手积极顽强地对抗下进行的。完成任何一种技术动作或战术行动都将受到来自自身生理和心理因素的制约，都必然会受到时间、空间和对抗条件的限制。因此，跆拳道运动员必须具有强烈的战术意识，感知和判断必须是迅速而准确的；技战术抉择必须是灵活而果断的；所有的反应必须是主动而快捷的。

在跆拳道运动中，运动员在比赛中所要实现的各种技术动作和战术行动，都是在高度紧张和异常激烈的竞争过程中完成的，特别是跆拳道比赛具有短时间、高强度的运动特点，因此，运动员临场完成的任何一种技术动作和战术行动都必然与其情绪、意志和个性品质相关联，都必然与其生理和心理上的极限强度的紧张度相关联。在跆拳道运动中，运动员对各种主客观刺激，是以相应肌肉系统的协调活动形式组成各种基本技术动作作出的应答。它是以动作的多样化、精细化、动作结构的变异性以及简单反应和复杂反应的迅速性、准确性、灵活性和敏捷性为特征的。

从运动员对种种主客观刺激的应答过程来看，它是对对手的诱导信号（所发出动作的前兆或假动作）作出综合的分析、判断后，在知晓与掌握对方意图的基础上作出正确的预见，然后选择与之相对应的、行之有效的应答动作（防守或反击）并实现动作（完成防反动作）。

除此之外，跆拳道运动的专项心理特征还与跆拳道运动竞赛不断朝着高水平的方向发展有关。当今国际跆拳道运动比赛正朝着技战术全面而高、精、尖及快速化的方向发展，呈现出能攻善守全能化、战术综合突变化、技术风格打法多样化、竞争对抗白炽化的格局。这种发展方向必将从不同角度、不同层次对跆拳道运动员的专项心理特征提出更高的要求。

鉴于跆拳道运动具有上述活动结构与各种条件，跆拳道运动员的专项心理特征不仅表现在认知、情感和意志等心理过程的各个方面，也表现在个性心理特征的各个方面。它们是跆拳道运动员专项心理特征中不可分割的两个方面。

二、跆拳道运动员情绪和意志特征

在跆拳道运动实践过程中，运动员在比赛中所完成各种技战术动作，都是在高度紧张、竞争异常激烈的条件下进行的。它势必和运动员极度紧张的生理与心理活动联系在一起。这就要求运动员在丰富多彩、鲜明强烈和复杂多变的情感体验活动中形成和发展稳定的情绪状态、自我控制和始终保持增力情绪状态等能力，以及一系列跆拳道专项运动所必备的意志品质。这些能力和品质便构成了跆拳道运动的情绪过程和意志过程的心理特征。

跆拳道运动是一项能使运动员产生较为深刻的情绪体验的运动项目。运动员的情绪特点是受各种主客观因素和跆拳道运动本身固有的规律与特点所制约的。运动员参加跆拳道比赛的目的就是要战胜对手，任务就是要夺取金牌。比赛过程中各种主客观条件变化大、节奏快、且活动剧烈，机体要忍受因极度紧张而带来的各种不良反应；而比赛战局常常起伏不定，比赛总是在顺利与困难并存且迅速转换中呈现出其复杂性；场外的观众又表现出各种不同的情绪与倾向。所有这一切复杂的现实状况势必与运动员对比赛意义的认识、期望及当时的生理、心理状态等因素交织在一起，于是便产生了各种复杂多变的情绪体验。这些都作为一种极其活跃而多变的因素影响着运动员的竞技状态。基于此，跆拳道运动员的情绪体验一般有以下几个方面的特点：

首先，情感和情绪体验往往是围绕着成功与失败而不断变化的。强烈的成功愿望常常笼罩着运动员的整个“心灵”，但有时又不能摆脱可能失败而导致的焦虑情绪。运动员参加比赛，其目的就是要争取胜利，夺取金牌，但比赛是双方体能、技术、战术、智慧、心理的大比拼，不可预测的因素太多，非主观因素所能左右的。因此，比赛中成功与失败总是伴随着运动员，使运动员在这种成败之间去完成情感和情绪的体验。

其次，情绪体验异常强烈与鲜明。运动员的高涨情绪，就其发生而言，是由神经系统的强烈兴奋所引起的。但高涨情绪的产生总是与运动员对比赛意义的认识和对结局的估计以及其他各种因素或想法相联系的。一般来说，对比赛重要意义有较为深刻的理解，期望水平较高而对手的实力又强，主客观的困难多，这时运动员的各种想法就多，情绪体验就会强烈。这种状态通常是赛前的情绪特点。随着比赛时间的临近，则可能变得更强烈，也可能趋向稳定。它是与体能状况、技战术实力和心理状态的能力水平高低为转移的。

第三，情绪体验的性质变化迅速。情绪体验的性质迅速变化，是与场上的比分变化、优劣势转换、技战术应用的效果等多种因素相联系的。如每一分的变化或每失误一次均可能出现积极的增力情绪或消极的减力情绪的迅速变化。优劣势的转化可成为情绪体验向相反性质转化的主要原因。跆拳道比赛中胜负往往只在一瞬间，比赛中的扣分、警告可以左右比赛胜负；优势判定可以左右比赛胜负；特别是新规则的“突然死亡法”更是使比赛进入白热化，也使运动员的心理压力和紧张程度逼近极限值，其情感和情绪体验也达到空前，此时运动员心理的稳定性就决定了比赛的胜负。

总之，跆拳道运动员的情绪体验特点的产生和变化是其本身固有规律的反映。它的产生和变化都会直接影响运动（训练或比赛）效果。运动实践证明，积极的增力情绪状态是争取胜利的重要心理因素；反之，则是失败的主要心理原因。因此，对于高水平跆拳道运动员来说，在比赛过程中必须保持积极向上的增力情绪状态，增强自我控制和调节能力。这种稳定性与控制调节能力则主要依赖于运动过程中意志品质的强弱。

任何一个跆拳道运动员所必须具备的组织性、纪律性、独立性、主动性以及坚定、果断、顽强、沉着、勇敢、坚韧、自信等意志品质，是确保比赛胜利的首要“软实力”。竞技运动水平提高的速度和在双方实力相当的比赛中能否取得胜利，很大程度上取决于运动员意志品质发展的程度。因此，运动员意志品质的培养和发展对跆拳道运动员从事专项训练与比赛具有十分重大的意义。

三、跆拳道运动员个性心理的特征

个性心理特征是一个人的心理活动特征的综合，是一个人的认知、情感和意志过程以及动机、能力、气质、性格等表现特点相对稳定的统一。它标志着人与人之间的心理个体差异。所谓个性心理特征就是在个体遗传素质的基础上，通过个人的社会实践活动形成和发展起来的，又通过个体的各种心理活动表现出来，它制约着人的各种心理活动。

跆拳道运动的专项运动特点和专项运动心理特征，对跆拳道运动员在精神运动特征、气质类型和性格特征等方面同样有一定的要求，这些要求就构成了跆拳道专项运动员的个性心理特征。

从精神运动的特征来看，跆拳道运动的活动结构、条件以及训练、竞赛的各种特点，对运动员心理过程的强度、速度、稳定性以及心理活动的指向性和表现方式方面提出一定的要求。这些要求具体表现在：跆拳道运动员必须具有很强的、高度灵活和平衡的神经过程。神经过程的强度决定了在大强度的、长时间的刺激作用下神经系统的耐久力。高度发展的神经过程的灵活性保证了在技战术情况突然改变时能够迅速改变自己的行动结构与方式；提高了在和对手对抗中变换动作的速度、节奏以及实施战术措施的能力。

从气质特征上看，人的气质特征是以个体精神运动特性为基础的，是精神运动的特征在人的行为方面的表现。依据跆拳道运动员的精神运动的特征，三种气质类型即胆汁质、多血质、粘液质及其中间型都可以适合跆拳道运动的特点，而多血质和以多血质为主的胆汁质或粘液质的中间型为最理想的跆拳道运动的气质类型。

从性格特征来看，性格是一个人对待现实的态度和行为方式中较为稳定的个性心理特征。跆拳道专项运动活动的结构、条件以及训练比赛的特点，决定了高水平跆拳道运动员所应具备的性格特征，在对待现实态度方面应该是：对待专项运动活动的态度是具有目的性、事业性、主动性、独立性和创造性等；对待集体与他人的态度是具有集体主义的团队精神、同情心、坦率性、原则性、热情与急公好义等；对待自己的态度是具有自我批评的精神、自尊心、自律性、谦虚、克己等；在行为方式方面应该是：乐群、喜欢与他人合作、聪慧、富有才识、理知性强、自食其力、独立积极，情绪稳定、知己知彼、自律严谨、具有较强的攻击性并敢于负责、行为现实、行为得体、合乎成规、富于创造与预测、精明能干、勇敢果断、自立自强等特征或品质。

第二节　跆拳道运动员心理训练的内容

一、一般心理训练

一般心理训练是在平时的训练中培养和发展跆拳道运动员所必备的基本的心理品质能力的训练过程。一般心理训练的任务，在于促进运动员良好个性特征的发展和跆拳道运动所需心理品质的不断完善。

把培养从事跆拳道专项所需要的兴趣、能力、气质、性格等个性心理特征的一般心理训练贯穿于跆拳道训练的全过程。充分利用跆拳道运动所特有的文化内涵及练习特点，来发展运动员的知觉、记忆、想象、形象思维以及情感和意志品质等基本心理过程，注重培养运动员的注意品质，包括注意的稳定、注意的集中、注意的转移和注意的分配等，为专项训练和比赛打下良好的心理基础。

二、赛前心理训练

赛前心理训练是针对既定的比赛任务进行的、使运动员能在较短时间内学会自我调节心理状态的方法，以便形成最佳的竞技状态。其主要任务是让运动员明确比赛任务，激发比赛动机，树立夺取比赛胜利的信心；学会并掌握具体的心理训练方法，控制和调节自己的心理状态，消除心理障碍，形成最佳竞技状态；提高运动员的比赛适应性，使之学会在紧张激烈、瞬间变化万千的比赛情势下，保持积极向上而稳定的心理状态，正常或超常发挥自己的技战术水平。

三、赛中心理训练

赛中心理训练是在每场比赛前、局间休息或轮次之间的间歇期，对运动员进行心理训练或调节的方法。其主要任务是帮助运动员积累和分析比赛过程中出现的新情况、新问题，及时修订新的比赛行动对策与计划；采取必要的措施进行心理调节与暗示，保持积极稳定的心理状态。特别是比赛中局间休息的一分钟，作为教练员要根据前一回合的比赛情况，及时将比赛信息（对手的技战术水平及动作特点与习惯等）反馈给运动员，并给予运动员具体的指导，重点是鼓舞运动员的斗志，树立必胜的信心。

四、赛后心理调节

在历经高强度紧张激烈的跆拳道比赛后，运动员无论是身体还是心理都会极度的疲劳，此时的心理调节更为重要，是心理训练过程中不可或缺的环节。比赛无论是什么结果，无论是成功的喜悦还是失利的沮丧，都要求运动员要正确地对待这种情绪体验。对比赛取得优异成绩的运动员，在充分肯定其积极向上的情绪体验的同时，更要看到其成功下面隐藏的消极的情绪体验和因比赛胜利而滋生的骄傲自满等不良情绪体验。而对比赛失利的运动员则应同他一起来分析比赛失利的原因，多给予正面而积极的鼓励，消除因比赛失利带来的消极情绪体验，不断激发运动员的斗志，培养运动员不惧挫折、积极进取的训练和比赛动机。

第三节 赛前与赛后的心理调节方法

一、赛前心理调节的方法

（一）比赛动机训练

良好的比赛动机可以形成积极向上而稳定的心理状态，排除比赛不利因素的干扰并最终形成稳固的最佳竞技状态。每个人的比赛动机不同，所以动机训练方法也是因人而异的，它与竞技动机、成绩指标、自我责任感及个性发展程度等有着特殊的联系，因此可采用激励、诱导、命令、表扬和惩罚等教育方法来实现。

（二）自我认知训练

这是一种赛前阶段提高自信心的心理训练方法。训练中要求运动员自觉进行自我灌输与暗示，“我一定行”，不管发生何种情况“我都不会受到干扰”等思想，时刻提示自己，我的技战术一定会成功。只有当一个人对自己充满信心时，他才会敢于大胆使用技战术动作，特别是新、难、绝技战术动作。

（三）心理适应训练

这是一种促进运动员与竞赛环境之间保持心理协调的心理训练方法。主要有：适应比赛器材的训练、适应参赛地生活的训练、适应不同观众情绪的训练、适应不同裁判的不同风格的训练、适应比赛场地氛围的训练等。

（四）心理准备训练

这是一种通过了解比赛双方的情况和运用模拟训练等帮助运动员做好参赛心理准备的训练方法。主要有：一般准备、模拟训练、心理调节训练等。其关键是对对手的各方面情况要充分了解，特别是对手擅长的技战术动作和攻防习惯，这样才能使自己的训练比赛做到心中有数、有的放矢而具有针对性。

二、赛后心理调节训练的方法

（一）迅速消除比赛成绩的干扰，正确看待胜负

比赛成绩是对运动员有着较强的心理刺激，比赛成绩在运动员脑皮层中的痕

迹作用可长达1～3个月。心理实验证明，赛后一个月运动员的动作错误率比平时高20%以上。比赛失常和意外获胜的队员甚至高达45%。因此，优胜者常常陶醉于欣喜兴奋之中，失利者往往陷入沮丧苦恼境地。所以，赛后必须对运动员的心理进行调整，使之迅速摆脱比赛成绩的影响，正确看待胜负。

（二）消除不正常的攻击心理

攻击性是跆拳道运动员在比赛竞争中产生的重要心理特点，在比赛时运动员攻击的对象是对手，比赛时运动员处于全力拼搏和进攻性冲动状态之中。比赛后这种进攻状态不会马上消失（兴奋延时），特别是比赛失利的一方，由于自己预期的目标未能达到，夺取比赛胜利的愿望没有得到满足，会产生新的攻击动机，在这个新的动机驱使下会表现出更加强烈的进攻性。这时攻击的矛头有的指向自己，更多的指向对手或自己的教练员以及裁判员，这种不正常的心理会在较长时间内，影响到运动员的生活、学习、训练。因此，赛后进行及时的心理调整很有必要。

（三）防止丧失自信心

比赛失利后，运动员往往会产生丧失自信心的现象，不仅失利者会丧失自信心，即使是胜利者，如果取得比赛胜利的情况与自己预想的效果有差距，也就是通常所说的“赢得窝囊”，同样会产生丧失自信心的问题。运动员自信心丧失，伴随而来的是对以前自己已建立的运动表象产生了动摇，思维陷入错误的判断之中，认为自己一无所长，处处不如人，没有运动员的素质和条件，所有的努力都是无用的等等。如果这些不正常的心理状态持续发展下去，会对运动员赛后的集体生活、训练、人际关系等产生不利影响。同时，也会产生各种心理障碍，出现劣等感、反抗、满不在乎、敌对、以自我为中心等心理状态。长此以往就会造成运动员的心理不安，并对整个集体的团队精神造成损害。

（四）消除赛后的紧张情绪

运动员参加比赛后，激烈的紧张情绪不会马上消失，比赛层次与规格越高，带来的紧张情绪越强烈。比赛中的极度紧张、焦虑、悔恨感、优越感，不会像流水那样悄然而逝，而是会在运动员的大脑里留下深深的痕迹而不易消退。因此，赛后必须通过相应的手段消除运动员的紧张情绪，这是一个不容忽视的问题。

第四节 心理训练的方法

一、注意集中训练

运动员学会集中自己的注意力，将注意力完全放在将要完成的训练和比赛任务上，是训练过程中非常重要的环节。运动员只有提高集中注意的能力，才能促进认识的活跃状态，提高积极向上情绪的兴奋水平，强化意志的努力程度，达到提高训练和比赛效果的目的。运动员在训练和比赛中引起分散注意的因素很多，诸如身体方面、环境方面、心理方面等，都会分散注意力，进行针对性强的注意集中训练很有必要。注意集中训练因人而异，形式多样，有些人抗干扰的能力很强，对外界事物的影响可以做到“视而不见”“听而不闻”；有些人则常因外界事物的影响而分心，他们抗干扰的能力较差。运动员应根据个人的特点和跆拳道专项的特点，设计一套适合自己的集中注意力的训练方法。注意集中的训练方法常用的有：视觉守点法、视觉追踪法、意守法、低声发令法等。

二、念动训练

念动训练法是指由运动观念而引起的运动反应，是通过对运动的想象或回忆来实现的。这是一种运用表象和自我暗示相结合的心理训练方法。

具体方法是：在头脑里运用动作技术练习时形成的正确的动作表象，选用简单而明确的术语进行暗示，在想象中完成动作。念动训练不仅可以促进技战术的形成与巩固，而且能有效地集中注意力，消除心理障碍，增强信心，使运动员从紧张和焦虑的情绪中解放出来，振奋精神，斗志昂扬地去参加比赛。如果运动员能在赛前的“一瞬间”想象出自己创造优异成绩的最佳情景体验，就能极大地激发运动员增力情绪的增长，充分发挥甚至是超常发挥自己的运动水平。

教学训练中进行念动训练，必须在形成精确的运动表象的基础上进行。具体做法是运动员在安静和放松的情况下，集中注意力在头脑中想象自己正在进行的某一技战术动作的练习，特别是两人对抗练习的情景，更能促进技战术组合能力、运用能力和反应能力的提高，这样反复地想象练习，会进一步巩固已形成的动力定型。教学训练中念动训练既可在练习前进行，也可在练习后和休息期间进行。练习前集中注意力想象将要完成的动作，练习后回想刚完成的动作，并用语言描述动作完成时的情况，然后听取教练员的指导意见，训练后的休息期间再回想训练中完成得最成功的动作 3～5 次。

三、意志训练

意志训练在运动员的整个训练过程中占有重要地位，教练员要善于把运动员的意志训练始终如一地、巧妙地安排到教学训练工作中的每一个环节中去，采取各种教学训练方法，培养运动员良好的意志品质。这是一种形成运动技能的综合心理训练方法。

在训练中，要激发运动员强烈的参与愿望，树立战胜困难的信心；训练与比赛是一个需要付出汗水和泪水的过程，它总是对运动员的训练提出不同的要求且不断增加训练的难度，难度的加大，必将对运动员的意志品质有着更高的要求，其意志努力过程也将随之增强；对运动员的练习过程加强监控，每一次练习、每一个动作都要严格要求且尽全力完成，以保证训练效果；措施是否得当到位，也是强化意志训练的重要手段与指标，适当的惩罚性措施能促进运动员的意志努力，让运动员明白自己存在的问题和努力方向，激发他们的斗志，增强竞争意识。意志训练是一个长期持久的过程，需要广大教练员坚持不懈地落实到训练比赛的方方面面，并在训练比赛过程中因人而异，因材施教。

四、诱导训练法

诱导训练是通过他人的语言信号或其他途径（如录像、录音等）的外界刺激来引导运动员按照预定的要求去执行的心理训练方法。它可分为赛前安定训练和赛中安定训练。

赛前安定训练的目的在于使运动员保证充分的休息，转移其注意力，把注意力转移到与比赛无关的事与物上，使运动员获得心理放松。练练气功、读读书报、看看电影、适度的娱乐活动等都是不错的选择。

赛中安定训练的目的在于采取相应手段与措施来排除因外界环境条件的变化而对运动员产生的异常心理变化；不因比赛发生意外的情况而影响运动员技战术水平的正常发挥。如动作失误、裁判的误判、漏判、错判等都会引起运动员情绪的波动而导致紧张失常。针对这些情况，教练员要帮助运动员分析临场情势变化并提出具体切实可行的要求与措施，使运动员做好一切准备来应对临场情势的变化。

五、模拟训练法

模拟训练法是针对比赛中可能出现的情况或问题进行实战的反复练习，为运动员参加比赛作好适应性准备。其主要作用在于提高运动员临场的适应性，在头脑里建立起合理的动力定型结构，便于使运动员在紧张激烈、瞬息万变的比赛中技战术得以正常发挥。模拟训练必须在充分了解对手情况、比赛地点的环境条件、场地器材等基础上进行，所模拟的情况必须与比赛的真实情况相近似，才能达到模拟训练的效果。跆拳道训练中常用的方法有：模拟对手的技战术打法特点以提高自身技战术适应能力与运用能力、模拟比赛场景与观众情绪以提高自身的抗干扰能力、模拟比赛日程安排和作息制度来及时调整自身的“生物钟”、模拟裁判的误、漏、错判来提高自身的心理承受能力等。

第五节　赛前常见心理障碍及其克服方法

一、过分激动状态

运动员在赛前往往会出现情绪强烈紧张、精神亢奋、食欲下降、睡眠严重不足、呼吸短促、心跳加快、心神不定等过分激动状态而无法控制自己的行动。究其产生的原因，一方面是对比赛的胜利期望过高，另一方面因想赢又怕输而产生的矛盾情绪交织在一起，导致赛前过度紧张、自信心下降等情况的发生，这极大地消耗了运动员的体能与心能，使得运动员赛前压力增大，比赛时想进攻又怕遭到对手的反击，优柔寡断，过多注意比赛得分，而不是考虑如何发挥自己的技战术。克服想赢怕输重要的一点就是要引导运动员把思想集中在比赛的过程上，多考虑技战术的运用与发挥而看淡比赛的得分与胜负；对运动员提出的要求要适当，让运动员多回忆过去比赛成功时的体验，帮助运动员提高自信心和稳定情绪，正确对待比赛结果。

二、过高估计对手

比赛总是有胜有负，对手难免有强有弱，有的运动员在比赛前不相信自己的实力而过高估计对手，当面临对手时，对比赛缺乏必胜的信心而产生惧怕心理。这种惧怕心理会使大脑皮层的控制系统产生紊乱而导致情绪低落，自信心下降，引起运动员机体的机能失调，消极对待比赛，在赛场上不能正常发挥出自己应有的技战术水平。缺乏比赛经验的新手或遇到名气大的对手时经常会出现这种情况。克服高估而惧怕对手的心理障碍的关键是要强化运动员的训练过程，多安排一些条件实战和实战对抗的练习，尽快提高技战术水平和运用能力，丰富实战经验；正确对待比赛；树立必胜的信心，要帮助运动员分析对手，找到战胜对手的有效方法与手段。比赛中要善于激发运动员的斗志，把消极的情绪转化为积极的情绪。此外，对运动员所提出的比赛任务和要求要适当，比较符合运动员当前的技战术水平和竞技状态；要教育运动员摆正自己位置，平衡自己的心态，放开手脚，尽力打出自己的技战术水平即可，不要过多地考虑是否一定能够战胜对手。

三、赛前淡漠状态

赛前淡漠状态是与运动员大脑皮层兴奋过程下降，抑制过程加强有关。这种状态主要表现为精神萎靡、情绪低落、意志消沉、反应迟钝、缺乏信心而无力投入比赛，甚至想退出比赛。其产生的原因主要是对比赛的不利因素考虑过多而又无相应的解决方法；缺乏顽强的比赛斗志和战胜对手、夺取比赛胜利的信心；同时赛前训练不当而导致过度疲劳也是产生赛前淡漠状态的原因之一。对这种运动员应激发其比赛斗志，端正比赛态度，使之形成良好的比赛动机；认真研究比赛双方的真实具体的情况，制定相应的、行之有效的措施；可采取鼓励、积极的语言暗示、提早做准备活动等方法来提高运动员的兴奋性，同时应科学合理地安排好赛前训练，防止产生过度疲劳。

四、赛前盲目自信状态

处于赛前盲目自信状态的运动员，对即将来临的比赛的困难和复杂性及对对手的技战术水平估计不足，主要表现为知觉、思维迟缓，注意强度下降，对比赛的积极准备不够，过于自信，轻视对手，始终处于亢奋状态之中；过高地估计自己的水平能力，总相信能轻易取胜或侥幸成功。在这种轻敌思想的支配下，不去认真分析和研究比赛对策，当困难和不利于自己比赛的因素出现时，则茫然不知所措而持消极态度。对这种运动员首先要加强思想教育、作风教育和意志品质训练，认真做好对手的赛前情况调查，具体分析彼此双方的优劣势，充分估计困难和不利因素，做好心理准备，使运动员能够正确分析彼此态势，保持头脑清醒，既要敢于取胜，又不盲目乐观，以适宜的心理状态参加比赛。

第八章　跆拳道运动的损伤与预防

跆拳道运动是一项紧张激烈、变化万千的对抗性搏击项目，它是以拳、脚直接击打对手的有效部位得分而取胜的现代竞技体育运动。因而跆拳道比赛训练中学生受伤的概率较其它项目要大，为此，跆拳道比赛制定了有关比赛中医务监督的若干条例，以保证参赛者能有效地预防损伤与及时妥善地处理伤害事故。

第一节　跆拳道运动员常见损伤

一、击倒后的休克

跆拳道比赛中，因规则鼓励击打头部（击中头部得 2 分，击头而对手被强制读秒则追加 1 分），基于此，头部常被视作攻击的主要部位，当某一方因头部、颈侧或胸腹部神经丛遭受重击（正常击打或犯规击打）后，常常会出现瞬间休克和短暂的意识丧失，严重时可出现昏迷。

二、擦伤

在击打过程中，拳、脚背、上下肢或身体其他部位的皮肤受到护具的摩擦而浅层表皮破损，伤面有小出血点及擦伤痕迹。作为一个必须发生身体接触的对抗项目，此类损伤发生概率极高。常见的受伤部位是脚背、脚底（地面摩擦）、肘关节等。

三、挫伤

挫伤是指皮下组织（主要是肌肉）受伤而皮肤无破皮现象，在跆拳道运动中，脚踢、拳打或发生身体冲撞等动作都有可能发生挫伤，有的发生在肌肉表层，有的则发生在肌肉深层，严重的还可发生肌纤维撕裂，常见受伤部位是躯干、手臂、脚踝、大腿、小腿和睾丸等。

四、扭伤

扭伤是指软组织撕裂与断裂，跆拳道发力的方式是突发性的爆发力，速度极快且转换迅捷，极易发生此类损伤。常见受伤部位是各关节部位如膝关节、踝关节、肘关节、肩关节、腕关节及大、小腿后群肌肉等。

五、骨伤

跆拳道是对抗性极强的运动，因此骨伤是较为常见的损伤，常见的受伤是关节脱位（如肩关节、手指关节、脚趾关节）、小腿胫骨与腓骨骨折、前臂及腕关节处等部位。骨折可分为开放性骨折和闭合性骨折。

六、慢性损伤

跆拳道运动中，脚的使用最多，所有击打几乎都由脚踢来完成；发力主要是依靠蹬地拧腰产生击打力量，在长期训练和比赛中，包括空击、打沙包、击打护具等，都会产生反作用力，较易引起踝关节、膝关节、腰椎关节等部位的慢性损伤。

七、其他损伤

由于跆拳道比赛中，双方互相以对手的身体、头部作为攻击目标，对抗性强，有时会出现其他部位如眉弓、眼、鼻、耳廓、牙齿等部位的损伤。

第二节 跆拳道运动中常见损伤的处理

一、击倒后昏迷

因重击而导致瞬间休克或昏迷，在平时的教学训练中甚为少见，但在跆拳道比赛中，其发生的机率要高许多。当被击中要害部位如头部时，导致出现短暂的意识障碍而倒地不起或神志不清、站立不稳、动作失调、双目失神等现象。

（一）脑震荡

头部遭受重击后最易出现脑震荡，表现出短暂的意识障碍。此时，要先检查运动员的两眼瞳孔，看一下左右瞳孔是否对称一致。如果发现大小不一，说明已经脑震荡，需及时送医院救治（同时可用拇指强刺激伤者的人中、内关、涌泉、足三里等穴位而不致延误时间）。出现脑震荡的运动员，至少一个月不得参加训练比赛。

（二）裆部、睾丸受伤

当被误击到裆部、睾丸时，可采用一人抱住伤者腰部，自己托住裆部向上跳或蹲下的方法进行缓解，但受伤严重时，一定要进行检查。首先看外部是否出血，再看睾丸是否进入腹腔。如有此两种情况应送至医院治疗。

（三）腹部、腹腔神经丛遭重击

当腹部、腹腔神经丛遭重击时，亦可出现暂时性休克状态，表现为意识清楚。但产生语言障碍，经过休息观察后，如很快恢复则无事，可继续比赛，如仍有其他不适感觉，则应到医院进一步诊治。

（四）击中颈动脉

颈动脉遭受重击而引起的休克或昏迷，情况较为严重，应予以高度重视。急救方法同脑震荡。

（五）处理休克常用的应急措施

1. 体位

使伤员处于正确体位，将头和躯干抬高10cm，下肢抬高20cm，以增加回心血量，改善脑部血流和缺氧状况。

2. 保暖

给伤者盖上棉被或其他保暖用品，以免受凉，使伤情恶化或发生并发症。

3. 保持呼吸顺畅

伤者因击中颈部动脉，会导致呼吸困难，气体交换不良，缺氧和二氧化碳堆积，将会使伤者的休克现象恶化。应及时检查伤者口腔内是否有血块或呕吐物，并观察伤者的瞳孔、呼吸、脉搏等情况；检查是否伴有脑震荡，无则立即进行人工呼吸，使之恢复常态或立即送入医院诊治。处理此类伤情，需要经验丰富的医生视情及时处置，不可大意或延误时间。

4. 控制内外出血

比赛中，头部或胸腹部遭受重击时，可能会出现不同程度的内、外出血现象，对中、重型内出血伤员，应迅速及时地内服止血药，然后转送医院治疗；外伤出血者，应及时采用止血法进行无菌加压包扎止血，视情送医院进一步治疗。

二、擦伤

当表皮有擦伤时，可用生理盐水冲洗，用凡士林油纱布包扎伤者患处，这样不仅可以及时止血，还能起到保护擦伤皮肤表面、避免感染的作用；当鼻出血时，可用食指、拇指相对压迫鼻翼两侧，用冰袋进行冷敷，如需继续比赛则用麻黄素棉球塞入鼻孔内（时间不宜过长，以免影响呼吸）。擦伤一般不会影响比赛的继续进行，但应及时而妥善处理，严防感染。

三、软组织挫伤

软组织挫伤一般有韧带、肌腱及肌肉的撕裂、断裂与挫伤。当发生此类损伤时，首先要检查患处，确定受伤类型和有无其他并发症。及时用镇痛冷雾剂喷洒伤者的患处（也可凉水冲洗），如有需要可外敷消肿止痛药，并使用绷带加压包扎固定。

四、骨伤

（一）开放性骨折脱位

当出现此类损伤时，首先应对伤者进行止血处理，对伤口消毒并用消毒纱布包扎做临时固定，然后转送医院治疗。不要将凸出于创口外的骨端回纳（不要对骨骼复位），以免感染。

（二）闭合性骨折

发生闭合性骨折时，应在最短时间内对伤员就地施行整复手术。在发生损伤的短时间内，肌肉组织出血和肿胀尚未到达最高值，较易复位，复位后应做固定处理；伤情严重者待初步处置后应立即送医院作进一步的诊治。值得注意的是：未经固定处理的均不可移动患者，以免加重损伤或发生休克等意外事故。

在跆拳道比赛场和训练场，应配备已取得跆拳道运动专业医务监督资格且临床经验丰富的医生和必备的医疗器材、常用药品，制定应急的医疗方案与措施，当运动员发生损伤时，能够及时进行现场急救。总之，当发生损伤时，无论伤势轻重，都应在医务人员的指导下进行处置，切不可擅自处理、延误诊治时间而引发严重后果。

第三节　跆拳道运动员损伤的预防

任何运动损伤的发生，都有其发生的机制、原因和规律，我们在训练比赛中要弄清损伤发生的原因，掌握损伤发生的规律，特别是对运动员的身体状况、技术水平与能力、易发生损伤的部位（身体的薄弱部位）等，我们要了如指掌，做到心中有数，才能有效地预防各类损伤的发生。

一、强化身体体能和专项运动技能的训练

发生运动损伤多与身体机能水平、专项运动技能特别是各类身体素质的强弱有关。当身体素质不能满足专项运动技能的需要时，强行去完成一些难度较高的踢击动作或爆发力大的动作，则极易发生扭伤、挫伤及各关节韧带的撕裂伤，严重时还可能造成肌肉韧带的断裂；当运动员的专项技术水平达不到实战、比赛的要求，特别是专项基本技术不成熟时，一些超越运动员自身能力水平的训练实战对抗练习，同样也会造成上述损伤事故的发生，可能因技术水平低而在对抗练习中遭受不必要的击打，甚至危及生命。因此，强化身体机能和专项运动技能的训练，能有效地预防、减少跆拳道运动员损伤的发生。除此以外，还应加强身体一些易受伤部位的力量训练，由于跆拳道是对抗性极强的运动，所以某些部位容易受伤如踝、膝等关节部位。加强股四头肌的力量可以加固膝关节，减少损伤；加强腰部力量，可以防止腰肌劳损及因其他因素引起的腰部损伤；多做提踵练习来加强踝关节力量，防止踝关节挫伤；加强身体的抗击打训练，可以预防和减轻因踢击而发生的四肢挫伤等。

二、安排训练科学化、合理化

作为一个紧张激烈而富于变化的对抗性竞技体育运动，顽强拼搏、坚忍不拔的意志品质是一个跆拳道运动员必备的心理素质之一，不惧对手，不畏艰辛是跆

拳道精神的具体体现。在比赛中我们可以要求运动员这样去做，但是在平时训练中必须遵循运动训练的规律和跆拳道运动的特点，应针对运动员不同年龄、不同水平、不同身体机能的实际情况，在训练的安排上，特别是实战等对抗性练习，要做到因人而异，循序渐进，科学地安排运动负荷，合理地制定练习内容。疲劳训练、水平悬殊或体重悬殊的对抗练习等都是造成损伤发生的原因之一。值得注意的是在踢脚靶及护具靶练习中，空击动作也可造成膝、踝关节不同程度的损伤，基于此，如何持靶也是训练过程中的一项基本训练内容。预防训练中损伤的发生，还应落实防护措施，做好防护工作，对抗练习时，要穿戴好全套护具，特别是护头与护裆。要养成穿戴护具的习惯，形成制度并在训练中切实执行。

三、加强医务监督

建立和健全医务监督制度，是预防运动损伤的重要措施之一。在比赛中必须严格执行医务监督条例，尊重和服从医务人员的建议与决定。在平时训练中也应加强医务监督，对运动员的各项生理、生化指标及训练过程进行监控和检查，及时了解、掌握运动员对训练的反应：如运动负荷是否合理、强度与密度是否恰当、是否疲劳及训练的手段方法是否有效等；特别是伤后、病后的恢复情况，更应做到心中有数，为科学合理地安排训练与比赛提供依据。在训练过程中要合理地安排好运动员的训练与休息，必要的调整是保证训练正常进行和恢复疲劳的重要环节。

四、准备活动要充分

跆拳道运动是一项强对抗的交手项目，动作幅度大，有直接身体接触，常常有突然性地爆发式发力，需要身体特别是四肢有较好的柔韧性和保证各关节的灵活性。因此在跆拳道训练中要有充分的准备活动，将躯干、四肢的大肌肉群及各关节活动开，应特别注意大小腿韧带的伸展练习，以确保完成难度较高的踢击腿法，避免受伤。准备活动要形式多样，丰富多彩，提高运动员的参与兴趣；要与训练课的主要任务相衔接（准备活动专项化），既达到活动身体的目的，也能为训练课的主要任务服务，一举两得。

五、严格执行规则，严禁开玩笑

跆拳道是按体重级别进行比赛的，体重的差别有一定限度，因此，应严格按照体重级别参加比赛和实战训练并严格执行规则，以规则为准绳。安排体重相差较大的两人对抗练习时，应在教师的监督和指导下进行，教师要全程监控，随时视情暂停或中止练习，防止损伤发生。跆拳道对抗是紧张激烈的且变化万千，在比赛中不确定因素较多，偶然性强，双方运动员都应注意力高度集中，认真对待每一个环节，保持一定的紧张度很有必要，即使是在训练中也不可嬉戏或开玩笑，任何放松和疏忽都会造成伤害事故的发生。

第九章　跆拳道品势

跆拳道品势（又称之为型）是以技击动作的攻防进退为素材，通过特定运动的规律变化而编排的整套练习形式。是进行跆拳道格斗对抗训练的基本训练形式和基础。它类似于中国武术运动中的套路练习形式，即将一定数量的动作串连编排起来而形成固定模式的套路。

第一节　跆拳道品势教学

跆拳道品势内容丰富而形式多样，基本品势有基本一式、基本二式、太极的一至八章和八卦的一至八式；高段品势（黑带品势）有高丽、金刚、太白、平原、十进、地跆、天拳、汉水、一如。通过品势练习，促进学生身体各部位的全面发展，达到强身健体、磨炼意志的目的，为将来的实战比赛打下良好的格斗对抗基础。

一、跆拳道品势教学的基本特点

（一）注重基本功的练习

跆拳道品势的基本内容丰富多彩、形式多样，基本功和基本动作一般包含有手型、手法、步型、步法、腿法、拳法、肘法、脚法、跳跃等内容，正是由它们形成了多姿多彩、多种形式的品势套路。通过品势练习，能有效提高学生的力量、速度、灵敏、柔韧、平衡等身体素质，同时也是培养学生坚强的自信心、顽强的意志品质和健康的心理素质的有效途径与手段。

跆拳道的品势是学习跆拳道的方法之一，在安排教学内容时，要根据学生的具体情况以及教学任务，尽可能地做到系统化、多元化；遵循运动技能形成的规律，循序渐进，由简到繁，由易到难，要根据品势的内容和技术特点，在教学中不断强化基本功、基本动作的练习，使学生更好地掌握正确的基本功和基本动作，扎实的基本功能增强各关节及韧带的柔韧性和灵活性、提高肌肉的控制能力和保持必要的弹性，这一点对提高动作质量、预防受伤及延长运动寿命有着十分重要的作用。同时，扎实的基本功能够使学生在整套品势练习和比赛实战中熟练掌握、运用各种技术动作。因此，将基本功、基本动作的练习贯穿于品势教学的全过程，是品势教学在内容选择与安排上的特点之一。

（二）直观教学为主，首重动作规格

跆拳道品势的内容繁多，动作复杂，但路线、方向相对变化较简单，多以直线转折为主，所有演示路线类似中国的九宫八卦图。它外形要求全身协调配合，内重精神与意识、呼吸与劲力相统一，并伴有发声来振奋精神，以气催力。因此，在教学中必须依据人类认识事物的规律来组织、实施教学。品势教学首重动作规范，教师准确、连贯地示范，会给学生留下非常深刻地第一印象，对建立正确的动力定型极其重要。品势不同，动作的规格要求也不同，所以教学重点也不一样。以单个动作为例，首先要强调该动作姿势的准确；其次要强调该动作方法的正确；三是力度、速度及演示路线的准确。

（三）突出特点，抓住重点

攻防技击是跆拳道运动的显著特点，品势则是跆拳道运动在漫长的历史发展演变过程中对技击动作精华的浓缩。因此，在品势教学中应紧紧抓住技击这个特点，来对动作进行分析，逐个剖析动作的攻防含义和劲力的使用方法，强调动作的速度、力度及节奏，使学生明确每个动作的作用及用法，加深对动作攻防技击内涵的理解。每一个品势，每一个动作，都有其区别于其他品势、动作的技术特点，在演练中会表现出不同的风格与技巧，抓住其特点，将之作为重点来进行教学，就能使学生清晰地认识动作的精髓而牢固地掌握它。

（四）内外合一，形神兼修

在品势教学中，提高演练技巧是其重要特点之一。品势的观赏价值较高，给人以刚劲有力的阳刚之美，并通过品势演练展示出跆拳道深厚的文化内涵和礼仪礼节。内外合一，形神兼备，将其身心和谐之美通过演练来体现，这都需要有扎实的基本技术和高超的演练技巧来支撑。因此，品势演练并不是单个动作的简单重复，而是外在动作的精细规范、劲力顺达、力点准确和内在的精神、意识、气质的高度协调一致，共同来演绎出跆拳道所包含的全部文化内涵和价值。

二、跆拳道品势教学的方法

教学方法是完成教学任务的手段与途径，科学地运用方法对于完成教学任务和提高学生积极性，提高教学的效果有着重要的意义。教学方法的运用要以教学任务、品势特点、学生实际、教学条件等具体情况为依据。力求做到以任务为目标、以方法为途径，采用行之有效的方法与手段来确保教学任务的完成。跆拳道品势教学中通常采用的方法有直观教学法、完整教学法与分解教学法、语言法、预防与纠正错误法、练习法、比赛法等。

（一）直观教学法

1. 动作示范

动作示范是品势教学中最常用，也是最基本的一种方法。它是以标准的动作为范例，使学生通过直观来了解动作的形象、结构、要领和方法。它的特点在于不仅使学生从感性认识来获得正确动作的全貌，而且可以激发学生学习的兴趣和自觉性。为了使学生较为全面地观察教师的示范动作，突出示范的目的，取得更好的效果，示范动作有以下几个要求：

（1）示范的位置

教师在做示范动作时，应让所有学生能够清楚看到正确的示范动作，因此在各个方位都做一次或多次示范，比如在队伍的正前方和学生（横队）成等边三角形，教师站在三角形的顶点；或者教师站中间，学生围成圆形；或前排学生蹲下等。

（2）示范面的运用

示范面的正确使用，能使学生更快更好地学会动作和掌握要领。应根据动作的不同前进方向或面部所朝方向来选择不同的示范面。一般有侧面示范，镜面示范，背面示范等。

（3）领做示范

领做示范一般在学习新的动作时运用，教师应注意示范的位置和示范的速度。要根据动作的路线方向来选择示范的位置，尽可能使学生看到教师示范的动作，以便模仿、掌握动作的运动路线、方法与姿势。当改变运动方向时，教师应变换示范位置。领做速度应由慢到快，待学生逐渐熟练后，再过渡到正常领做速度。

（4）示范与讲解法相结合

在学习新动作时，较多采用示范结合讲解来进行。其目的在于使学生在获得感知动作形象的同时，通过形象生动的讲解，来强化动作形象的效果。它比较容易使学生通过示范动作了解动作的全部过程而直观地去模仿动作，同时也通过语言的讲解而让学生进一步明确动作要领，体脑并用，提高教学效果。不同的学生有不同的教法，水平较高的学生以讲解为主，示范为辅，水平较低的学生以示范为主，讲解为辅。

2. 多媒体课件教学

现代信息技术的飞速发展和在广阔领域的普及、推广与运用，在某种意义上给我们的教学带来了一场革命，极大地丰富了教学的方法与手段，运用多媒体进行教学，对提高教学质量，具有十分重大的促进作用。多媒体教学是一种以交互方式将文本、图形、图像、音频、视频等多重媒体信息，经过计算机设备的获取、操作、编辑、存储等综合处理后，以单独或合成的形态表现出来的技术和方法。它是现代教学训练的手段之一，它有助于学生建立正确的动作概念，能充分显示动作的结构、过程、关键、要领与细节，特别是对结构复杂、腾空技术和难度较大（跳踢、旋踢）的动作，能提供生动而形象的直观方式且演示的速度可以随心所欲地加以掌控，以便详尽地观摩动作的细微变化；同时还可以加深学生对教材的理解和分析动作要领，领会单个动作乃至全套动作的演练特点、劲力、方向、角度等，多媒体教学运用得当，可丰富教学内容，调节学生的学习兴趣，提高教学效率。可以说，多媒体教学将以多种形式出现在未来的讲台和训练场，为我们的教学训练插上科技的翅膀而腾飞。

（二）完整教学法与分解教学法

品势是由单个动作和不同的演练路线所组成，每个动作又因品势的不同而难度各异，因此品势教学常用分解教学法与完整教学法。

1．完整教学法

完整教学法可以使学生了解单个动作的全貌，形成完整的概念，是为主要的教学法之一，它适用于难度不大、结构相对简单，路线相对单一动作的教学，对专业基础较好的学生也可以采用完整教学法。其缺点是对复杂且难度较大的动作进行教学时，学生因难于掌握动作的细微环节而达不到教学的要求。

2．分解教学法

分解教学法是将一个动作分解成若干个动作环节进行教学的方法。品势教学中经常运用分解教学法来加强学生对动作细微环节的掌握，使之更好更快地达到动作的要求。当动作的结构、方向、路线较复杂繁琐且节奏变化多时，运用分解教学法会取得较好的教学结果。但是在运用分解教学法时，不宜将动作分解得支离破碎而影响动作的完整性，应尽快地过渡到完整的动作练习。

教学过程中应遵循完整→分解→再完整的原则，将分解与完整教学有机地结合起来，相互补充，使学生既能尽快掌握动作细节，又能了解动作的全貌而学会单个动作直至全套品势。

（三）语言教学法

正确运用语言教学法，有助于学生正确理解动作，加快掌握技术要领，培养学生分析问题与解决问题的能力。正确的讲解、启发和提示，能够使学生了解学习任务，端正学习态度，积极思维，确保教学任务的完成。

1．讲解

讲解是语言教学法中主要的一种教学形式与方法。讲解时应注意目的明确，通俗易懂，简明扼要，且注意讲解的时机和保证效果。讲解的内容根据动作的重点不同而有所侧重，通常是讲解动作的规格与要求、讲解动作的基本规律、讲解动作的易犯错误、讲解动作的重点与关键环节、讲解动作的攻防含义及使用方法、讲解动作劲力的运用方式与方法等。

讲解方法一般采用以下几种：

（1）形象化讲解

将品势动作的形态比喻成身边常见的物体或景象，有利于提高学生的兴趣，使学生发生联想。

（2）术语化讲解

品势中的术语是指专业用语，具有简洁易懂的特点，常用术语进行课堂讲解既有利于规范要求，又可以减少讲解时间，把理论知识和实践结合起来。

（3）口诀化讲解

将品势的某个动作进行高度概括，采用口诀化的形式来讲解，即对将要进行讲解的动作的语言总结成简明扼要具有专业特点的词句，既有利于调动学生积极性，活跃课堂气氛，又能促进学生尽快理解与掌握动作。

2. 口令

口令是组织学生、指挥学生的重要手段，在跆拳道品势教学中，每个品势的口令速度基本一样，但次数有所不同。根据练习方式的不同及学生不同的熟练程度，运用口令的轻重缓急也不同。如分解练习时，口令短促而有力；连贯练习时，口令柔和而缓慢；也可以将动作规格要求带入口令中，启发和提示学生应该注意的问题或动作的路线、方向、速度、劲力等。运用口令时要声音洪亮、干脆利落，富于节奏感。

（四）预防与纠正错误法

学生在学习和掌握每个动作的过程中会出现各种错误，对此教师应及时发现错误并指出正确的动作要领和提出解决问题的方法。

由于学生的水平不同，因接受能力与协调能力欠缺出现错误时，教师一般采用分解动作，放慢示范速度、多次领做等方法进行纠正；学生出现身体能力差而不能完成动作时，教师应耐心地采用降低难度等方法，不能挫伤学生的学习情绪；出现学生记忆能力较弱，品势动作和顺序出现错误时，教师应反复领做，反复示范、讲解动作内容，将动作前后相关联的动作特征提出来，着重讲解、示范，反复练习，强化记忆。教师在纠正错误动作时，要善于发现共性问题，一旦出现共性问题，要组织学生共同讨论、分析问题的因果关系，找出解决问题的方法，借此来启发学生思维，培养和提高学生分析问题、解决问题的能力。

（五）练习法

跆拳道的品势教学中，采用练习法可以迅速提高学生掌握动作的速度和准确性。教师根据每个品势的教学任务，有针对性地安排任务和选择练习法，在反复的练习过程中，使学生逐步消除错误动作，掌握正确的动作要领，巩固提高所学的知识，使技术动作形成正确的动力定型。常用的练习法有以下几种：

1. 重复练习法

重复练习法是指在品势教学过程中，将单个动作、分段动作、整套动作重复练习的方法。在练习中练习日的要明确，不同的教学阶段、不同任务的难易程度及学生的不同特点，都会对练习的次数、强度、密度及间歇时间提出不同的要求。在练习中要注意错误动作的出现，一旦发现要及时予以纠正。

2. 变换练习法

变换练习法是指在变换条件的情况下进行练习的方法。所谓条件是指运动负荷、场地、环境及训练器械等。变换条件主要在于使练习更加符合学生的实际情况及满足教学任务的需要。如：因动作难度大而放慢动作速度与节奏；因学生疲劳而降低运动负荷；因动作不到位而借助辅助练习来纠正、补充；因比赛需要而改变训练环境，营造比赛气氛等。

3. 综合练习法

综合练习法是指综合地运用某些练习法的特点而组成的练习方法。要根据教学任务的要求，强调练习手段、练习数量与强度、组间间歇及练习程序的科学合理的安排。其练习形式一般有个人练习、分组练习和集体练习，不同的练习形式能促进学生正确掌握动作，提高学生练习兴趣和训练的质量与效果，并能使课堂形式多样而生动活泼。

（六）比赛法

根据教学的任务和要求，在不同阶段，视情制定出比赛的内容、要求及评分标准，通过这种教学比赛来加强学生的心理训练，使学生能够在紧张和竞争的情况下正确而顺畅地完成动作演练，全面均衡地发展学生的身体机能水平，提高品势的演练水平和适应比赛的能力。采用的形式多种多样，既可以是个人间的一对一比赛、组与组间的对抗赛，也可以是不同年级、不同性别组成的代表队间的集体比赛，比赛可由教师评判，也可由学生推选代表来评判，或由两者相结合来评判。

三、教学步骤

跆拳道品势约有二十多套组成，每个品势的动作、路线不同，所表达的意义也不同，每个动作都包含着多个要素：如结构架势、方向路线、劲力方法、节奏起伏及内在的精神、意识、气质等。教学中应根据运动技能形成的规律和跆拳道品势教学的特点，通过一定的步骤使学生逐步掌握动作。跆拳道品势教学一般可分为以下几个步骤：

（一）第一步的主要任务是使学生掌握动作的运动方向路线。通过教师的正确示范和简介要领，使学生弄清楚每个动作的方向路线。对于动作的姿势可作一般的要求，反之容易引起学生的疲劳，分散学生对方向路线的注意力，从而降低学生学习的效率，影响教学任务的完成。

（二）第二步的主要任务是使学生形成正确的动作姿势和工整的架势。在学生掌握了动作的方向路线后，教师示范正确的动作，并组织学生反复练习，在练习中不断纠正错误动作，严格要求，强调动作的节奏、姿势和细节，消除动作的僵硬、身体不协调等不良反应，使学生初步形成正确的动作定型。

（三）第三步的主要任务是使学生能够完整准确地演练整套品势。教师要根据每个品势的不同动作进行完整的示范，使学生了解并学会动作之间衔接的技巧与方法，重点强调动作协调、连贯完整、劲力顺达。

（四）第四步的主要任务是使学生理解和掌握品势动作的特点、内涵及不同品势的不同演练风格。通过教师对每个品势的性质、意义的深入仔细的分析，进一步完善跆拳道品势的精神、意识与身体动作的结合，体验跆拳道品势刚劲有力的演练风格。使学生的演练真正做到“神形兼备”“内外合一”“以气催力”，充分展示跆拳道品势技术的风格特点。

（五）第五步的主要任务是通过训练来继续提高与巩固动作质量。要求教师认真组织学生训练，强化动作规格，提高演练水平，使学生练习中不断纠正错误的同时，进一步巩固正确的动力定型。

第二节　太　极

太极品势共有八章，是所有初学入门者必须学习与掌握的入段品势。其品势练习的路线与方向是按照阴阳五行八卦的图案与方位来进行的。它要求学生在练习中体会、理解人与天地自然的关系，共同品味跆拳道运动中所蕴藏的哲学理念。

一、太极一章

准备　面向 A 方向，双脚开立形成并排步，双手握拳置于腹前形成准备姿势。

要领：拳和拳的间隔为一拳的距离，拳和道带的间隔为一拳的距离。脚尖向正前方，双脚间隔为一脚长的距离。

1　转向 C1 方向，左脚向左移步，带动身体向左旋转 90°；同时形成左走步，左下格挡。

2　右脚上步形成右走步，右手直拳。（上步与直拳要同步进行）

3　转向 D1 方向，以左前脚掌为轴，右脚向后移步，带动身体向后旋转 180°形成右走步；同时，做右下格挡。

4　向 D1 方向，左脚上步形成左走步，左手直拳。（走步与直拳要同步进行）

5　转向 A 方向，左脚向左移步，带动身体向左旋转 90°形成左弓步；同时，做左下格挡。

6　步法不变，右手直拳。

7　转向 D2 方向，右脚向前跟步，身体同时向右旋转 90°形成右走步；同时，做左中内格挡。

8　向 D2 方向，左脚上步形成左走步；同时，右手直拳。（走步与直拳要同步进行）

9　转向 C2 方向，左脚向后移动，带动身体向后旋转 180°形成左走步；同时，右中内格挡。

10　右脚上步形成右走步；同时，左手直拳。

11　转向 A 方向，右脚向右移步，带动身体向右旋转 90°形成右弓步；同时，右下格挡。

12　步法不变，左手直拳。

13　转向 C3 方向，左脚向前跟步，身体向左旋转 90°形成左走步；同时，做左上格挡。

14-1　向 C3 方向，右脚前踢（双拳放到胸前）。

14-2　前踢的右脚向前落地形成右走步；同时，右手直拳。

15　转向 D3 方向，右脚向右移步，带动身体向后旋转 180°形成右走步；同时，做右上格挡。

16-1　向 D3 方向，左脚前踢。

16-2　前踢的左脚向前落地形成左走步；同时，左手直拳。

17　转向 B 方向，左脚向右移步，带动身体向右旋转 90°形成左弓步；同时，左手下格挡。

18　向 B 方向，右脚向前移形成右弓步；同时，右手直拳并配合发声。

还原　以右前脚掌为轴，带动身体向后旋转 180°，左脚回收形成还原姿势（脚内侧平行，两脚间隔是一脚长的距离）。

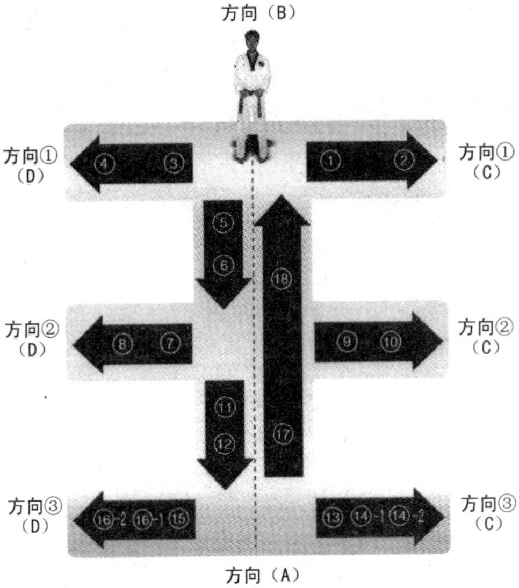

太极一章

扫一扫，看太极一章动作图解

二、太极二章

准备　面向 A 方向，形成准备姿势。

1　转向 C1 方向，左脚向左移步，带动身体向左旋转 90°形成左走步；同时，做左下格挡。

2　右脚上步形成右弓步；同时，做右手直拳。

3　转向 D1 方向，右脚向右移步，带动身体向右旋转 180°形成右走步；同时，做右下格挡。

4　左脚上弓步，左手直拳。(同步进行)

5　转向 A 方向，左脚向左移步，带动身体向左旋转 90°形成左走步；同时，做右中内格挡。

6　右脚向 A 方向上步形成右走步；同时，做左中内格挡（移动时要注意重心的起伏不能过大）。

7　转向 C2 方向，左脚向左移步，带动身体向左旋转 90°左走步；同时，做左下格挡。

8-1　向 C2 方向，右脚前踢。

8-2　前踢的右脚向前落地形成右弓步；同时，做右手上位直拳。

注意：上位直拳攻击的高度是人中。

9　转向 D2 方向，以左前脚掌为轴旋转，右脚向后移步，带动身体向右旋转 180°形成右走步；同时，做右下格挡。(走步与格挡要同步进行)

10-1　向 D2 方向，左脚前踢。

10-2　前踢的左脚向前落地形成左弓步；同时，做左手直拳。

注意：左手直拳攻击的高度是人中。

11　转向 A 方向，左脚向左移步带动身体向左旋转 90°形成左走步；同时，做左上格挡。

12　向 A 方向，右脚上步形成右走步；同时，做右上格挡。

注意：走步的宽度不能过大或过小。

13　转向 D3 方向，左脚向左移步，带动身体向左旋转 270°形成左走步；同时，做右中内格挡。

注意：旋转时支撑脚一次旋转并和格挡同步完成。

14　转向 C3 方向，右脚向后移步，带动身体向右侧旋转 180°形成右走步；同时，做左中内格挡。

注意：移动时脚底不能有碎步；扣分事项：走步距离过大或过小时。

15　转向 B 方向，左脚向左侧移步，带动身体向左旋转 90°形成左走步；同时，做左下格挡。

16-1　向 B 方向，右脚前踢。

16-2　前踢的右脚向前落地形成右走步；同时，做右手直拳。

17-1　向 B 方向，左脚前踢。

17-2　前踢左脚向前落地形成左走步；同时，做左手直拳。

18-1　向 B 方向，右脚前踢。

18-2　前踢的右脚向前落地形成右走步；同时，做右手直拳并配合发声。

还原　以右前脚掌为轴，带动身体向后旋转 180°，左脚回收形成还原姿势。

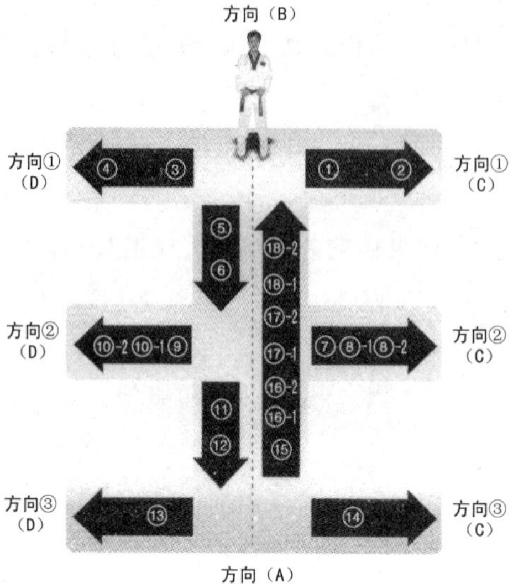

太极二章

扫一扫，看太极二章动作图解

三、太极三章

准备　面向 A 方向，形成准备姿势。

1　转向 C1 方向，左脚向左移步，带动身体向左旋转 90°形成左走步；同时，做左下格挡。

2-1　向 C1 方向，右脚前踢。

2-2　前踢的右脚向前落地形成右弓步；同时，右手中位直拳。

2-3　步法不变左手直拳。

注意：2-2 和 2-3 的动作要连续进行。

3　转向 D1 方向，右脚向后移步，带动身体向右旋转 180°形成右走步；同时，做右下格挡。

4-1　向 D1 方向，左脚前踢。

4-2　前踢的左脚向前落地形成左弓步；同时，左手中位直拳。

4-3　步法不变，左手直拳。

注意：4-2 和 4-3 的动作要连续进行。

5　转向 A 方向，左脚向左侧移步，带动身体向左旋转 90°形成左走步；同时，有单手刀向颈部攻击。

注意：单手刀颈部攻击的动作完成后，肘关节不能弯曲。

6　向 A 方向，右脚上步形成右走步；同时，左手单手刀向颈部攻击。

7　转向 C2 方向，以右脚为轴，左脚向左侧移步，带动身体向左旋转 90°形成右三七步；同时，左单手刀做中外格挡。

8　向 C2 方向，左脚向前移一脚，右脚向内侧旋转半脚形成左弓步；同时，

右手中位直拳。(弓步与直拳要同时进行)

9　转向 D2 方向，以左脚为轴右脚向后移步，带动身体向右旋转 180°形成左三七步；同时，右单手刀做中外格挡。

10　向 D2 方向，右脚向前移一脚，左脚向内侧旋转半脚形成右弓步；同时，做左手中位直拳。

11　转向 A 方向，以右脚为轴，左脚向左侧移步，带动身体向左旋转 90°形成左走步；同时，做右中内格挡。

注意：走步的宽度不能过大或过小。

12　向 A 方向，右脚上步，形成右走步；同时，做左中内格挡。

13　转向 D3 方向，以右脚为支撑，左脚向后移步，带动身体向左旋转 270°形成左走步；同时，做左下格挡。(左脚在前)

14-1　向 D3 方向，右脚前踢。

14-2　向 D3 方向，前踢的右脚向前落地形成右弓步；同时，向前做中位右手直拳。

14-3　步法不变，左手直拳。

注意：14-2 和 14-3 的动作要连续进行。

15. 转向 C3 方向，右脚向后移步，带动身体向右旋转 180°形成右走步；同时，做右下格挡。

注意：重心不能起伏过大，走步的宽度不能过大或过小。

16-1　向 C3 方向，左脚前踢。

16-2　向 C3 方向，前踢的左脚向前落地形成左弓步；同时，向前做中位左手直拳。

16-3　步法不变，右手直拳。

注意：16-2 和 16-3 的动作要连续进行。

17-1　转向 B 方向，左脚向左侧移步，带动身体向左旋转 90°形成左走步；同时，做左下格挡。

17-2　步法不变，右手直拳。

18-1　向 B 方向，右脚上步形成右走步；同时，做右下格挡。

18-2　步法不变，左手直拳。

19-1　向 B 方向，左脚前踢。

19-2　前踢的左腿向前落地形成左走步；同时左下格挡。

19-3　步法不变，右手直拳。

20-1　向 B 方向，右脚前踢。

20-2. 前踢的右脚向前落地形成右走步；同时做右手下格挡。

20-3　步法不变，左手直拳配合发声。

还原　以右前脚掌为轴，带动身体向后旋转 180°，左脚回收形成还原姿势。

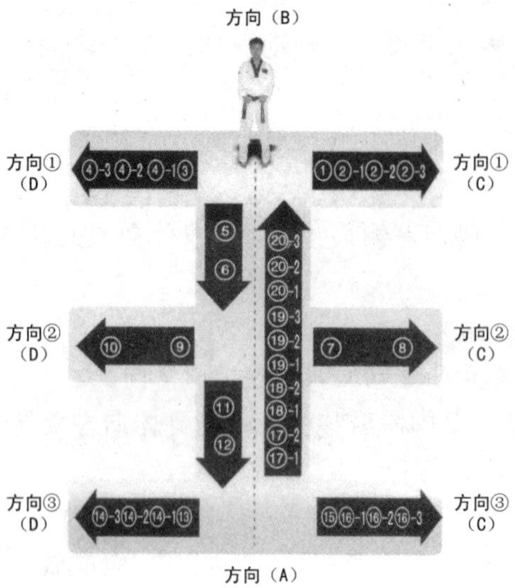

太极三章

扫一扫，看太极三章动作图解

四、太极四章

准备　面对 A 方向，形成准备姿势。

1　转向 C1 方向，左脚向左移步，带动身体向左旋转形成右三七步；同时，左手刀中位格挡。

2　向 C1 方向，右脚上步形成右弓步；同时，右平手尖刺击。（手脚同步进行）

规定动作：刺击的手臂拉到髋关节后再开始刺击。

3　转向 D1 方向，右脚向后转步，带动身体向右旋转 180°形成左三七步；同时，右手刀中位格挡。

4　向 D1 方向，左脚上步形成左弓步；同时，左平手刺击。

规定动作：刺击的手臂拉到髋关节后，开始刺击。

5　转向 A 方向，以右脚为轴，左脚向左移步，带动身体向左旋转 90°形成左弓步，同时，燕子手刀向颈部攻击。

燕子手刀的起始动作：左手放在右髋关节处，掌心向上，右手与耳部同高，掌心向外，动作完成后肩部向左旋转 45°。

6-1　向 A 方向，右脚前踢。

6-2　前踢的右脚向前落地形成右弓步；同时，左手中位直拳。

7　向 A 方向，左脚侧踢。（侧踢时视线、肩部、髋关节、脚后跟在一个平面上，双拳放在胸口。）

注意：第一个侧踢动作完成后，步法是形成左走步的动作。

8-1　向 A 方向，右脚侧踢。

8-2　侧踢完成后，右脚向前落地形成左三七步；右手刀中位格挡。

注意：重心、三七步的大小要合适。

9　转向 D3 方向，以右脚为轴，左脚向后移步，带动身体向左旋转，形成右三七步；同时，左中外格挡。（格挡的高度与肩部同高）

10-1　向 D3 方向，右脚前踢。

10-2　前踢后收回原位形成右三七步；同时，右中内格挡。（中内格挡时肩部向左 45°角）

注意：踢腿后，前脚不要向后移动，手脚不能分开进行，三七步要标准到位。

11　转向 C3 方向，以左脚为轴，右脚向后移步，带动身体向右旋转 180°形成左三七步；右中外格挡。移动时注意重心的起伏不能过大。

12-1　向 C3 方向，左脚前踢。

12-2　前踢后收回原位形成左三七步；同时，左中内格挡。

注意：踢腿后，前脚不要向后移动或手脚不要分开进行。三七步要标准到位。

13　转向 B 方向，以右脚为轴，左脚向左移步，带动身体向左旋转 90°形成左弓步；同时，燕子手刀向颈部攻击。

14-1　向 B 方向，右脚前踢。

14-2　前踢后向前落成形成右弓步；同时，右手背拳前击。（背拳前击，目标高度是人中）

规定动作：背拳前击的右臂从左髋关节开始，拳心向下，要从辅助手臂内侧向外。

扣分事项：右臂从辅助手臂的外侧开始时，腕部弯曲时

15　转向 D2 方向，左脚向左移步，带动身体向左旋转 90°形成左走步；同时，做左中内格挡。（左走步与左中内格挡要同步进行）

16　向 D2 方向，步法不变，右手直拳。

17　转向 C2 方向，以左脚为轴，右脚向后移步，带动身体向后旋转 180°，右脚在前形成右走步；同时，做右中内格挡。

注意：走步动作完成后不能左右交叉。

18　向 C2 方向，步法不变，左手直拳。

19-1　转向 B 方向，左脚向左侧移步，带动身体向左旋转 90°形成左弓步；同时，做左中内格挡，两次直拳。（移动时注意重心起伏不能过大）

19-2　步法不变，右手直拳。

19-3　步法不变，左手直拳。

注意：19-2 和 19-3 连续进行的速度要快。

20-1　向 B 方向，右脚上步形成右弓步；同时，做右手中内格挡。

20-2　步法不变，左手直拳。

20-3　步法不变右手直拳并配合发声。

注意：20-2 和 20-3 连续进行的速度要快。

还原　以右前脚掌为轴，带动身体向后旋转 180°，左脚回收形成还原姿势。

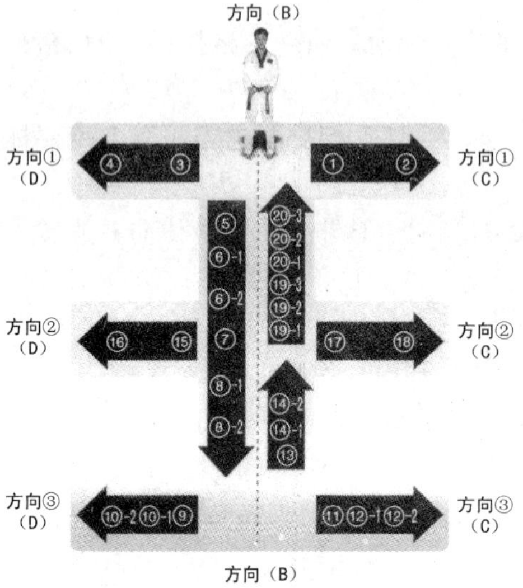

太极四章

扫一扫，看太极四章动作图解

五、太极五章

准备　面向 A 方向，形成准备姿势。

1　转向 C1 方向，左脚向左移步，带动身体向左旋转 90°形成左弓步；同时，做左下格挡。

2　向 C1 方向，左脚回收形成左站势；同时，左手下捶拳，拳的高度与眼部同高，左右脚内侧形成 90°。

规定动作：攻击的手臂从里到外，动作幅度要大。

3　转向 D1 方向，以左脚为轴，右脚向后移步，带动身体向右旋转，形成右弓步；同时，做右下格挡。

4　向 D1 方向，右脚回收形成右站势；同时，右手下捶拳。

规定动作：攻击的手臂从里到外。

5-1、5-2　转向 A 方向，以右脚为轴，左脚向左侧移步，带动身体向左旋转 90°，形成左弓步；同时，做中位内格挡两次（1. 左中内格挡，高度与肩部同高；2. 步法不变，右中位内格挡；5-1 和 5-2 要连续完成）。

6-1　向 A 方向，右脚前踢。

6-2　向 A 方向，前踢的右脚向前落地形成右弓步；同时，做右背拳前击。（落步与背拳要同步进行，背拳击打高度是人中）

6-3　步法不变，左手中内格挡。

注意：动作 6-2 和 6-3 的高度明显。

7-1　向 A 方向，左脚前踢。

7-2　向 A 方向，前踢的左脚向前落地形成左弓步；同时，左背拳前击。

7-3　步法不变，右中内格挡。

8　向 A 方向，右脚上步形成右弓步；同时，做右背拳前击。（弓步与背拳要同步进行）

9　转向 D3 方向，以右脚为轴，左脚向后移步，带动身体向左旋转 270°形成右三七步；同时，左单手刀中外格挡。（单手刀中外格挡的高度是手、尖部与肩部同高，腕部伸直，肘关节放松下垂）

10　向 D3 方向，右脚上步形成右弓步；同时，做右旋肘前击。

规定动作：右旋肘前击的高度是下颚，动作完成后，攻击手臂的拳心向下，腕部伸直，肩部向左约 160°。

扣分事项：格挡完成后高度不准确。

11　转向 C3 方向，以左脚为轴，右脚向后移步，带动身体向右旋转 180°形成左三七步；同时，右单手刀中外格挡。

12　向 C3 方向，左脚上步，形成左弓步；同时做左旋肘前击。（左弓步与左旋肘前击要同步进行）

规定动作：左旋肘前击的高度是下颚，动作完成后，攻击手臂的拳心向下，腕部伸直，肩部向左约 160°。

13-1　转向 B 方向，以右脚为轴，左脚向左移步，带动身体向左旋转 90°形成左弓步；同时，左手下格挡。

13-2　步法不变，右中内格挡。

14-1　向 B 方向，右脚前踢。

14-2　向 B 方向，前踢的右脚向前落地形成右弓步；同时，做右手下格挡。

14-3　步法不变，左中内格挡。

15　转向 D2 方向，以右脚为轴，左脚向移步，带动身体向左旋转 90°形成左弓步；同时，做左上格挡。

16-1　向 D2 方向，右脚侧踢；同时，右拳侧击（拳心向下，侧踢时肩部、髋部、脚后跟在一个平面上）。

16-2　向 D2 方向，侧踢的脚向前落地形成右弓步；同时，掌肘对击。

规定动作：掌肘对击完成后，肩部向右旋转，充分使用腰部的力量。

17　转向 C2 方向，以左脚为轴，右脚向后移步，带动身体向右旋转 180°，形成右弓步；同时，做右上格挡。

18-1　向 C2 方向，左脚侧踢，同时左拳侧击。

18-2　向 C2 方向，侧踢的脚向前落地形成左弓步；同时，掌肘对击。

规定动作：掌肘对击完成后肩部向右旋转，充分使用腰部的力量。

19-1　转向 B 方向，以右脚为轴，左脚向左侧移步，带动身体向左旋转 90°，形成左弓步；同时，做左下格挡。

19-2　步法不变，右中内格挡。

20-1　向 B 方向，右脚前踢。

20-2　向 B 方向，前踢的右脚向前落地形成后交叉步；同时，右背拳前击并配合发声（右脚的角度是 45°，右脚与左脚尖间隔是一拳的距离）。

规定动作：向下落脚的同时形成后交叉步，背拳前击动作路线是从里到外。

还原　向 A 方向，以右脚前掌为轴，带动身体向后旋转 180°，左脚回收形成还原姿势。

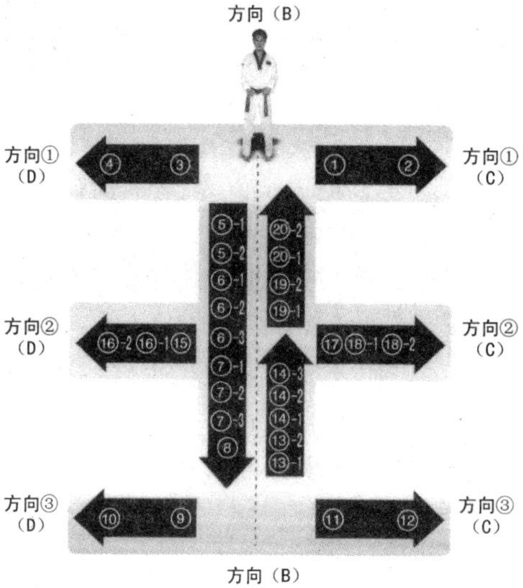

太极五章

扫一扫，看太极五章动作图解

六、太极六章

准备　面向 A 方向，形成准备姿势。

1　转向 C1 方向，左脚向左移步，带动身体向左旋转 90°，形成左弓步；同时，做左下格挡。

2-1　向 C1 方向，右脚前踢。

2-2　向 C1 方向，前踢的右脚回收，左脚在前形成右三七步；同时，左中外格挡。

规定动作：前踢后中外格挡同步进行。

3　转向 D1 方向，以左脚为轴，右脚向后移步，带动身体向右旋转 180°，形成右弓步；同时，右下格挡。

4-1　向 D1 方向，左脚前踢。

4-2　向 D1 方向，前踢的左脚回收，右脚在前形成左三七步；同时，右中外格挡。

规定动作：前踢后中外格挡同步进行。

5　转向 A 方向，以右脚为轴，身体向左旋转 90°移左脚形成左弓步；同时，做右单手刀上位斜外格挡（格挡时起始点的手刀是从左髋关节开始，经过面部是开始格挡，掌心向上，辅助的手臂在右肩部，拳心向外）。

规定动作：格挡时需交叉格挡，动作完成后格挡的手刀与耳部同高，肩部向左 45°。

6-1　向 A 方向，右脚横踢（横踢时双拳放在胸口，高度是头部，使用部位是前脚掌）。

6-2　左脚向 C2 方向，向左侧移步，身体同步向左旋转 90°形成左弓步；同时，左手上位外格挡（左手的腕部与耳部同高，腕部要伸直）。

规定动作：右脚向前落地的宽度与弓步距离同宽。

6-3　向 C2 方向，步法不变，右手直拳。

7-1　向 C2 方向，右脚前踢。

7-2　向 C2 方向，前踢的右脚向前落地形成右弓步；同时，做左手直拳（右弓步与左手直拳要同步进行）。

8-1　转向 D2 方向，以左脚为轴，右脚向后移步，带动身体向右旋转 180°，移右脚形成右弓步；同时，右手上位外格挡。

8-2　步伐不变，左手直拳。

9-1　向 D2 方向，左脚前踢。

9-2　向 D2 方向，前踢的左脚落地形成左弓步；同时，做右手直拳。

10　转向 A 方向，以右脚为轴，左脚向后移步，带动身体向左旋转 90°形成并排步；同时，右手在内左手在外。脚原地不动，双手交叉分手下格挡（拳心向内，格挡节奏 5 秒内完成）。

11　向 A 方向，右脚上步形成右弓步；同时，做左单手刀上位斜外格挡。

规定动作：格挡时需要交叉格挡，动作完成后格挡的手刀与耳部同高，肩部向左 45°。

12-1　向 A 方向，左脚横踢，同时配合发声。

规定动作：右脚向前落地的宽度与弓步的距离同宽。

12-2　横踢的左脚向前落地，身体向 C3 方向，以左脚为轴，身体向左旋转 270°形成右弓步；同时，做右下格挡。

13-1　向 C3 方向，左脚前踢。

13-2　前踢的左脚回收，右脚在前，形成左三七步；同时，右中外格挡。

14　向 D3 方向，以右脚为轴，左脚向后移步，带动身体向左旋转 180°形成左弓步；同时，做左下格挡。

15-1 向 D3 方向，右脚前踢。

15-2 前踢的右脚回收，左脚在前形成右三七步；同时，做左中外格挡。

16 转向 A 方向，以左前脚掌为轴，身体向左旋转 90°，移右脚形成右三七步；同时，做手刀中位格挡。

17 面向 A 方向，以右脚为轴，左脚向后移步，带动身体形成左三七步；同时，做手刀中位格挡。

18-1 面向 A 方向，右脚向后移步形成左弓步；同时，左手掌做中位内格挡。

起始动作：格挡的掌与耳部同高，掌心向外，辅助的手臂放松伸直，拳心向下，格挡的高度与胸口同高。

18-2 步法不变，右手中位直拳。

19-1 面向 A 方向，左脚向后移步形成右弓步；同时，右手掌中位内格挡。

19-2 步法不变，左手直拳。

还原 以左脚为轴，收回右脚形成并排步；同时，还原成准备姿势。

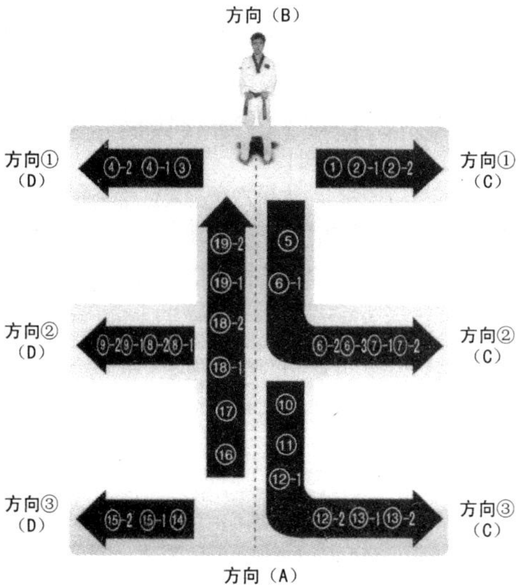

太极六章

扫一扫，看太极六章动作图解

七、太极七章

准备 面向 A 方向，形成准备姿势。

1 转向 C1 方向，左脚向左侧移步，带动身体向左旋转 90°形成左虎步；同时，右手掌中位内格挡。虎步的前脚与后脚相距两脚的距离。格挡时，起始动作的掌心向外，高度与颈部同高。格挡的高度是胸口。

2-1 向 C1 方向，右脚前踢。

2-2 前踢的右脚回收，同时左脚在前形成左虎步；同时，做左中内格挡。

规定动作：虎步和格挡同步进行。

3 转向 D1 方向，以左前脚掌为轴，右脚向后移步，带动身体向后旋转 180°，同时移右脚，右脚在前形成右虎步；同时，左手掌中内格挡（注意：重心起伏不要过大）。

4-1 左脚前踢。

4-2 前踢的左脚收回，同时右脚在前，形成右虎步；同时，做右手中内格挡。

规定动作：虎步和格挡要同步进行。

5 转向 A 方向，以右脚为轴，左脚向左侧移步，带动身体向左旋转 90°形成右三七步；同时，左侧手刀下格挡（辅助手的腕部伸直，高度与胸口同高，辅助手与身体的距离是一立掌距离）。

6 向 A 方向，以左脚为轴，右脚上步形成左三七步；同时，做右侧手刀下格挡。

注意：移动时重心的起伏不要过大。

7 转向 C2 方向，以右脚为轴，身体向左旋转 90°，移左脚形成左虎步；同时，右手掌中位内格挡（格挡的高度是胸口，辅助手臂的拳心向下）。

8-1 步法不变，右背拳前击准备动作（准备动作收回时，右拳放在左肩处，掌心向内）。

8-2 步法不变，右背拳前击。

规定动作：背拳前击的高度是人中，出拳时要使用腰部的力量。

9 以左前脚掌为轴，身体向右旋转 180°，移右脚，右脚在前形成右虎步；同时，左手掌中内格挡。

10-1 步法不变，左背拳做前击准备动作。

10-2 步法不变，左背拳前击。

规定动作：高度是人中，使用腰部的力量。

11 转向 A 方向，以右前脚掌为轴，收左脚形成并步；同时，抱拳。

规定动作：形成并步后，抱拳的节奏是 5 秒，起始动作从丹田开始到人中高度，双肘放松下垂，左手抱右拳。

12-1 向 A 方向，左脚上步形成左弓步；同时，做剪刀格挡（左手做中外格挡，右手做下格挡）。

12-2 步法不变，剪刀格挡（右手做中外格挡，左手做下格挡）。

注意：剪刀格挡时要利用腰部发力。

13-1 向 A 方向，右脚上步形成右弓步；同时，做剪刀格挡（右手做中外格挡，左手做下格挡）。

13-2 步法不变，剪刀格挡（左手做中外格挡，右手做下格挡）。

14 转向 D3 方向，以右脚为轴，左脚向后移。身体向左旋转约 270°形成左弓步；同时，双手交叉中外格挡（格挡时，起始动作在胸前形成“×”形态，格挡动作与肩部同高）。

15-1 向D方向，右腿准备提膝攻击。

15-2 向D3方向，右腿提膝攻击胸口。

规定动作：有抓住对方肩部向下压的感觉，动作完成后身体中正，双拳在踝关节处，膝关节与髋关节同高。

15-3 右脚向前落地同时形成后交叉步；同时，做中位双仰直拳。

中位双仰直拳的起始动作要从髋关节出发，掌心向下。

16 向D3方向，左脚向后撤一步形成右弓步；同时，交叉拳向右侧下格挡。

交叉拳时左手在上，右手在下，拳心向上，动作完成后，双拳的拳心向左右两侧。

17 向C3方向，以左脚为轴，右脚向后移步，带动身体向右旋转180°形成右弓步；同时，双手交叉中外格挡。

18-1 向C3方向，左腿提膝攻击胸口。

规定动作：有抓住对方肩部向下拉的感觉，动作完成后身体中正，双拳在踝关节处，膝关节与髋关节同高。

18-3 左脚向前落地形成后交叉步；同时，做中位双仰直拳。

双拳的拳心向下。

19 向C3方向，右脚向后撤一步形成弓步；同时，双拳交叉做左侧下格挡。

交叉拳时左手在下，右手在上，拳心向上，动作完成后，双拳的拳心向左右两侧。

20 转向B方向，以右脚为轴，身体向左旋转90°，移左脚形成左走步；同时，左侧背拳外击（背拳外击的起始动作要从右肩部开始，拳心向脸部，攻击的部位是太阳穴）。

21-1 向B方向，右脚内摆。

规定动作：进攻动作完成时，手掌和脚掌在头部高度时对击。

21-2 内摆的右脚向下落地形成马步；同时，做掌肘对击。

规定动作：掌肘对击与马步同步进行，视线注视进攻的方向。

22 身体起立，同时右转90°，左脚跟步形成右走步；同时，做右侧背拳外击。

注意：背拳外击时，起始动作从肩部开始。

23-1 向B方向，左脚内摆（扣分事项与21-1相同）。

23-2 脚落地时形成马步；同时，做掌肘对击。

规定动作：掌肘对击与马步同步进行，视线注视进攻的方向。

24 向B方向，步法不变，左单手刀中外格挡。单手刀中外格挡时，要利用腰部的力量。

25　向 B 方向，以左前脚掌为轴旋转 180°，移右脚的同时形成马步；同时，做右手直拳并配合发声。

还原　向 A 方向，以右前脚掌为轴，带动身体向后旋转 180°，左脚回收形成还原姿势。

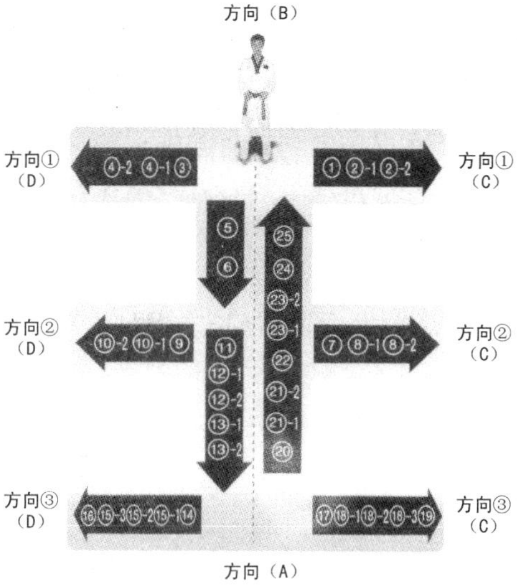

太极七章

扫一扫，看太极七章动作图解

八、太极八章

准备　面向 A 方向，形成准备姿势。

1　向 A 方向，左脚向前移步形成右三七步；同时，做双手中位外格挡（起始动作与手刀格挡相同，双拳的腕部要伸直，格挡手臂的高度与肩部同高）。

2　向 A 方向，左脚向前移动一脚距离，形成左弓步；同时，做右手直拳。

规定动作：直拳时，把拳拉到髋关节后再开始出拳。

3-1　向 A 方向，跳起腾空同时做二段前踢。

规定动作：腾空二段前踢后，支撑脚向前落地的距离与弓步距离同宽。

3-2　向 A 方向，前踢的左脚向前落地形成左弓步；同时，做左中内格挡，两次直拳。

3-3　向 A 方向，步法不变，右手直拳。

3-4　步法不变，左手直拳（3-3 和 3-4 的动作要快速进行），

4　向 A 方向，右脚上步形成右弓步；同时，做右手直拳（弓步与右直拳同步进行）。

5　向 D3 方向，以右脚为轴，身体向左旋转 270°。移左脚的同时形成右弓步，同时，左手下格挡，右手上位外格挡，简称右外山势格挡。

规定动作；形成弓步时双脚尖形成 45°角，外山势格挡时，双拳发力在胸前

交叉，然后再向右上位外格挡，和左下格挡同步进行，右上位外格挡的手臂经过面部，动作完成后，腕部和耳部同高。

6 向 D3 方向，右脚向左旋转 90°，移左脚的同时形成左弓步，并出右勾拳。

规定动作：勾拳时，起始点双拳的拳心向下，然后慢慢的旋转击出，辅助手旋转到右肩部时，拳心向脸部，格挡节奏是 8 秒。

7-1 转向 C3 方向，左脚向右移步形成前交叉步；同时，形成外山势格挡的起始动作（右拳放在左肩部，拳心向脸部，左拳放在右髋关节处，拳心向上）。

7-2 向 C3 方向，右脚向右上步，身体左转成左弓步，并形成左外山势格挡（注意视线。上位外格挡的腕部与耳部同高）。

规定动作、扣分事项与动作 5 相同。

8 向 C3 方向，左脚向右旋转 90°，移右脚形成右弓步；同时，做左勾拳（格挡节奏是 8 秒）。

规定动作、扣分事项与动作 6 相同。

9 转向 A 方向，以左脚为轴，身体向左旋转 270°，移右脚，左脚在前形成右三七步；同时，手刀中位格挡。

支撑脚旋转时为一次旋转到位。注意：旋转后三七步的宽度不能过大或过小。

10 向 A 方向，右脚向左旋转 45°，左脚向前移一脚形成左弓步；同时，做右脚中位直拳。

11-1 向 A 方向，右脚前踢。

11-2 向 A 方向，前踢的右脚收回形成右虎步；同时，右手在前，做右手掌中位内格挡。

规定动作：前踢后，向后拉腿同时形成虎步和右手掌中内格挡，手掌中内格挡的高度与胸口同高。

扣分事项：前踢后，向后拉的距离和格挡的高度不准确时。

12 转向 C2 方向，以右脚为支撑，身体向左旋转 90°，移左脚形成左虎步；同时，左手刀中位外格挡。

13-1 向 C2 方向，左脚原地前踢。

13-2 向 C2 方向，前踢的左脚向前落地，同时形成左弓步；同时，做右手中位直拳。

左弓步与右直拳同步进行，注意弓步不能过大或过小。

14 向 C2 方向，左脚回收，视线向 C2 方向，形成左虎步；同时，左手掌中内格挡。

15 转向 D2 方向，以左前脚掌为轴，身体向右旋转 180°，移右脚形成右虎步；同时，右手刀中位外格挡。

注意：旋转要以前脚掌为轴旋转。

16-1　向 D2 方向，右脚原地前踢。

16-2　向 D2 方向，前踢的右脚向前落地形成右弓步；同时，做左手中位直拳。

17　右脚回收形成右虎步，视线向 D2 方向；同时，做右手掌中内格挡。

18　转向 B 方向，以左脚为轴，右脚向右移步，带动身体向右旋转 90°，形成左三七步；同时，做双手下格挡。

注意：移动时重心的起伏不能过大。

19-1　向 B 方向，左脚前踢，高度与胸口同高。

19-2　向 B 方向，原地腾空右脚前踢并配合发声。

规定动作：第一个前踢收回同时交换踢第二个前踢，腾空前踢时，原地交换前踢腿。

19-3　向 B 方向，腾空前踢的右脚向前落地形成右弓步；同时，做右中内格挡。

19-4　步法不动，左手直拳。

19-5　步法不动，右手直拳。

20　转向 C1 方向，以右脚为轴，身体向左旋转 270°，左脚向左移形成右三七步；同时，左单手刀中外格挡。旋转时用脚前掌，右三七步与格挡动作要同步完成。

21　向 C1 方向，左脚向前移动一步，右脚向内侧旋转半脚，形成左弓步；同时，右肘旋击。旋击的高度与下颌同高，弓步与旋击同步进行。

22　步法不动，右手背拳前击。

23　步法不变，左手中位直拳。

24　向 D1 方向，以左脚为轴，身体向右旋转 180°，移右脚形成左三七步；同时，做右单手刀中外格挡。

25　向 D1 方向，右脚向前移一脚，左脚向内侧旋转半脚，形成右弓步；同时，左肘旋击。

26　步法不动，左手背拳前击。

27　步法不变，右手中位直拳。

还原　转向 A 方向，以右前脚掌为轴，带动身体向后旋转 180°，左脚回收形成还原姿势。

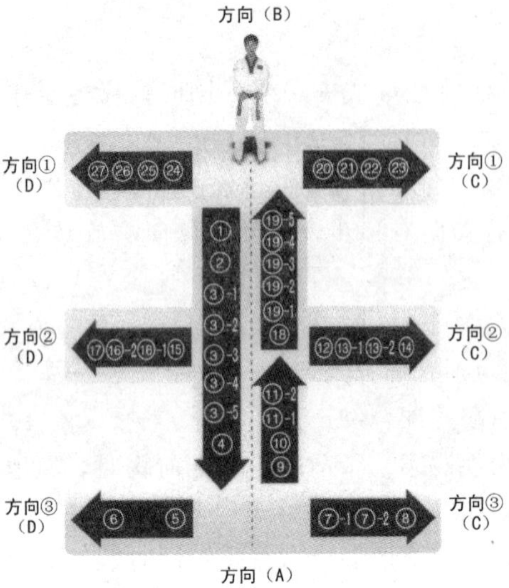

太极八章

扫一扫，看太极八章动作图解

第三节　黑带品势

一、高丽

准备　面向 A 方向，形成并排步，同时形成高丽准备姿势。

规定动作：双手掌心相对，双手掌间隔距离是双拳距离，手尖与鼻尖同高，肘关节放松下垂，高丽准备姿势动作节奏是 8 秒。

1　转向 C1 方向，左脚向左移，身体向左旋转形成右三七步；同时，左手刀中位格挡。

2-1　向 C1 方向，右脚下位侧踢。

规定动作：踢腿时首先夹腿，踢腿的高度是膝关节部位，动作 2-1 和 2-2 是一个动作，第二腿踢的高度是头部。

2-2　向 C1 方向，支撑脚不变，接着右脚上位侧踢。

侧踢时，小腿放松夹起，膝关节抬到髋关节部位时踢腿，视线、肩部、髋关节、脚后跟在一个平面上。

2-3　向 C1 方向，侧踢的右脚向前落地形成右弓步；同时，右单手刀外击。

手刀外击的起始动作从肩部开始，掌心向脸部，攻击部位是颈部。

3　步法不变，左手直拳。

4　左脚向左旋转 45°，右脚回收一脚长距离形成左三七步；同时，右手中内格挡。

三七步和中内格挡要同步进行。

5　转向 D1 方向，以左前脚掌为轴，身体向右旋转 180°，移右脚同时形成左三七步；同时，右手刀中位格挡。

6-1　向 D1 方向，左脚下位侧踢。

规定动作：踢腿时首先夹腿，踢腿的高度是膝关节，动作 6-1 和 6-2 是一个动作，第二腿踢出的高度是头部。

6-2　向 D1 方向，支撑脚不变，接着左脚上位侧踢。

6-3　向 D1 方向，侧踢的左脚向前落地形成左弓步；同时，左单手刀外击。

7　步法不变，右手直拳。

8　右脚向右旋转 45°，左脚回收一脚长宽度形成右三七步；同时，左手做左中内格挡。

9-1　转向 A 方向，以右前脚掌为轴，身体向左旋转 90°，移左脚形成左弓步；同时，做左单手刀下格挡。

单手刀下格挡从肩部开始，掌心向脸部，格挡的路线与下格挡相同。

9-2　步法不变，右虎口刺击（虎口前击的部位是颈部）。

规定动作：从髋关节开始时是拳，到攻击目标时虎口张开，攻击颈部，形态如虎口。

10-1　向 A 方向，右脚前踢。

规定动作：虎口前击的手臂收回同时踢腿。

扣分事项：前踢时，虎口前击的手臂成伸直状态。

10-2　向 A 方向，前踢的右脚向前落地形成右弓步；同时，做右单手刀下格挡。

10-3　步法不变，左虎口刺击。

规定动作：从髋关节开始时是拳，到攻击目标时虎口张开。攻击颈部，形态如虎口。

11-1　向 A 方向，左脚前踢。

规定动作：前击手臂收回的同时踢腿。

11-2　向 A 方向，前踢的左脚向前落地形成左弓步；同时，做左单手刀下格挡。

11-3　步法不变，右虎口前击的同时配合发声。

规定动作：发生和刺击同时进行。

12-1　向 A 方向，右脚前踢。

规定动作：前击手臂收回的同时踢腿。

12-2　向 A 方向，前踢的右脚向前落地形成右弓步；同时，做右手上提，左手下压折膝攻击。

规定动作：左手从左髋关节开始，掌心向上，右臂伸直与膝关节同高，掌心向下，双臂同时进行旋转。动作完成后左右手与髋关节同高。

13　转向B方向，以右前脚掌为轴，带动身体向右旋转180°，左脚向前上步形成右弓步；同时，掌心向内，双手交叉做中外格挡。

格挡时，起始动作从胸前开始，双手形成“×”形态，拳心向前。

14-1　向B方向，左脚前踢。

14-2　向B方向，前踢的左脚向前落地形成左弓步；同时，做左手上提，右手下压折膝攻击。

规定动作：右手从右髋关节开始，掌心向上，左臂伸直与膝关节同高，掌心向下，双臂同时进行旋转。动作完成后，左右手与髋关节同高。

15　向B方向，左脚向后回收，同时左脚在前形成走步；同时，拳心向内，双手交叉做中外格挡。

规定动作：格挡时，双手在胸前形成“×”形态，拳心向前，动作完成后拳心与肩部同高。

16　转向C2方向，以左前脚掌为轴，身体向后旋转180°，移右脚形成马步；同时，做左单手刀中外格挡。

扣分事项：旋转时，脚底有碎步，马步的宽度过窄或过宽时。

17　步法不变，右拳与左掌对击。

规定动作：双臂伸直，肩部向左45°角，拳的高度是胸口。

18-1　向C2方向，右脚向前移步，形成右前交叉步。

前交叉步时，左脚向左旋转90°，脚后跟翘起。

18-2　向C2方向，左脚侧踢。

规定动作：在拳掌对击手臂回收的同时侧踢。

18-3　转向D2方向，侧踢后小腿回收向下落地，身体向右旋转90°形成右弓步；同时，做左侧手刀上提下击。

规定动作：侧踢与手刀上提下击要同步进行。

起始动作：双掌心向下。

19　右脚向后回收一脚半，右脚在前形成走步，同步做右下格挡。

右脚收回下格挡时，要使用腰部力量。

20-1　向D2方向，左脚上步同时形成左掌下压（左掌下压的起始动作是掌心向外与耳部同高，辅助的手臂与胸口同高，格挡完成后左手与胸口同高）。

规定动作：20-1与20-2动作要连续进行。

20-2　向D2方向，以左前脚掌为轴，身体向左旋转90°，右脚向前移形成马步；同时，做右肘侧击（注意马步不能过宽或过窄，攻击动作完成后肘关节与胸口同高，拳与掌在胸口的右侧，掌心向下）。

21　步法不变，右单手刀中外格挡（动作要领，格挡时，要用腰部缓冲的力量进行格挡）。

22　步法不变，左拳掌对击（拳掌对击时，双臂伸直，拳心向下，肩部向右

45°角)。

规定动作：双臂伸直，肩部向左45°角，双臂的高度是胸口。

23-1　向D2方向，左脚向右移形成左前交叉步。

23-2　向D2方向，右脚侧踢。

规定动作：在拳掌对击手臂收回的同时侧踢。

23-3　转向C2方向，侧踢后小腿回收向下落地，身体向左旋转90°，同时形成左弓步，并同步做右侧手刀上提下击。

规定动作：侧踢与上提下击要同步进行。

起始动作：双掌心向下。

24　左脚向后回收一脚半，左脚在前形成走步，同步做左手下格挡。

25-1　向C2方向，右脚上步同时形成右掌下压。

规定动作：25-1和25-2的动作要连续进行。

25-2　向C2方向，以右前脚掌为轴，身体向右旋转90°，左脚向前移同时形成马步；同时，左肘侧击（动作完成后拳掌与胸口同高，拳掌在胸口的左侧）。

26　转向A方向，左脚不动，右脚收回形成并步；同时，视线向前方，左拳右拳下位对击。

规定动作：双臂到头部以上同时形成并步，双臂到肩部高度时开始对击，5秒内完成动作。

27-1　转向B方向，以右前脚掌为轴，身体向左旋转180°，左脚向后移形成左弓步，并同步做左单手刀外击。

规定动作：双臂需交叉，攻击的手臂在上，辅助的手臂与胸口同高，拳心向下，动作完成后攻击手臂的高度在颈部位置。

27-2　步法不变，左单手刀下格挡。

28-1　向B方向，右脚上步形成右弓步；同时，做右手刀颈部攻击（右掌与耳部同高，掌心向外，辅助手臂与胸口同高，拳心向下，动作完成后，肘关节伸直）。

规定动作：双臂需交叉，攻击的手臂与耳部同高，掌心向外，动作完成后攻击手臂的高度在颈部位置。

28-2　步法不变，右单手刀下格挡。

扣分事项：下格挡时用单手下格挡。

29-1　向B方向，左脚上步形成左弓步；同步做左手刀颈部攻击。

规定动作：双臂需交叉，攻击的手臂与耳部同高，掌心向外，动作完成后攻击手臂的高度在颈部位置。

29-2　步法不变，左单手刀下格挡。

30　向B方向，右脚上步，同步形成右虎口前击并配合发声（做27、28、29、30动作时，行走路线是直线）。

还原：转向 A 方向，以右前脚掌为轴，带动身体向后旋转 180°，左脚回收形成并排步，还原成高丽准备姿势。

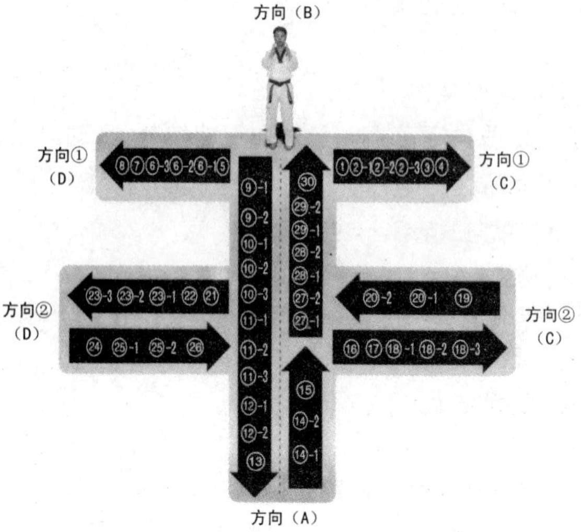

高丽

扫一扫，看高丽动作图解

二、金刚

准备　面向 A 方向，形成准备姿势。

1　向 A 方向，左脚上步形成左弓步；同时，拳心向内，双手交叉形成中位外格挡。

规定动作：起始动作时双臂在胸前交叉形成“×”形态，拳心向前，左臂在外，右臂在内，动作完成后拳与肩部同高同宽。

2　向 A 方向，右脚上步形成右弓步；同时，右掌跟上位前击。

规定动作：掌跟上位前击的手从髋关节开始，拳心向上，在接近击打目标时手掌展开，角度是 45°，击打的高度是人中。

3　向 A 方向，左脚上步形成左弓步；同时，左掌跟上位前击。

注意：规定动作和扣分事项与动作 2 相同。

4　向 A 方向，右脚上步形成右弓步；同时，右掌跟上位前击。

注意：规定动作和扣分事项与动作 2 相同。

5　右脚向后撤步，左脚在前形成右三七步；同时，做左单手刀中位内格挡，视线注视正前方向。

规定动作：单手刀中位内格挡和三七步的脚内侧形成垂直，格挡手臂的手尖与肩部同，手脚要同步进行。

6　左脚向后撤步，右脚在前形成左三七步，并同步做右单手刀中位内格挡，视线注视正前方向。

规定动作：单手刀中位内格挡和三七步的脚内侧形成垂直，格挡手臂的手尖与肩部同高，手脚要同步进行。

7　右脚向后撤步，左脚在前形成右三七步，并同步做单手刀中位内格挡，视线注视正前方向。

规定动作：单手刀中位内格挡和三七步的脚内侧形成垂直，格挡手臂的手尖与肩部同高，手脚要同步进行。

8　转向C方向，左腿提膝形成右鹤立步，双手金刚格挡。

规定动作：左脚脚踝内侧紧贴右膝关节，高度与马步同高，格挡时全身用力，节奏是8秒，到5秒时视线向格挡方向转移。

9　向C方向，左脚向左侧落地，同时形成马步，并同步做右正拳胸前侧击。

规定动作：起始动作的右手从髋关节开始，拳心向上，左手从右胸前开始，拳心向内。

10-1　向C方向，以左前脚掌为轴，身体向左旋转180°，右脚向左侧移动。

规定动作：左脚和右脚间隔一脚长的距离。

10-2　向C方向，以右前脚掌为轴，左脚向左侧上步；身体向左旋转180°，形成马步；同时，右正拳在胸前侧击。

规定动作：马步与正拳要同步进行，视线注视进攻的方向。

11-1　转向A1方向，起始动作的左拳放在右髋关节处，拳心向下，右拳上扬与耳部同高，拳心向外，右腿提膝与髋关节同高，小腿向下成45°，脚刀立起。

11-2　向A1方向，右脚向下跺脚形成马步；同时，做山形格挡并配合发声。

规定动作：左手需经过面部进行格挡，格挡动作完成后，双臂的腕部与耳部同高，格挡结束时注视进攻的方向。

12　以右前脚掌为轴，身体向右旋转180°，左脚向右侧上步形成马步，同时，双拳心向内，双手交叉做中外格挡。

注意：格挡时，起始动作的双手在胸前形成“×”形态，拳心向外，左手在外，步法与格挡同步进行，视线向D方向。

13　左脚向右回收一脚的距离，两脚形成并排步，双手交叉做下格挡，双手交叉分手下格挡时，左手在内侧，右手在外侧，格挡节奏是5秒，视线向D方向。

14　转向B方向，左脚向下跺脚形成马步，并同步做山形格挡。起始动作的右拳在左髋关节处，拳心向下，左拳与耳部同高，拳心向外，身体向右旋转180°，跺脚时左膝关节要提到髋关节的高度。

15　转向D方向，形成左鹤立步，金刚格挡。以左脚前掌为轴，身体向右旋转90°，右腿屈膝提起，右脚内侧紧贴左腿膝关节，左手在右髋关节处，拳心向上，右手在左肩上方，拳心向脸部。

注意：右脚内侧紧贴左膝关节，格挡时全身用力，节奏是8秒，到5秒时视线旋转向格挡方向。

16 向D方向，右脚向右侧落地，形成马步，并同步做出左正拳胸前侧击。

注意：视线注视进攻方向。

17-1 向D方向，以右前脚掌为轴，身体向右旋转180°，左脚向右上一步。

17-2 向D方向。以左前脚掌为轴，右脚向前上步，身体向右旋转180°形成马步，同时左正拳在胸前侧击。

注意：视线注视进攻方向。

18 向D方向，右腿屈膝提起，右脚紧贴左膝关节内侧形成左鹤立步；左手在右髋关节处，拳心向上，右手在左肩上方，拳心向脸部，双手形成金刚格挡。

规定动作：右脚内侧紧贴右膝关节，提膝高度与马步同高，格挡时全身用力，节奏是8秒，到5秒时视线旋转向格挡方向。

19 向D方向，右脚向右落地形成马步；同时，做左正拳胸前侧击。

20-1 向D方向，以右前脚掌为轴，身体向右旋转180°，左脚向前上步。

20-2 向D方向，以左前脚掌为轴，右脚向前上步，同时身体向右旋转180°形成马步；同时，左正拳胸前侧击。

注意：注视进攻方向。

21-1 向A2方向，起始动作右拳在左髋关节处，拳心向下，左拳与耳部同高，拳心向外，以右脚前掌为轴，身体向右旋转90°，左腿膝关节提到髋关节高度，小腿弯曲100°左右，脚刀立起。

21-2 向A2方向，左脚向下跺脚，身体右转形成马步；同时，做山形格挡并配合发声。

注意：格挡结束后，注视左方。

22 以左脚前掌为轴，身体向左旋转180°，右脚向左侧上步形成马步；同时，拳心向内，双手交叉做中外格挡。

注意：格挡时，双手在胸前形成“×”形态，拳心向外，步法与格挡要同步进行，注视C方向。

23 右脚向左回收一脚距离，形成并排步，双手交叉做下格挡。

注意：双手交叉分手格挡时，右手在内侧，左手在外侧，双臂下落到小腹，左右分开，格挡节奏是5秒，注视C方向。

24 向B方向，以左前脚掌为轴，身体向左旋转180°，右脚向左上步形成马步；同时，做山形格挡。

25 转向C方向，以右前脚掌为轴，身体向左旋转90°左脚收回，形成右鹤立步；同时，右手在左髋关节，拳心向上，左手在右肩部，拳心向脸部，双手做金刚格挡。

注意：左脚内侧紧贴右膝关节，视线向左。

26 左脚向左侧落地形成马步；同时，做右正拳胸前侧击。

注意：起始动作的右手从髋关节开始，左手从右胸前开始拳心向下。

27-1. 转向 C 方向，以左前脚掌为轴，身体向左旋转 180°，右脚向左侧移。

注意：脚和脚的距离是一脚长的距离。

27-2　向 C 方向，以右前脚掌为轴，左脚向前上步，身体向左旋转 180°形成马步；同时，右正拳胸前侧击。

注意：注视进攻方向。

还原　面向 A 方向，身体直立，收回左脚形成还原成准备姿势。

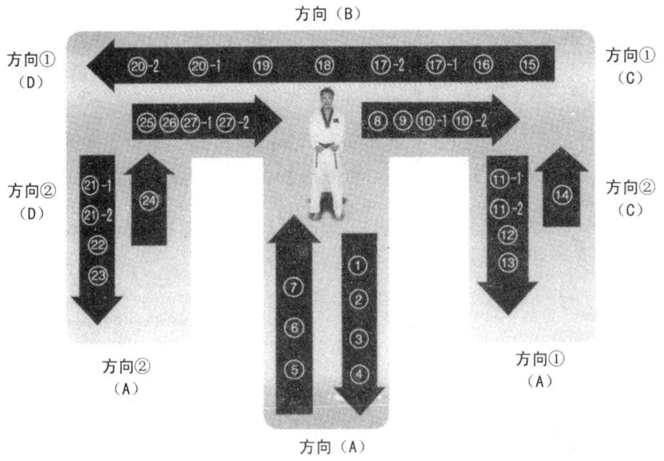

金刚

扫一扫，看金刚动作图解

三、太白

准备　面向 A 方向。形成准备姿势。

1　转向 C1 方向，以右前脚掌为轴，左脚向左移，带动身体向左旋转 90°形成左虎步；同时，做手刀交叉下格挡。

规定动作：手刀交叉下格挡的起始动作是双手在胸前交叉形成“×”形态，左手在外，右手在内，双掌的掌心向内，格挡完成动作后，肘关节轻微弯曲，动作完成后，双掌在前大腿的两侧，掌心向大腿，掌离大腿一立掌宽度。

注意事项：手脚分开进行格挡时，手臂摆放的位置或脚的宽度不准确。

2-1　向 C1 方向，右脚前踢。

2-2　前踢的右脚向前落地形成弓步；同时，出两次直拳。先出右手直拳。

2-3　步法不变，接着出左手直拳。

注意事项：2-2 和 2-3 的动作要连续进行。

3　转向 D1 方向，以左前脚掌为轴，右脚向右后移步，身体向右旋转 180°形成右虎步；同步，做手刀交叉下格挡。

规定动作：手刀交叉下格挡的起始动作是先在胸前交叉形成“×”形态，右手在外，左手在内，双掌的掌心向内，格挡完成动作后，肘关节轻微弯曲，动作完成后，双掌在前大腿的两侧，掌心向大腿，掌离大腿一立掌宽度。

注意事项：手脚分开进行时，手臂的位置或脚的宽度不准确时。

4-1　向 D1 方向，左脚前踢。

4-2　前踢的左脚向前落地形成左弓步；同时，出两次直拳，先出左手直拳。

4-3　步法不变，接着出右手直拳。

注意事项：4-2 和 4-3 的动作要连续进行。

5　转向 A 方向，以右前脚掌为轴，身体向左旋转 90°，左脚向左侧上步形成左弓步；同时，做燕子手刀颈部攻击。

注意事项：燕子手刀颈部攻击的起始动作时左手从右髋关节开始，掌心向上，右手掌心向外与耳部同高，展开的角度约 120°。

6-1　向 A 方向，右脚向前上步，右手掌内旋解脱。

注意事项：解脱时，要向下内旋下格挡，手臂向下 45°。

6-2　向 A 前方，右脚向前上步形成右弓步，并同步做左手直拳。

规定动作：动作 6-1 和 6-2 的要同步进行，不能有重心的起伏。

7-1　向 A 方向，左脚向前上步，同时左手掌内旋解脱。

7-2　向 A 方向，左脚上步形成左弓步；同时，做右手直拳。

8-1　向 A 方向，左脚向前上步，同时右手掌内旋解脱。

8-2　向 A 方向，右脚上步，形成右弓步，同时，做左手直拳并配合发声。

9　转向 D2 方向，以右前脚掌为轴，身体向左约旋转 225°，左脚向左上步形成右三七步；同时，做金刚中位格挡。

规定动作：右手放在左髋关节处，拳心向上，左手放在右胸前，格挡时，双手在胸口交叉形成“×”形态，右手在外侧，左手中位外格挡，右手上位格挡，动作完成后，中位外格挡的拳与肩部同高。

10　步法不变，右手勾拳。

规定动作：右手放在右胸前，左手臂伸直与肩部同高，双拳心向下，右手击下颌，辅助的左手放在右肩部，拳心向脸部，动作要迅速进行。

11　步法不变，出左直拳侧击。

注意：直拳侧击时，起始动作的左拳从左髋关节开始，辅助手的右臂放松伸直，拳心向下与胸口同高。

12　向 D2 方向，右脚不变，左腿屈膝提起形成右鹤立步；同时，双拳置于右侧腰部。

注意：右鹤立步时，左脚内侧紧贴右膝关节。

13-1　向 D2 方向，左脚侧踢，同时左手侧拳。左手侧拳与侧踢要同时进行，拳与大腿的距离是一立掌。

注意：与太极五章的动作相同。

13-2　侧踢的左腿向前落地形成左弓步；同时，右掌肘对击。

规定动作：掌肘对击时，肩部向左旋转 45°，掌的高度是胸口。

14-1、14-2　转向 C2 方向，左脚收回紧贴右脚形成并步，双拳置于左侧腰部，右脚向右上步形成左三七步；同时，做金刚中位格挡（注意：重心不能起伏过大）。

规定动作：左手放在左髋关节处，拳心向上，右手放在左胸前。格挡时双手在胸口交叉形成“×”形态，左手在外侧，右手中位外格挡，左手上位格挡，动作完成后中位外格挡的拳与肩部同高。

15　步法不变，左手勾拳。

规定动作：左手放在左胸前，右手臂伸直与肩部同高，双拳心向下，左手击下颌，辅助的右手放在左肩部，拳心向脸部，动作要迅速进行。

16　步法不变，右手直拳侧击。

注意：直拳侧击时的起始动作左拳从左髋关节开始辅助手的右臂放松伸直。

17　向 C2 方向，左脚不变，右腿屈膝提起形成左鹤立步；同时，双拳置于左侧腰部。

左鹤立步时，右脚内侧紧贴左膝关节。

18-1　向 C2 方向，右脚侧踢，同时右手侧拳。右手侧拳与侧踢要同时进行，拳与大腿的距离是一立掌。

注意：与太极五章的动作相同。

18-2. 侧踢的右腿向前落地形成右弓步；同时，做左掌肘对击。

规定动作：掌肘对击时，肩部向左旋转 45°，掌的高度是胸口。

19-1、19-2、19-3　向 B 方向，左脚不动右脚回收形成并步，右脚紧贴左脚，左脚向前迈步形成右三七步；同时，左侧手刀中位格挡。

20　向 B 方向，右脚上步形成右弓步；同时，右手做平手尖刺击。

规定动作：右手放在髋关节处，掌心向上，辅助手尖向上与下颌同高。格挡动作完成后，辅助手的左手背在右手臂的肘关节处。

21-1　向 B 方向，以右前脚掌为轴，身体向左旋转，移左脚形成向后的左弓步；同时，右手掌内旋解脱。

规定动作：解脱时，同步进行左脚向左移，动作完成后右手背放在后腰部，左手掌的腕部放在胸口，掌心向下，注视进攻的方向。

21-2　向 B 方向，以右前脚掌为轴，身体向左旋转 180°，左脚向后移，形成右三七步；同时，做左背拳外击。

规定动作：左手从右肩部开始，拳心向脸部，辅助手放松伸直，双臂交叉进行，目标是太阳穴。

22　向 B 方向，右脚上步形成右弓步；同时，做右手直拳配合发声。

23　向 C1 方向，以右前脚掌为轴，身体向左旋转约 270°，左脚向左上步形成左弓步；同时，做左侧剪刀格挡。

规定动作：左剪刀格挡的起始动作是左手放在右肩部，拳心向脸部，右臂放松伸直，拳心向下，格挡完成后与肩部同宽。

24-1 向 C1 方向，右脚前踢。

24-2 前踢的右脚向前落地形成右弓步；同时，做两次直拳，先出右手直拳。

24-3 步法不变，接着出左手直拳。前踢后，动作 24-2 和 24-3，要迅速进行。

25 转向 D1 方向，以左前脚掌为轴，身体向右旋转 180°，右脚向前上步形成右弓步；同时，做右侧剪刀格挡。

规定动作：右剪刀格挡的起始动作是右手放在左肩部，拳心向脸部，左臂放松伸直，拳心向下。

26-1 向 D1 方向，左脚前踢。

26-2 前踢的左脚向前落地形成左弓步：同时，做两次直拳。先出左手直拳。

26-3 步法不变，接着出右手直拳（前踢后动作 26-2 和 26-3 要迅速进行）。

还原 转向 A 方向，以右前掌为轴，带动身体向后旋转 90°，左脚收回，同时形成还原成准备姿势。

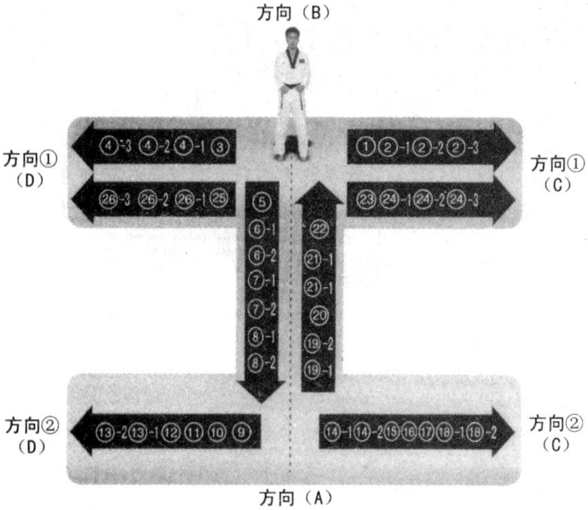

太白

扫一扫，看太白动作图解

四、平原

准备 面向 A 方向，双脚并立形成并步；同时，做平原叠手势。

1 向 A 方向，左脚向左迈出一步，形成并排步；同时，手刀交叉分手下格挡。

2 向 A 方向，步法不变，双手上举至胸前相对，动作与高丽品势准备相同。

3　转向D方向，右脚向右上步，形成左三七步；同时，右单手刀下格挡。

4　转向C方向，以右前脚掌为轴，身体向左旋转90°，左脚向左上步，形成右三七步；同时，左单手刀中外格挡。

5　向C方向，左脚向前上步形成左弓步；同时，做右肘上击。

规定动作：右肘上击时，左脚向前移一脚；同时，后脚向内侧旋转半脚，两个动作要同步进行，拳心与耳部同高。

6-1　向C方向，右脚前踢。

6-2　向C方向，前踢的右脚向下落地；同时，左脚向后转身侧踢。右脚向前落地的距离与左脚相隔一脚长，转身侧踢时，双拳放在胸口，踢击的高度是头部以上。

6-3　向D方向，侧踢的左脚回收，向下落地同时向后转体形成三七步；同时，手刀中位格挡。

7　向D方向，步法不变，手刀下格挡。

规定动作：格挡时，双臂伸直，格挡时要经过头部以上，动作幅度要大，要使用腰部的力量。

8　向D方向，右脚向左旋转形成马步；同时，右拳上位侧格挡。

规定动作：上位侧格挡的起始动作是左手放在左髋关节处，拳心向上，右手放在胸口左侧，保持水平拳心向内，格挡时要经过面部。

9-1　向A方向，右腿屈膝提起，做踩脚准备姿势。

规定动作：右腿膝关节抬到髋关节高度，脚尖向上钩，左手放松、伸直，有抓对方的感觉，攻击的手臂抬到与耳部同高，拳心向外，攻击手臂的肘关节保持90°角。

9-2　向A方向，右脚向下踩脚，形成马步；同时，右背拳前击并配合发声。

注意：攻击时，腰部尽量向后拉，攻击部位是人中，左辅助拳置于右肘关节下方。

9-3　向A方向，步法不变，左手背拳前击。

注意：左手背拳前击时，辅助的右手握拳置于左肘关节下方，9-2和9-3的动作时与步法要同步连续进行。

10　向D方向，左脚向右上步，形成前交叉步；同时，做双肘侧击。

注意：双肘侧击时的起始动作是左臂在上，右臂在下，形成“＝”形态，拳心向内，攻击完成后，双臂保持水平，注视进攻方向。

11　向D方向，右脚向右上步形成马步；同时，双拳交叉分手做山形格挡。

规定动作：起始点从髋关节开始，交叉分手山形格挡时，要经过面部，在面部形成“×”形态后，开始发力格挡。

12-1　向D方向，右脚收回形成左鹤立步；同时，双手做金刚格挡。

规定动作：做金刚格挡时，动作要快，要有力度。

12-2 向D方向，左脚不变，双拳置于左侧腰部（左手拳心向上，放在髋关节处，右手放在胸口左侧，拳心向内，保持水平，动作要快）。

13-1 向D方向，右脚侧踢。侧踢时支撑脚旋转90°。

13-2 侧踢的右脚向前落地形成右弓步；同时，左肘上击。

规定动作：左肘上击时，右脚向前上一步；同时，后脚向内侧旋转45°，两个动作同步进行，拳心与耳部同高。

14-1 向D方，左脚前踢。

14-2 向D方向，前踢的左腿向前落地；同时转身右脚侧踢。

注意：前踢的左脚向前落地的距离右脚相隔一脚长的距离，侧踢时，双拳放在胸口。

14-3 向C方向，侧踢的右腿落地，向后转体形成右三七步；同时，中位手刀格挡。

15 向C方向，步法不变，手刀下格挡。

规定动作：格挡时，双臂伸直，格挡的手臂要经过头部以上，动作幅度要大，要使用腰部的力量。

16 向C方向，左腿向左移形成马步；同时双拳上位侧格挡。

规定动作：左手放在左髋关节处，拳心向上，右手放在胸口左侧，保持水平，拳心向内，格挡时经过面部。

17-1 向A方向，抬左脚，做向下跺脚的准备姿势。

规定动作：左腿膝关节抬到髋关节的高度，脚尖向上勾，右手放松、伸直，有抓住对方的感觉，攻击的手臂抬到与耳部同高的位置，拳心向外。

17-2 向A方向，左脚向下跺脚，形成马步；同时，左手背拳前击并配合发声。

17-3 向A方向，步法不变，右手背拳前击。

注意：右手背拳前击时辅助的左手握拳置于右肘关节下方，17-2和17-3的动作要连续进行。

18 向C方向，右脚向左上步形成前交叉步；同时，双肘侧击。

注意：双肘侧击时的起始动作：右臂在上，左臂在下，形成“＝”形态，拳心向内，格挡完成后双臂保持水平注视进攻方向。

19 向C方向，左脚向左上步形成马步；同时，双手做交叉分手山形格挡。

规定动作：起始点从髋关节开始，交叉分手山形格挡时，要经过面部，在面部形成“×”形态后，开始发力格挡。

20-1 向C方向，左脚回收；同时，双手形成金刚格挡。

规定动作：做金刚格挡时，动作要快，有力度。

20-2 步法不变，双拳置于侧腰。

注意：右手拳心向上，放在右髋关节处，左手放在胸口右侧，拳心向内，保持水平动作要快。

21-1　左腿侧踢；同时，左正拳侧击。

注意：左侧拳时，要旋转，正拳与大腿的距离是一立掌距离。

扣分事项：攻击的拳从胸前开始或动作完成后，拳与大腿距离不准确时。

21-2　侧踢的左腿向前落地形成左弓步；同时，右掌肘对击。

注意：肩部向左旋转 45°。

还原：转向 A 方向，以右前脚掌为轴，左脚收回形成并步，同时，做平原叠手还原姿势。

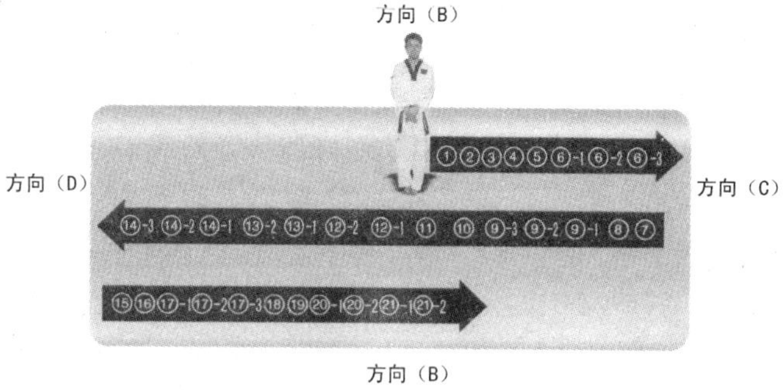

平原

扫一扫，看平原动作图解

五、十进

准备　面向 A 方向，形成准备姿势。

1　步法不变，双手做牛角势格挡。

规定动作：双拳从小腹开始，拳心向内，经过胸前到额头时，拳心翻到头部以上，然后格挡，两拳相隔一拳距离，像把牛角撕开的感觉。

2　向 C 方向，左脚向左上步，同时，形成右三七步，左内腕中外格挡。格挡起始动作：左拳放在右髋关节处，拳心向上，辅助的右臂手尖与肩部同高。

规定动作：内腕中外格挡时，辅助手臂的中指尖贴住格挡手臂腕关节内侧后开始格挡。格挡的手臂与肩部同高。

3-1　步法不变，左拳慢慢伸直变成手掌，然后向右旋转。

此动作是格挡后被对方抓住时的解脱动作。

3-2　向 C 方向，旋转 8 秒后，掌心向下，左脚向前上一步形成左弓步；同时，右手尖刺击，两次直拳。

左脚向前移一脚的宽度，后脚向内旋转。

3-3　左手直拳。

3-4　右手直拳（3-3 和 3-4 的动作要迅速进行）。

4　面向 C 方向，以左前脚掌为轴，右脚上步，带动身体向左旋转 90°，形成马步；同时，做分手山形格挡。

规定动作：与平原品势分手山形格挡相同，起始动作从髋关节处开始。

5-1　身体转向C方向，左脚移到右脚的外侧，形成前交叉步；同时，左臂放松伸直。

双脚间隔一拳距离。

5-2　右脚向前上步形成马步，同时，做右手中位直拳并配合发声。

注意：直拳与发声要同时进行。

6　转向D方向，以左脚前脚掌为轴，身体向左旋转180°，右脚向前上步形成马步；同时，做双肘侧击。

双肘侧击时起始动作：左臂在上，右臂在下，形成“＝”形态，拳心向内，格挡完成后，双臂保持水平，视线注视进攻的方向。

7　向D方向，右脚不动，左脚移到右脚的位置后，右脚向前移，同时形成左三七步，右内腕中外格挡。

规定动作：内腕中外格挡时，辅助手臂的中指尖贴住格挡手臂腕关节内侧后开始格挡。格挡的手臂与肩部同高。

8-1　步法不变，右拳慢慢伸直，手掌向左旋转。

此势为格挡后被对方抓住时的解脱动作。

8-2　向D方向，旋转8秒后掌心向下，右脚向前上一步，形成右弓步；同时，左平掌前刺接两次冲拳。

右脚向前移动一脚的宽度，后脚向内旋转。

8-3　右手直拳。

8-4　左手直拳（8-3和8-4的动作要迅速进行）。

9　向D方向，以右前脚掌为轴，左脚上步，带动身体向右旋转90度，形成马步；同时，做分手山形格挡。

规定动作：与平原品势分手山形格挡相同，起始动作从髋关节处开始。

10-1　向D方向，右脚移到左脚的外侧，形成前交叉步；同时，右臂放松伸直。

10-2　左脚向前上步，形成马步；同时，左手中位侧直拳并配合发声。

注意：直拳与发声要同时进行。

11　向A方向，以右前脚掌为轴，身体向右旋转180度；同时，左脚向左移，形成马步双肘侧击。

注意：视线注视攻击方向。

12　转向B方向，以左前脚掌为轴，身体向右旋转90度；同时，右脚向后移形成左三七步；同时，左手辅助，右手做中外格挡。

13-1　向B方向，步法不变，右拳慢慢伸直，形成手掌向左旋转。

此动作是在格挡后，被对方抓住时的解脱动作。

13-2　旋转8秒后，掌心向下，右脚向前移一步，形成右弓步；同时，左手尖向前刺击，随后出两次直拳（右直拳脚向前移一步的距离，后脚向内旋转）。

13-3　右手直拳。

13-4　左手直拳（13-3 和 13-4 动作要迅速进行）。

14　向 B 方向，左脚向前上步，形成右三七步；同时，做手刀下格挡（注意重心不能起伏过大）。

15-1　向 B 方向，右脚上步，形成右弓步；同时，双手做推岩石的准备姿势。

双掌放在右髋关节部位，掌心向下。

15-2　推巨石，节奏是 8 秒。

规定动作：路线是斜上 45 度，动作完成后，左手掌心向左与头部同高，右手掌心向左，手尖与鼻子同高，裁判员在正前方能看见三分之二的脸部，是正确的动作。

16　以左前脚掌为轴，身体向左旋转 90 度，移右脚形成马步；同时，做手刀交叉分手中位外格挡，掌心向内。

规定动作：双手在胸前形成“×”形态，右手在外，左手在内，双掌心向外，格挡动作完成后，手尖与肩部同高，双掌心向内。

17　手刀交叉分势下格挡，形成马步。

规定动作：格挡时左手在内，右手在外，形成“×”形态，掌心向内，慢慢开始向下分手下格挡，双臂到小腹时，左手在下，右手在上，格挡到大腿两侧，格挡的节奏是 7 秒。

18　步法不变，8 秒开始双拳慢慢握紧，膝关节慢慢伸直站立，站直到 10 秒。

19　转向 A 方向，以右前脚掌为轴，身体向左旋转 90 度；同时，左脚向前上步形成左弓步，上提拳与弓步同时进行。

规定动作：左臂伸直放在左大腿外侧，右臂放到胸口的左侧与胸口同高，拳心向下。

20-1　步法不变，双手做推岩石准备（起始动作：左右臂放在右髋关节处，掌心向下）。

20-2　步法不变，向前做推岩石动作，节奏是 8 秒（路线是斜上 45 度，动作完成后，左手掌心向左与头部同高，右手掌心向左，手尖与鼻子同高）。

21-1　向 A 方向，右脚前踢。

21-2　前踢的右脚向前落地，形成右弓步；同时，右侧长短拳刺击。

规定动作：双拳置于腰侧右拳向内，左拳向上，注意右长拳短拳刺击时，右手比左手长两拳距离，拳和拳是一拳距离，双臂与胸同高。

22-1　向 A 方向，左脚前踢。

22-2　前踢的左脚向前落地，形成左弓步；同时，左侧长短拳刺击。

规定动作：左手比右手长两拳距离，拳和拳是一拳距离，双臂与胸同高。

23-1　向 A 方向，右脚前踢。

23-2　前踢的右脚向前落地形成左后交叉步；同时，左臂辅助右拳拳背前击并配合发声。

规定动作：动作完成后，辅助拳置于右臂肘关节处旁，拳心向上，腕部与胸口同高，攻击的部位是人中。

24　向 B 方向，以右前脚掌为轴，身体向左旋转 90 度，左脚向 B 方向上步，形成左弓步；同时，双手做右侧推岩石准备。步法不变，双手向前做推岩石动作，节奏是 8 秒。

25　面向 B 方向，左脚向后回收形成左侧虎步；同时，做手刀交叉下格挡。

规定动作：格挡起始动作，左手在下，右手在上，双掌放在右髋关节处，双掌心向上，格挡时，双掌向内旋，格挡完成后双掌向左右两侧形成“×”形态。

26　向 B 方向，以左前脚为轴，身体向左旋转 90 度，右脚向前上步，形成左三七步；同时，做手刀背中外格挡。

手刀背起始动作：起始动作与手刀格挡相同，只是双掌的掌心相反。

27　向 B 方向，以右前脚掌为轴，左脚向前移，形成右三七步；同时，做左长短拳刺击。

规定动作：左手比右手长两拳距离，拳和拳是一拳距离，双臂与胸同高。

28　向 B 方向，以左前脚掌为轴，右脚向前上步，形成左三七步；同时，做右长短拳刺击。

规定动作：右手比左手长两拳距离，拳和拳是一拳距离，双臂与胸同高。

还原　以左前脚掌为轴，向左旋转 90 度，右脚向左上步；同时，形成并排步，还原成准备姿势。

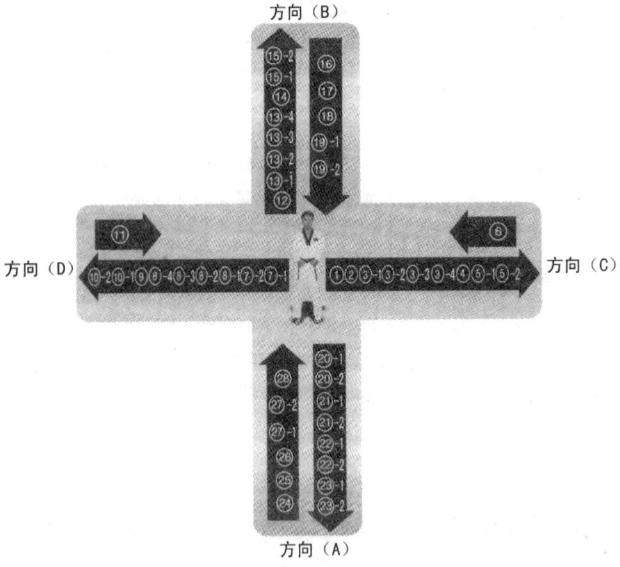

十进

扫一扫，看十进动作图解

六、地跆

准备　面向 A 方向，形成准备姿势。

1　转向 C 方向，左脚向左上步形成右三七步；同时，左手做内腕中外格挡。

格挡起始动作：左臂从右髋关节处开始，拳心向下，拳经过肩部。

2-1　转向 C 方向，右脚向前上步形成右弓步；同时，双手做右上格挡。

2-2　步法不变，左手直拳。

规定动作：上格挡的右肘关节慢慢下落；同时，左手出直拳，动作 2-1 和 2-2 的节奏是 8 秒。

3　转向 D 方向，以左前脚掌为轴，右脚向右上步带动身体向右旋转 90 度，形成左三七步；同时，右手做内腕中位外格挡。

移动是注意重心的起伏不能过大。

4-1　向 D 方向，左脚向前上步形成左弓步；同时，左手做上格挡。

4-2　步法不变，右手直拳。

规定动作：上格挡的左肘关节慢慢下落；同时右手出直拳，动作 4-1 和 4-2 的节奏是 8 秒。

5　转向 A 方向，以右脚前掌为轴，身体向左旋转，左脚向左侧上步形成左弓步；同时，左手做左下格挡。

6　转向 A 方向，左单手刀上格挡。

规定动作：左脚向后收回一脚的距离形成右三七步。动作 5 和 6 要快速进行。

7-1　向 A 方向，右脚前踢。

7-2　前踢的右脚向前落地形成左三七步；同时，右手做手刀下格挡。

8　步法不变，右手中外格挡。

规定动作：节奏是 8 秒慢慢用力，双臂在胸前交叉格挡。

9-1　向 A 方向，左脚前踢。

9-2　前踢的左脚向前落地形成右三七步；同时，左手做手刀下格挡。

10　左脚向前上一脚形成左弓步；同时，左手向左上格挡。

规定动作：节奏是 8 秒慢慢用力，双臂在胸前交叉格挡。

11-1　向 A 方向，右脚向前上步形成金刚前击准备姿势。

右手拳心向上，放在右髋关节处，左臂的腕部与胸口同高，拳心向内。

11-2　向 A 方向，右脚向前上步形成右弓步；同时，双手做金刚前击。

12-1　步法不变，左手做中位内格挡。

12-2　步法不变，右手做中位内格挡。

规定动作：右中位格挡时，左拳心向上，有用双臂夹住对方手臂的感觉。

13　右脚向后撤步，左脚在前形成右三七步；同时，做左单手刀下格挡。

单手刀下格挡的起始动作：左手刀放在右肩部，掌心向内，右臂放松伸直，双臂交叉格挡。

14-1　向A方向，右脚前踢。

14-2　前踢的右脚向后回收落地形成左弓步；同时，完成两次直拳，先出右手直拳。

14-3　接着出左手直拳（动作14-2和14-3要连续进行，动作要快）。

15　视线向C方向，左脚向B方向，向左移步带动身体旋转90度形成马步；同时，牛角势格挡。

起始动作：双拳从小腹开始，拳心向内，双臂经过胸部，双拳到额头时，拳心向外翻，同时格挡。

16　步法不变，左手向侧下格挡。（视线向B方向）

17　步法不变，右单手刀中外格挡（视线向A方向）

18　侧锤拳并配合发声。

规定动作：辅助手放松，有伸直抱头的感觉，左手拳心向外，与中内格挡动作相同，视线向A方向。

19　向A方向，右脚回收形成左鹤立步，右拳向侧下格挡。

20　步法不变，右手拉回左侧腰部。

动作要求：右手放在胸口左侧，拳心向内，动作要快。

21-1　向A方向，右脚侧踢（侧踢时双拳放在左髋关节处）。

21-2　侧踢的右脚回收下落形成右鹤立步；同时，做左下格挡。

22　步法不变，下格挡的左手收回。

23-1　向B方向，左脚侧踢。

23-2　向B方向，侧踢的左脚向前落地形成左弓步；同时，做右手直拳。

24　向B方向，右脚上步形成右弓步；同时，做右手直拳并配合发声。

25　转向C方向，以右前脚掌为轴左脚向左上步，带动身体向左旋转180度，形成右三七步；同时，做左手刀下格挡。

26　向C方向，以左前脚掌为轴，右脚向前上步形成左三七步；同时，做右手刀中位格挡。

27　转向D方向，以左前脚掌为轴，右脚向后撤步带动身体向右旋转180度形成左三七步；同时，做右手刀下格挡。

28　向D方向，以右前脚掌为轴左脚向前移步形成右三七步；同时，左手刀中位格挡。

还原　转向A方向，以右前脚掌为轴，向左旋转180度，左脚向左上步形成并排步，还原成准备姿势。

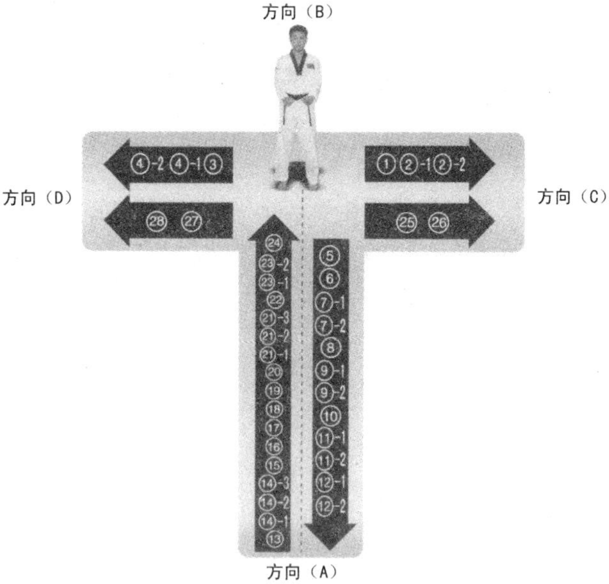

地跆

扫一扫，看地跆动作图解

七、天拳

准备面向 A 方向，做天拳叠掌准备姿势（左手掌在上，右手掌在下，双掌心向内）。

1-1　双脚并立，双掌慢慢抬到胸口，掌心向内，做展翅准备（节奏是 4 秒）。

1-2　步法不变，双臂慢慢向左右展开。双臂展开动作与肩部同高，节奏是 4 秒。

2-1　步法不变，双臂在胸前交叉，掌心向内。

2-2　手掌展开。

规定动作：双掌抬到下颌时要快速挥动双臂，动作幅度要大。

2-3　向 A 方向，左脚向后退一脚距离形成右虎步；同时，双拳做击下颌动作。

规定动作：双拳的拳心向下，从髋关节开始，虎步与拳的动作要同步进行。

3　向 A 方向，右脚上步形成右弓步（小），左单手刀中位斜外格挡。

注意：要利用腰部的力量进行格挡。

4-1　步法不变，左单手刀中外格挡的左手慢慢向外旋转，像抓对方手臂的动作。

4-2　向 A 方向左脚上步形成左弓步，右手正拳向前冲击。

规定动作：上步与冲拳要同步进行，左拳紧握以后，上弓步正拳冲击，上弓步正拳击的节奏是 8 秒。

5 向A方向，以左脚为轴，后脚向前移半脚形成左弓步（小）；同时，右单手刀中位斜外格挡。

6-1 步法不变，右单手刀中外格挡的右手慢慢向外旋转，像抓住对方手臂的动作。

6-2 向A方向，右脚上步形成右弓步，左手正拳向前冲击。

规定动作：上步与冲拳要同步进行，左拳紧握以后，上弓步正拳冲击，上弓步与正拳的节奏是8秒。

7 向A方向，以右脚为轴，左脚向前移半脚形成右弓步（小）；同时，单手刀中位斜外格挡。

8-1 步法不变，左单手刀中外格挡的左手慢慢向外旋转，像抓对方手臂的动作。

8-2 向A方向，左脚侧踢并配合发声。

8-3 向A方向，侧踢的左脚向前落地形成左弓步；同时，左手下格挡。

9 向A方向，右脚上步形成右弓步；同时，右手正拳冲击。

10 转向D方向，以右前脚掌为轴，左脚向左移步带动身体向左旋转90度形成右三七步；同时，左手做内腕中位外格挡。

格挡动作起始动作：与手刀格挡起始点相同。

11-1 步法不变，左臂解脱后外旋（被对方抓住时向外解脱的动作）。

11-2 步法不变，左正拳侧击（左正拳侧击时辅助的右臂伸直，拳心向下，有像抓住对方手臂的感觉，左拳从髋关节开始）。

12-1 向D方向，右脚向前移；同时，做左上格挡。

12-2 向D方向，右脚向前落地形成左三七步；同时，右手正拳侧击。

13 以左前脚掌为轴，右脚向后移步带动身体旋转180度形成左三七步；同时，右手做内腕中外格挡。

14-1 步法不变，右臂向下解脱后外旋（被对方抓住时向外解脱的动作）。

14-2 步法不变，右正拳侧击（右正拳侧击时辅助的左臂伸直，拳心向下，有像被对方抓住手臂的感觉，右拳从髋关节开始）。

15-1 向C方向，左脚向前上步；同时，做右上格挡。

15-2 向C方向，左脚向前上步形成右三七步；同时，左正拳侧击。

16 转向B方向，以右前脚掌为轴，左脚向左移步带动身体向左旋转90度形成左弓步；同时右臂中位斜外格挡（起始动作：右臂放松伸直，从左髋关节开始）。

17 步法不变，左手正拳冲击。

18-1 向B方向，右脚前踢。

18-2 向B方向，前踢的右脚向前落地形成右弓步；同时，右手正拳击（注意弓步与正拳击要同步进行）。

19　右脚回收一脚距离形成左三七步；同时，右侧手刀格挡。

20-1　向 B 方向，左脚紧贴右脚；同时，右臂向上解脱（左手掌心向下，右肘关节辅助）。

20-2　向 B 方向，右脚向前移步形成左三七步；同时双拳下格挡（20-1 和 20-2 是连续的动作）

21 面向 B 方向，三七步的右脚向左旋转 90 度形成马步；同时，双手做金刚侧击。

规定动作：双拳放置于右侧腰部，拳心向内，肘关节向后，视线注视进攻方向。

22-1　向 B 方向，360 度横踢向后旋转（动作一）。

22-2　360 度横踢（动作二和三）。

22-3　360 度横踢（动作四。动作完成时，左手掌与右脚掌对击）。

22-4　向 B 方向，双脚落地同时金刚侧击（金刚侧击时，从右髋关节开始，视线注视进攻方向）。

23　向 A 方向，右脚不动，左脚向外旋转 90 度形成右三七步；同时，双手做手刀半山形格挡。

规定动作：与太极八章的外山势格挡相同，只是手掌展开，动作完成后掌心与耳部同高。

24　向 B 方向，左脚向内旋转 90 度右脚向外旋转 90 度形成左三七步；同时，做手刀半山形格挡。

规定动作：与太极八章的外山势格挡相同，只是手掌展开，动作完成后掌心与耳部同高。

25　转向 A 方向，身体向后旋转 180 度收回左脚形成并步；同时，双臂伸展画圆圈，注视进攻的方向（画圆时，双掌的掌心向内，双掌从小腹开始，到头部时分开）。

25-2　向 A 方向，右脚向前上一步形成右虎步；同时，做右侧推泰山势。

规定动作：右脚向前形成虎步的同时手掌展开，左臂的高度是人中，右臂的高度是小腹，节奏是 5 秒。

26-1　面向 A 方向，右脚向后回收形成并步；同时，双臂伸展画圆圈。

26-2　面向 A 方向，左脚向前上一步形成左虎步；同时，做左侧推泰山势（左掌心向下右掌心向上）

规定动作：左脚向前形成虎步的同时手掌展开，右臂的高度是人中，左臂的高度是小腹，节奏是 5 秒。

还原　左脚回收形成并步；同时，双手叠掌还原成天拳的准备姿势，左手掌在上，右手掌在下，双掌心向内。

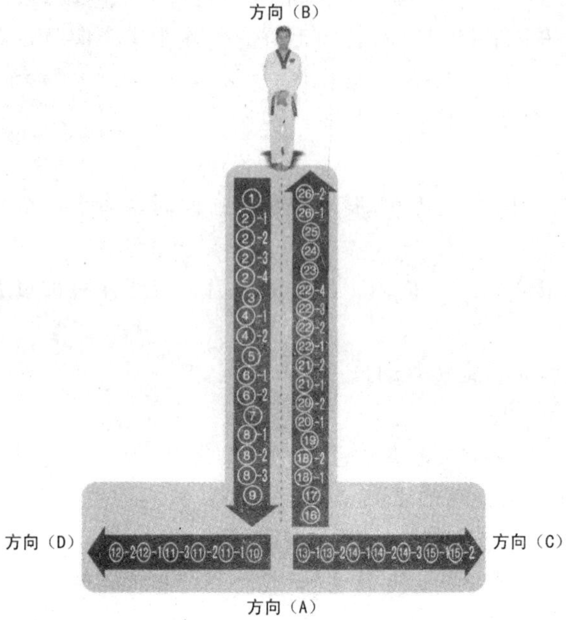

天拳

扫一扫，看天拳动作图解

八、汉水

准备：面向 A 方向，双脚并拢形成并步，双手叠掌做汉水准备姿势（左手掌在上，右手掌在下，双掌心向内），注意：汉水和平原准备姿势相同。

1　向 A 方向，左脚向前上步形成左弓步；同时，手刀交叉做中位外格挡，掌心向内（格挡完成后掌心向内）。

2-12-2　向 A 方向，右脚向前上步形成右弓步；同时，双锤拳击肋。

规定动作：双臂展开，双拳与耳部同高，拳心向外，动作完成后拳心向内，双拳与肋骨同高。

3　右脚向 A 方向，以左前脚掌为轴，右脚向后移步，带动身体旋转 90 度形成右弓步；同时，做右半山形格挡。

规定动作：实现不变，弓步的双脚脚尖形成 45 度。

4　向 A 方向，左脚向左旋转 90 度带动身体旋转 90°形成左弓步；同时，右手做正拳击（视线不变，左脚向左侧移一拳的距离形成弓步）。

5　左脚向 B 方向，以右前脚掌为轴，左脚向后移步并带动身体旋转 90 形成左弓步；同时，做左半山形格挡。

规定动作：注意视线不变，弓步的双脚脚尖形成 45 度。

6　向 A 方向，右脚向右旋转 90 度带动身体向右旋转 90 度形成右弓步；同时，左手做正拳击。

7　右脚向 B 方向移步并带动身体旋转 90 度形成右弓步；同时，做右半山形格挡。

规定动作：视线不变，弓步的双脚脚尖形成 45 度。

8　向 A 方向，左脚向左旋转 90 度带动身体旋转 90 度形成左弓步；同时，右手做正拳击。

9　右脚向 A 方向上步形成右弓步；同时，手刀交叉做中位外格挡，掌心向内（格挡时，右臂在外）。

10　转向 C1 方向，左脚向左侧 45 度上步形成左弓步；同时，做左虎口前击

注意：虎口前击起始动作时右手掌放松抬到与下颌同高的位置，左拳从髋关节开始，拳心向上，要使用腰部的力量。

11　向 C1 方向，右脚向前跳移到左前脚掌的内侧形成前虎步；同时，做中位双仰正拳。

注意：右前虎步规定动作是重心在右脚，左前脚掌紧贴右脚内侧。双拳正身击肋的起始动作是双拳从髋关节处开始，拳心向下。

12　向 C1 方向，左脚向后移步带动身体向左旋转 90 度形成马步；同时，腕部向下格挡。

规定动作：视线不变，右脚向左旋转 45 度，腕部下格挡时，右腕部紧贴虎口。

13　面向 C1 方向，以左前脚掌为轴，右脚向后移步带动身体向后旋转 180 度形成右三七步；同时，左手刀金刚势格挡。

左手刀金刚势格挡起始动作：右手掌心向上，放在左髋关节处，左手放在右肩部，掌心向脸部，格挡完成后上格挡的手刀与额头保持一拳距离。

14　左脚向 C2 方向旋转 45 度形成右鹤立步，左脚内侧紧贴右膝关节；同时，双拳置于右侧。

15-1 向 C2 方向，左脚侧踢。

注意：左脚侧踢时，双拳放在右侧腰部。

15-2 向 C2 方向，侧踢的左脚向前落地形成左弓步；同时，做燕子手刀颈部攻击。

16-1 向 C2 方向，右脚前踢。

16-2 向 C2 方向，前踢的右脚向前落地形成前交叉步；同时，做右手拳背前击并配合发声（与太极五章最后的动作相同）。

17　向 D1 方向，左脚向左侧上步形成马步；同时，做左单手刀外击（注视进攻的方向）。

18-1 向 D1 方向，右脚内旋与掌部对击（高度是头部）。

18-2 向 D1 方向，内旋的右脚向前落地形成马步；同时，做掌肘对击（注视进攻的方向）。

19　向 D1 方向，左脚移到右脚的位置，右脚向前上步形成右弓步；同时，

做右虎口前击。

注意：虎口前击时，右臂向后回收后再攻击。

20　向D1方向，左脚向前跳移到右脚的内侧形成左前虎步；同时，双手做中位双仰正拳。

21　向D1方向，右脚向后移步，带动身体向后旋转90度形成马步；同时，双手做腕部下格挡（注意视线不变）。

22　向C2方向，以右前脚掌为轴，左脚向后撤步，带动身体向后旋转180度形成左三七步；同时，右手刀金刚势格挡（格挡与三七步同时进行，视线不变）。

23　向D2方向，以左前脚掌位置轴，右脚屈膝提起形成左鹤立步（右脚内侧紧贴左膝关节）双拳置于左侧（视线向D2方向）。

24-1 向D2方向，右脚侧踢。

注意：右脚侧踢时，双拳放在右侧腰部。

24-2 侧踢的右脚向前落地形成右弓步；同时，燕子手刀颈部攻击。

25-1 向D2方向，左脚前踢。

25-2 前踢的左脚向前落地形成左前交叉步；同时，左背拳前击并配合发声。

26　转向C1方向，右脚向右侧开步形成马步；同时，右单手刀外击（视线注视进攻方向）。

27-1 向C1方向，左脚内旋向上踢出，同时以右手掌心迎击左脚掌。

27-2 内旋的左脚向前落地，同时做掌肘对击。

还原　转向A方向，右脚收回形成并步；同时，双掌相叠还原成汉水准备姿势。

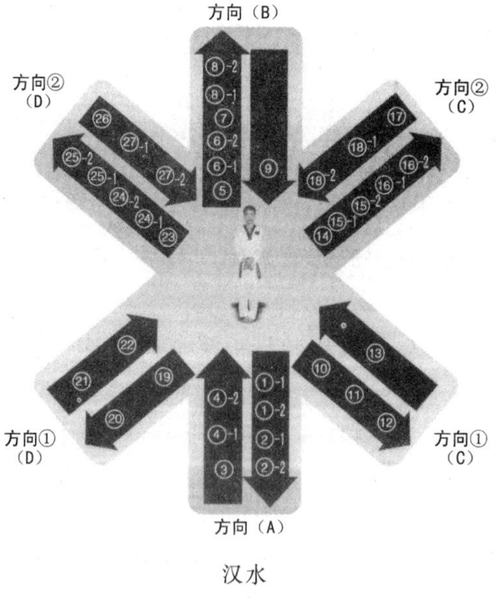

汉水

扫一扫，看汉水动作图解

九、一如

准备　面向A方向，双脚并拢形成并步；双手抱拳形成一如准备姿势（抱拳的高度与人中同高）

规定动作：与太极六章抱拳准备姿势相同。

1　向A1方向，左脚向前上步形成右三七步；同时，左手刀做中位格挡。

2　右脚向前上步形成右弓步；同时，右手正拳冲击。

3　以右脚为轴，左脚向C2方向上步形成右三七步；同时，双手做金刚势格挡。

注意：金刚格挡时，要慢慢地进行，注视C2方向。

4　以右前脚掌为轴，左脚向B1方向上步，带动身体旋转90度形成右三七步；同时，左手刀做中位格挡。

5　步法不变，右正拳冲击。

6　右脚向B1方向跳出，左腿屈膝，左脚踝紧扣于右腿腘窝处形成右鹤立步；同时，右手立掌前击并配合发声。

注意：辅助鹤立步时，左膝关节不能向外，脚踝紧贴右腿腘窝处。

7　向B1方向，右脚尖向后摆180度，带动身体向右转动；同时，左脚慢慢向左上方侧踢，右手做半山形格挡，左手正拳侧击。

注意：半山形格挡时，右拳与头部相隔一立掌距离，侧踢的大腿与左拳也相隔一立掌距离。

8　侧踢的左脚向前落地形成右三七步；同时，双手交叉上格挡。

规定动作：双手交叉上格挡起始动作，从髋关节处开始，左拳在上，右拳在下，双拳的拳心向内，格挡完成后右臂在里，注意格挡完成后步法不变。

9　向B1方向，右脚向前上步形成右弓步；同时，右手正拳冲击。

10　转向D2方向，以右脚为轴，左脚向左上步形成右三七步；同时，双手做金刚势格挡。

注意：金刚格挡时，要慢慢地进行，注视D2方向

11　转向A1方向，以右前脚掌为轴，左脚向左移步带动身体旋转90°形成右三七步；同时，做左手刀格挡（在做动作10与11时，要注意重心不能起伏过头）。

12　步法不变，右手正拳冲击。

13　向A1方向，右脚向前跳出，左腿屈膝提起，左脚踝紧扣于右腿腘窝处形成右鹤立步；同时，平掌刺击并配合发声。

14　以右脚为轴，左脚向C1方向慢慢的侧踢；同时，右手半山形成格挡，左手正拳侧击。

15　侧踢的左脚向前落地形成右三七步；同时，双手交叉上格挡（双手交叉上格挡起始动作；从髋关节处开始，左拳在上，右拳在下，双拳的拳心向内，格

挡完成后右臂在里，注意格挡完成后步法不变）。

16　向 C1 方向，右脚上步形成右弓步；同时，右手正拳冲击。

17　以右脚为轴，左脚向 B2 方向上步形成右三七步；同时，双手做金刚势格挡。

注意：金刚格挡时，要慢慢地进行，注视 B2 方向。

18　左脚向后回收带动身体向后旋转 180 度形成并步；同时，双拳置于腰间两侧（注视 D1 方向）。

19-1 向 D1 方向，右脚前踢（注意前踢时，支撑腿的膝关节要伸直）。

19-2 向 D1 方向，前踢的右脚落地同时左脚腾空侧踢。

注意：左脚腾空侧踢时，右脚的小腿收紧。

19-3 向 D1 方向，双脚同时落地形成右三七步；同时，双手交叉上格挡。

20　向 D1 方向，右脚上步形成右弓步，并同步右手正拳冲击。

21　以右脚为轴，左脚向 A2 方向上步，带动身体移动形成右三七步；同时，双手做金刚势格挡。

注意：金刚势格挡时，要慢慢地进行，注视 A2 方向。

22　转向 C1 方向，以右前脚掌为轴左脚向后回收，身体向后旋转 180 度形成并步；同时，双拳置于腰部两侧（注视 C1 方向）。

23-1　向 C1 方向，左脚前踢。

23-2　前踢的左脚落地，同时右脚腾空侧踢。

23-3　向 C 方向，双腿同时落地形成右三七步；同时，双手交叉上格挡。

还原　以左前脚掌为轴，右脚向后回收，身体向后旋转形成并步；同时，双手抱拳还原成一如准备姿势。

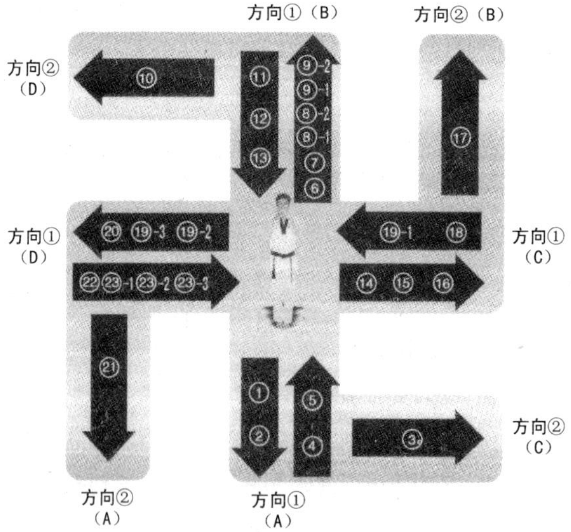

一如

图书在版编目（CIP）数据

跆拳道实用教程/杜七一著. —武汉：湖北科学技术出版社，2016.9（2018.1重印）

ISBN978-7-5352-9031-1

Ⅰ. ①跆… Ⅱ. ①杜… Ⅲ. ①跆拳道—高等学校—教材 Ⅳ. ①G886.9

中国版本图书馆CIP数据核字（2016）第205753号

责任编辑：谭学军 徐 竹　　封面设计：喻 杨

出版发行：湖北科学技术出版社　　电话：027-87679439

地　　址：武汉市雄楚大街268号（湖北出版文化城B座13—14层）　　邮编：430070

网　　址：http://www.hbstp.com.cn

印　　刷：武汉兴和彩色印务有限公司　　邮编：430072

710×1000 1/16　　15印张　　300千字

2016年8月第1版　　2018年1月第2次印刷

定价：30.00